暨南经济学文库

国家社科基金重点项目（09AZD015）最终成果

全球分工格局与产业结构的新变化

——兼论中国沿海地区的产业转型升级

张 捷 等著

经济科学出版社

图书在版编目（CIP）数据

全球分工格局与产业结构的新变化：兼论中国沿海地区的产业转型升级/张捷等著．—北京：经济科学出版社，2014.5

（暨南经济学文库）

ISBN 978 – 7 – 5141 – 4618 – 9

Ⅰ．①全…　Ⅱ．①张…　Ⅲ．①产业结构 – 研究 – 世界②沿海经济 – 产业结构升级 – 研究 – 中国

Ⅳ．①F113.1②F121.3

中国版本图书馆 CIP 数据核字（2014）第 090407 号

责任编辑：杜　鹏
责任校对：徐领弟　王肖楠
版式设计：齐　杰
责任印制：邱　天

全球分工格局与产业结构的新变化
——兼论中国沿海地区的产业转型升级

张　捷　等著

经济科学出版社出版、发行　新华书店经销

社址：北京市海淀区阜成路甲 28 号　邮编：100142

总编部电话：010 – 88191217　发行部电话：010 – 88191522

网址：www.esp.com.cn

电子邮件：esp_bj@163.com

天猫网店：经济科学出版社旗舰店

网址：http://jjkxcbs.tmall.com

北京万友印刷有限公司印装

880×1230　32 开　11.125 印张　300000 字

2014 年 6 月第 1 版　2014 年 6 月第 1 次印刷

ISBN 978 – 7 – 5141 – 4618 – 9　定价：49.00 元

（图书出现印装问题，本社负责调换。电话：010 – 88191502）

（版权所有　翻印必究）

本书研究受到国家社科基金重点项目资助

本书出版受到暨南大学经济学院应用经济学科资助

暨南经济学文库

总　　序

　　经济学是一门古老的艺术，新颖的科学。自亚当·斯密开创大学教授研究与讲授经济学的时代以来，经济学作为社会科学皇冠上明珠的地位便日益凸显。更有学者宣称，经济学是所有社会科学必须效法的模范，经济学研究方法是富有成效的人类行为研究方法。

　　且不论诺贝尔经济学奖得主加里·S·贝克尔所称的"经济学帝国主义"态势是否呈现，经济学作为一门致用科学，考察经济系统的运行，已经成为上至国家领袖下至平民百姓的必修课程。无论是鲜衣华盖之辈，还是引车贩浆之流，都要面对经济学真理的作用。

　　中国在迈向市场经济的进程中，面临着经济体制的转轨，面临着发展模式的转型。这既需要认识并顺应经济系统的演进理性，又需要决策者调控与规制的建构理性。全方位、多层次的问题摆在我们面前，其广度，其深度，其复杂性，远比发达经济体成长过程中所经历的要深刻。

　　这对经济学产生了巨大的需求，需要经济学者提供科学的经济学产品。改革开放以来，国内外经济学者在这个充满竞争的市场上，不断地形成有效供给，为中国经济问题的求解提供了巨大的智力支持。

暨南大学的经济学者，一直在为这种经济学产品的有效供给，做出着突出的贡献。这种贡献既有经济学理论的阐释与创新，又有经济现实问题的深刻洞察与政策求解。这一切源自暨南园所拥有的悠久而积累深厚的经济学底蕴。

成立于1906年的暨南大学是中国最高华侨学府。始有暨大，便有商科。1918年，应南洋华侨的需要，开设商科。马寅初、王亚南等经济学家曾先后执教于此。1958年暨大在广州重建，汇集蔡馥生、赵元浩、黄德鸿等一批在经济学界颇有名望的专家学者。1980年成立经济学院，是改革开放后全国最早成立的经济学院之一。伴随着中国的改革开放，依托地缘优势和侨校优势，暨南大学的经济学科不断成长，不断壮大。目前，拥有应用经济学一级学科博士学位授予权、应用经济学博士后流动站和理论经济学二级学科政治经济学博士点，硕士点覆盖了所有的理论经济与应用经济学科；拥有两个国家级重点学科：产业经济学和金融学。在2004年教育部学科评估中，暨大位列应用经济学第12位。按照2006年中国大学研究生院应用经济学二级学科排名，暨大国民经济学排名第3位，产业经济学排名第4位，金融学排名第12位，劳动经济学排名第12位，统计学排名第12位，区域经济学排名第13位，数量经济学排名第15位，国际贸易排名第17位。

面对经济的市场化、工业化、全球化、区域化，暨南经济学者做出了精彩的回答，产生了广泛的影响。

暨南人致力于珠江三角洲工业化模式的理论提升和发展探索，为政府决策提供了科学依据。广东省政府重大委托课题《广东工业产业竞争力研究总报告》得到省委省政府的高度评价，在港澳地区引起强烈反响，成为广东省制定"十一五"规划的重要依据。该报告荣获第四届中国高校人文社会科学研究优秀成果二等奖、广东省哲学社会科学优秀成果一等奖。

　　暨南人致力于宏观金融与微观金融研究，提出了广东金融改革的系统方案，为广东金融改革与风险化解做出了显著贡献，为中国资本市场的发展做出了理论支持。《我国证券市场交易成本制度研究——关于中国证券市场的 SCP 分析框架》获全国百篇优秀博士论文称号；《中国证券市场佣金制度研究》获第四届中国高校人文社会科学研究优秀成果二等奖。

　　暨南人致力于港澳台地区经济及其对内地经济发展的借鉴与影响研究，承担了广东省政府委托项目"建立粤港澳更紧密经贸关系与广东对策研究"等一系列重要课题。《香港华资财团（1841~1997）》获第三届中国高校人文社会科学研究优秀成果三等奖。《澳门概论》获澳门首届人文社会科学优秀成果一等奖。

　　暨南人致力于中小企业和民营经济研究，承担了国家自然科学基金重点项目"我国中小企业发展与支持系统研究"、广东省重大决策咨询研究招标项目"推动广东民营经济发展上水平研究"与广东省社科规划重大委托招标项目"广东民营经济发展研究"。《结构转型期的中小企业金融研究》获安子介国际贸易研究成果三等奖。

　　暨南人致力于东亚工业化发展模式和区际产业分工研究，国家社会科学基金项目成果《奇迹与危机——东亚工业化的结构转型与制度变迁》被国家社科规划办整理为《成果要报》呈报国家领导人参阅。

　　暨南人致力于加工贸易转型升级与结构优化研究，承担的国家社会科学基金项目研究成果为我国发达地区和欠发达地区的经济开放与结构转型提供了借鉴。

　　暨南人致力于转型期政府行为与政府规制研究，承担了国家社会科学基金项目"政府行为外部性的经济学分析"，《体制转轨时期的政府微观规制行为研究》获福建省优秀博士论文二等奖、广东省哲学社会科学优秀成果三等奖。

　　暨南经济学人全方位、多层次的研究与探索，难以一一列举。为了记录暨南人把握时代机遇、迎接现实挑战的努力与汗水，为了反映暨南园经济学科的建设水平，为了记录暨南人面对改革与发展所展现的经济学智慧、创新意识与开拓精神，为了反映暨南园对我国经济发展、粤港澳经济繁荣所做出的贡献，我们特此设立了《暨南经济学文库》。希望本文库专著的出版，不断形成经济学产品的有效供给。

　　是为序。

暨 南 大 学 校 长　　　胡 军

国家级重点学科产业经济学带头人

前　　言

自 2008 年 10 月 "雷曼兄弟" 破产以来，全球金融危机已经持续了 5 年多。5 年来，世界经济尚未从金融危机的梦魇中苏醒，欧债危机又接踵而至，把微弱的复苏曙光重新笼罩在厚重的阴影之中。旷日持久的危机把人们的希望一次次变成失望，就连韧性十足的 "金砖五国"，经济增长也饱受拖累。在中国，危机初期的 "脱钩论"、"一枝独秀论" 等乐观论调如今已不见踪影，漫长的经济危机终于使人们认识到 "覆巢之下焉有完卵" 的道理。

20 世纪 90 年代初至 2007 年，世界经济曾经经历了一个相对高增长低通胀的繁荣时期。1991 ~ 2000 年，世界 GDP 的年均增长率为 3.3%，亚洲发展中国家为 7.6%，中国为 10.4%；2001 ~ 2006 年，世界 GDP 的年均增长率达到 4.2%，亚洲发展中国家为 8.2%，中国为 9.8%。但是，自全球金融危机爆发以来，世界经济却被猛然拽进一个深度调整的大变局中，就像一辆高速行驶的汽车，突然从高速公路转入一条崎岖泥泞的乡村小路，司机好不容易才控制住了汽车颠覆的危险，不得不格外谨慎地低速行驶。而且，这条小路没有指示牌，司机对于前方的道路一无所知，只能估摸着方向，一边调整车速、减少油耗，一边期待着路况变好，路标再度出现。更棘手的是，车上的乘客对于行驶方向和车速产生了分歧，他们不断吵嚷并干扰着司机，司机却无法将任何一名乘客赶下车，因为这些乘客全都被一条叫做 "全球化" 的链条锁在了一起。这辆 "车" 就这样搭载着喧嚣而疲惫的乘客，在崎岖不平的山路上颠簸爬行。

无独有偶，以全球金融危机为分水岭，中国经济也告别了持续30多年的高速增长时代，进入了一个中速增长的时期。而且，由于增长动力不足，结构转型负担（Structural Change Burden）沉重，中国经济还有可能再度失速，陷入所谓"中等收入陷阱"。

教科书上常说，世界经济是一个有机整体，而非各国经济的简单加总。对这句话最直白的理解就是，世界经济是一个一荣俱荣、一损俱损的体系。这种使各国经济荣枯与共的体系，是通过贸易、投资、技术转移等经济联系编织而成的，而构成这些经济联系的基础则是具有不同结构形态的国际分工。因此，要想破解世界经济荣枯循环的规律，进而了解本次危机久病难愈的根源，我们必须采用庖丁解牛的方法，深入剖析世界经济的分工结构及其变化。

在本书中，我们试图搞清楚，世界经济为什么会身陷困境而难以自拔？它如何才能找到正确的方向，尽快摆脱崎岖山路，重新驶上宽广坦途？同时，中国经济的动力衰减，到底是受世界经济的影响，还是自身问题所致？内部因素和外部因素孰主孰从？世界经济与中国经济同时由盛转衰，其内在关联和互动机制又是什么？

为了回答以上问题，本书将以经济全球化的基础——国际分工及其结构演变为主线，以与国际分工相关联的各国产业结构的变迁及其影响为主题，从宏观、中观和微观多个层次，从理论和实证两个方面，探讨全球金融危机冲击下世界经济和中国经济的变化与走向，研究国际分工对中国经济及其结构转型的影响，并在释疑解惑的基础上提出一些政策建议。

路漫漫其修远兮，吾将上下而求索。迄今为止，世界经济仍处在深度调整期，结构再平衡尚未实现，新一轮的科技革命和产业革命仍在孕育过程中，未来的国际分工格局和新的经济增长点仅仅是初露端倪。在这个大转型、大变革的时代，中国要想追上时代潮流，成为经济强国，最重要的是要敢于从曾经成功的发展模式中解脱出来。因为随着时移世易，如果抱残守缺，过去的成功模式就可能转化为未来的失败窠臼。只有转变观念，锐意进取，勇于承担，不断探索新的发展模式，中国才能立于不败之地，早日实现中华民族的伟大复兴。

张　捷

2014 年 2 月

目录

Contents

第 7 章

后金融危机时代日本制造业的结构变化

第 8 章

后金融危机时代韩国制造业的结构变化

Ⅲ　中国篇

第 9 章

开放经济条件下中国产业结构的演进特征

与经济增长

I　全球篇

第 1 章

第三次全球化浪潮与国际
分工体系的嬗变

1.1 经济全球化浪潮与国际分工体系的演变

　　国际分工是指世界各国（地区）之间的劳动分工，是国际贸易和各国经济联系的基础。它是社会生产力发展到一定程度后社会分工超越国界的产物。由于分工参与者的禀赋差异和分工领域（劳动对象及其所交换的产品）的区别，国际分工又划分为不同的结构形态。各种形态国际分工的有机综合则构成国际分工体系。在世界经济的不同发展时期，受生产力发展水平的制约，国际分工体系具有不同的时代特征，而在该体系中占据支配地位的分工形态则成为这一时代的主流分工形态，反映该时代国际分工体系的基本性质。回顾世界经济的历史，最早出现的国际分工主流形态是第一次工业革命后发生在作为工业品生产者的欧洲国家和作为农矿原料生产者的亚非拉之间的产业间垂直分工；第二次工业革命后至 20 世纪 70 年代，工业化国家之间在工业制成品内部展开的产业内水平分工逐步取代传统的产业间垂直分工成为国际分工的主流形态；20 世纪 80 年代以来，工业化国家与新兴经济体之间的产品内垂直分工（垂直专业化）又遽然兴起，迅速发展成为国际分工体系中的主流形态，而在此过程中，一种新型的现代产业间垂直分工——制造与服务（含产品与价值环节）的分工形态也在悄然形成之中。由此可见，从农业与工业之间的传统垂直分工到制造与服务之间的现代垂直分工，国际分工体系在否定之否定的蜕变中完成了一个螺旋式上升的过程，而推动国际分工体系演变的主要力量是社会生产力的波浪式发展和一次次的经济全球化浪潮。

经济全球化是指世界各国的经济活动超越国界，通过国际贸易、资本流动、技术转移、服务提供而形成相互依存的有机体系，即世界经济日益成为一个紧密联系的经济整体的过程。经济全球化是当代世界经济的重要特征和基本趋势，但它并非始自今日。经济全球化是国际分工和国际贸易的产物，同时，它又促进着后者的发展。古代世界互通有无的地区间贸易（如欧亚大陆的"丝绸之路"、地中海的海上贸易等）也可以被视为经济全球化的最初萌芽。15 世纪的"地理大发现"以及由此产生的欧洲各国的殖民扩张，促进了专业化分工，发展出真正意义上的世界贸易。由于殖民扩张和国际贸易，欧洲从海外获得了大量财富，完成了资本的原始积累，为资本主义生产方式的产生和发展奠定了基础。从 18 世纪 60 年代开始，欧美国家先后发生了工业革命。工业革命对世界经济产生了如下影响：（1）工业革命大大提高了劳动生产率，促进了生产和交换；（2）促进了交通和通信的发展，使国际贸易变得更加迅捷方便；（3）使世界从单一的农业社会转向以工业为主的现代经济，世界范围内的国际分工逐渐成为经济生活中不可缺少的组成部分。经过工业革命，世界日益成为一个经济整体，世界经济正式进入全球化时代。19 世纪 70 年代至 1913 年，随着以电力、汽车、电报、电话等为代表的第二次科技革命的爆发和欧洲大量向北美移民，出现了第一次全球化浪潮。第一次全球化浪潮促进了西欧和北美经济的融合，使得这两个地区当时的经济、贸易和投资都出现了快于全球平均水平的快速增长。与第一次全球化浪潮相适应，当时的国际分工形成了由西欧北美国家生产和出口工业制成品而其余外围国家生产和出口农矿原料的部门间垂直分工结构。但是，由于当时的世界体系无法协调对全球化"红利"的分配，列强之间争夺殖民地和世界市场的矛盾无法调和，第一次全球化浪潮终于被第一次世界大战所打断。

　　第二次经济全球化浪潮出现于第二次世界大战战后初期至 20 世纪 70 年代。它的生产力背景是以原子能、航天技术和计算机技术为核心的第三次科技革命。同时，西方发达国家吸取了两次世界大战的教训，并为了抗衡以苏联为首的社会主义阵营，开始大力推动彼此之间在经济、贸易和金融上的全面合作与协调。第二次世界大战后建立的国际货币基金（IMF）、世界银行和关贸总协定（GATT），以及稍后建立的西方七国首脑会议和财政部长及央行行长会议等，成为第二次全球化浪潮的主要治理机制；欧洲共同体（欧盟）的建立，则代表了西方国家经济一体化的最高成就。第二次全球化浪潮使发达国家的经济发展在共同规则的指引下实现了前所未有的融合，受其影响，发达国家之间的产业内水平分工（工业制成品之间的分工）成为这一时期国际分工体系的主流形态。

　　20 世纪 70 年代的两次石油危机和资本主义国家的滞胀危机终结了第二次全球化浪潮。20 世纪 80 年代末"冷战"的结束则引发了世界经济史上的第三次全球化浪潮。"冷战"的结束使前苏联、东欧和中国、印度等原实行计划经济的国家纷纷改行市场经济并融入资本主义世界经济体系，从而令市场经济首次扩展到全球范围，带来了世界史上最大规模的一次全球化浪潮。这次全球化浪潮不仅扩大了世界市场的范围，而且为世界经济注入了巨量的生产要素和资源，其中最重要的生产要素是劳动力，仅中国和印度就有约 24 亿人口加入世界经济。在全球化推动投资和贸易自由化，使生产要素流动变得更加自由的背景下，这些新兴市场的劳动力迅速与从发达国家转移出来的资本和技术结合起来，再加上以互联网为核心的信息技术革命的推波助澜，使全球的生产力在短期内得到了极大释放，成为本次危机前世界经济连续 20 多年保持低通胀高增长的基本动力。第三次全球化浪潮还成就了中国、印度、俄罗斯、巴西等"金砖国家"的崛起，使世界经济的版图发生了重大变化。

在第三次全球化浪潮的推动下，国际分工的结构也发生了深刻变化。由于发达国家的跨国公司把大量国内制造业和产品的加工制造环节转移到劳动力丰富的新兴市场国家，使该类国家迅速崛起为世界制造基地，因而发达国家与新兴工业化国家之间的产品内垂直分工（又称为全球价值链分工）成为该时期国际分工的主流形态。

综上所述，经济全球化浪潮总是在爆发重大科技革命和产业革命，世界人口分布、地缘政治和制度变迁出现了有利于市场经济的重大变化的历史条件下发生，而且，经济全球化浪潮总是引起同时又推动国际分工体系发生重大的结构性变化，两者互为因果、相辅相成。

经济全球化是市场经济在一定条件下跨越国界向全球扩张的进程。它使全球的商品、要素、资源在交换和流动过程中得到优化配置，增进了世界福利和人类财富的积累。但也要看到，正如人们所强调和实践所多次证明的那样，全球化是一柄"双刃剑"，它不仅带来"红利"，也带来各种失衡、冲突、风险和危机。第三次全球化浪潮在给世界经济带来空前繁荣的同时，也带来了多次的危机和动荡，其中最近也是最大的一场全球金融危机已经宣告了这场史上最大的全球化浪潮的退潮。目前，新的产业革命和全球化浪潮尚未出现，世界经济正处在两次高潮之间的低谷阶段。在这一阶段，世界经济正通过深度的结构调整以实现再平衡，同时，在低迷和调整中寻觅着新的突破，酝酿着下一次高潮的到来。

1.2　全球价值链分工的产生及其特征

在第三次全球化浪潮中，国际分工体系中最显著的变化是出现了全球价值链（GVC，Global Value Chain）或者称为垂直专业化（Vertical Specialization）的新型分工形态。

从技术上看，全球价值链分工是产业内分工（Intra-industry Specialization）的进一步发展，即分工从同一产业不同规格型号的产品之间进一步深化到产品内部的专业化（Intra-product Specialization），在同一产品的零部件生产、工序和价值增值环节①之间展开分工，因此，它又被称为国际"片断化生产"（Fragmentation of Production）。全球价值链分工产生的时代背景如下。

（1）运输技术和信息技术特别是互联网技术的飞跃发展。运输技术和信息技术革命不仅极大地降低运输、通信和管理成本，提高了交易效率，降低了贸易成本，使得更加细微的产品内国际分工和中间产品贸易成为可能，而且信息技术革命还衍生出一个庞大的信息产业，信息产品几乎都是模块化、高价值、便于运输的产品，这就为全球价值链分工提供了技术上和物理上的可行性。

（2）第二次世界大战后世界经济的发展使得发展中国家产生分化，一批拥有丰富且素质较高的劳动力、基础设施较完善的新兴工业经济体兴起，为全球价值链分工提供了社会经济条件。第一次全球化浪潮中出现的制成品与初级产品之间的分工是工业化国家与发展中国家之间的垂直分工；第二次全球化浪潮中出现的产业内分工主要是发达国家之间的水平分工以及发达国家与发展中国家在不同要素密集型的工业品之间的垂直分工；而第三次全球化浪潮中产生的全球价值链分工则主要是发达国家、新兴工业经济体和发展中国家在同一产品内不同要素禀赋的增值环节之间的多层次网络状的混合型分工。可以说，如果没有一批新兴工业经济体的相继兴起，就没有全球价值链分工。

---

① 一般认为，产品的价值链可以分为三大类环节：一是技术环节，包括研究与开发、产品设计、组织设计等分环节；二是生产环节，包括专用设备生产、零部件生产、终端加工组装、测试、质量控制、包装等分环节；三是营销环节，包括原料采购、分销物流、批发及零售、广告、品牌管理及售后服务等分环节。

（3）相对独立于国家利益的跨国公司成为全球价值链分工的主导力量。在第三次全球化浪潮中，除了欧、美、日的大企业已经先后实现了全球化经营以外，新兴经济体乃至部分发展中国家的外向型企业也陆续迈出了国际化的步伐。跨国公司在全球战略指引下的跨国协作生产和经营活动，推动了全球价值链的形成和发展。各种类型的跨国公司是全球价值链分工的主要组织载体。

与过去的国际分工相比，全球价值链分工主要具有以下基本特征。

第一，与传统国际分工相比，虽然全球价值链分工仍然是建立在要素禀赋差异和比较优势原理的基础上（Krugman，2000），但它更加注重不同要素之间的分工而非企业之间和国家之间的分工。全球价值链分工是一种以要素为基础的分工，其参与主体主要是各种生产要素的所有者。典型的全球价值链分工是将生产过程中具有不同要素密集度的环节分割开来，分别配置到要素禀赋结构不同的国家和地区进行生产，从而使生产过程的各个环节都能享受到绝对利益或比较利益。与其他分工形式相比，价值链分工的参与主体不是以独立的企业而是以要素所有者的身份参与分工，由于主要要素的结合方式仍然采用资本雇佣劳动的传统形式，[①] 因此，全球价值链分工大多是以跨国公司和其主要分包商作为资本和技术的所有者，由其雇佣新兴经济体和发展中国家的员工并在当地设立分支机构的形式构成的。

第二，在以要素为基础的价值链分工中，由于要素禀赋和稀缺程度的差异，不同要素所有者之间的谈判地位存在天壤之别，因此，它们在"分工红利"的分配上也差距悬殊。发达国家跨国公司掌握着资本、知识、创意和品牌等稀缺的高级要素，在全球价值链中占据了投融资、研发设计和品牌营销等高端环节。这些环节的垄

---

① 例如，作为全球价值链分工的典型形式，中国的加工贸易企业大多不具备独立法人资格，仅仅是一个附属于母公司或分包商的工厂。

断性和对价值链的控制性最强，从而获得的利润份额也最大。韩国、中国台湾等新兴工业经济体拥有成熟的技术和管理经验，在全球价值链中主要担任合同供应商（Turn-key Supplier）的角色，从事关键零部件的开发、生产和物流等环节，也获得了较为可观的利润。发展中经济体拥有丰富的劳动力、廉价的土地及自然资源等初级要素，是全球价值链中制造外围零部件和产品加工装配的低端生产者，它们从分工中得到的主要是工资等微薄的劳动收入。① 当然，对发展中国家来说，政府之所以提供各种优惠条件鼓励外资企业来本国从事全球价值链的低端生产，其主要目的是解决沉重的就业压力和获得技术溢出效应。

　　第三，从新制度经济学的视角来看，主要基于要素交易而非产品交换的全球价值链分工可以被视为一种企业内分工，而企业内分工往往比企业间分工具有更强的技术溢出效应。发展中国家的分工参与者虽然身处价值链低端环节，但却可以通过"干中学"等途径获得知识和技术外溢，从而沿着价值链向上攀升。因此，从动态上看，由于要素禀赋结构在价值链分工中更加容易发生变化，具有不同要素禀赋和发展水平的国家在全球价值链分工中各安其位的均衡只是相对的，一旦要素禀赋结构发生变化，分工者会重新寻求更能够实现自己利益最大化的位置，全球价值链就可能产生结构性变化乃至链条解构的现象。但从另一个角度，全球价值链分工的制造环节往往采取"模块化"（Modularization）的分工和治理模式。模块化分工属于一种半自律的"闭环型"分工，产品系统一旦确定了标准化界面后，各个子模块的内部信息就会出现"包裹化"现象（青木昌彦等，2003）。子模块可以相对独立地开展技术创新，但上、下游环节之间的技术和信息交流变得稀少，加工制造环节更是

---

　　① 据报道，每出售一台 iPhone 手机，苹果公司可以从中获取 58.5% 的利润，而中国的代工厂仅获得 1.8% 的利润；2011 年，苹果的每名雇员创造了超过 40 万美元的利润，然而其供应商富士康的员工每天收入低于 17 美元（美国《华尔街日报》网站 2012 年 2 月 2 日文章《为苹果的中国工厂辩护》，载《参考消息》2012 年 2 月 6 日）。

无缘与营销渠道和终端市场接触。因此，这种分工模式只鼓励模块供应商在模块内部进行工艺创新以提高生产效率和降低成本，同时，工艺创新将加强生产者的资产专用性，不利于模块供应商开展延伸创新向"微笑曲线"的两端（研发和营销）攀升。由于各环节之间的技术溢出和知识交流少，生产环节不了解消费者偏好，难以找到设计理念，低端模块生产商想通过研发设计向高端升级非常困难。因此，模块化分工对于分工者尤其是低端环节生产者具有较强的"锁定"（Lock-in）效应，低端模块供应商一旦嵌入全球价值链，很容易产生被"低端锁定"的结果。

第四，前些年，全球价值链分工出现了过度专业化的倾向，导致由产业融合走向产业分化，进而由制造业的产品内分工衍生出制造业与服务业之间的分工。作为价值增值流程的研发、设计和品牌、营销原来属于制造业中的服务环节，如果占据这些环节的跨国公司走上过度专业化的道路，自己完全不从事生产制造，只做服务环节和系统解决方案，就可能由制造企业蝶变为服务企业，或者制造企业把这些环节外包给专业化的第三方服务企业，这些原本属于制造企业的内部环节就会外化为独立的生产性服务业。我们将在下一节分析"制造—服务"国际分工新形态时再讨论此问题。

第五，由于要素主体在全球价值链分工中地位不平等，分工的收入分配出现两极分化的趋势。加上第三次全球化浪潮中存在明显的要素流动非均衡特征（资本流动自由、劳动力流动不自由）以及"制造—服务"新型国际分工的贸易非均衡特征等一系列非均衡现象，势必导致由第三次全球化浪潮所推动的世界经济繁荣的不可持续性，当世界经济的失衡积累到一定程度时，经济危机就会不期而至。

1.3 从垂直专业化到"制造—服务"国际分工

在第三次全球化浪潮中，随着全球价值链分工的普及和新兴工业化国家的崛起，发达国家出现了"去工业化"（Deindustrializa-tion）的趋势。其跨国公司通过对外直接投资（FDI）将国内已经失去比较优势同时又是低附加值的加工制造环节转移到新兴经济体和发展中国家，自己专注于研发设计、品牌营销和资本运作等高附加值环节，控制核心技术和经营技巧。而发展中国家则在全球价值链条中寻求适合于自己的发展空间，承接这种产业转移，着力于加工制造环节。如耐克公司就是一个典型的案例。耐克公司拥有著名品牌，掌握产品设计、关键技术，授权越南、中国等国外生产商按其产品规格、技术标准生产产品，自己则在全球建立营销网络，进行产品的广告宣传与销售及提供售后服务。如此一来，美、英等国的制造业开始出现"产业空心化"的趋势，而金融、保险和房地产等相对独立于实体经济的现代服务业（所谓 FIRE 产业）则得到迅猛发展。由于发达国家在现代服务业中存在制度优势和人力资本优势，随着其国内产业结构日益"软化"（服务化），加上信息技术的进步使服务产品的可贸易性大大增强，服务贸易得到迅速发展，因此，欧美发达国家开始依靠提供服务产品来与亚洲"制造走廊"的经济体以及产油国进行国际分工。如美国凭借美元的霸权地位和发达的金融市场主要提供金融服务来换取一般工业品和自然资源。于是，国际分工不断深化的结果是从制造业内部分化出独立的生产性服务业，制造业与服务业的产业边界也趋于模糊，导致产品内分工跨越制造业的樊篱嬗变为制造业与服务业之间的现代产业间分工。这充分体现出国际分工格局在演进过程中产生的否定之否定的螺旋上升趋势。

过去各种形态的国际分工都是有形产品之间的分工，"制造—服务"国际分工是世界经济史上首次出现的有形产品与无形产品之间的分工形态。与有形产品的分工相比，作为无形产品的服务在国际分工和国际贸易中具有以下特征。

（1）由于大多数服务的生产和消费是同时进行的，产品不可储藏和运输，因此，服务品的可贸易性比制成品和初级产品弱很多，服务贸易始终是国际贸易的支流。但近年来伴随着信息技术革命，服务品的可贸易性日益增强，服务贸易和服务外包随之得到迅猛发展，服务贸易的增长速度超过货物贸易，其占全球贸易总额的比重已经接近1/4，在全球贸易中扮演着越来越重要的角色。与货物贸易相比，服务贸易具有能源消耗低、碳排放少、附加值高、知识和人才较为密集等优势，具有巨大的发展潜力。开放的、清洁的、知识和劳动密集型的服务贸易产业将成为推动世界经济发展的重要动力。

（2）与有形产品的国际分工相比，制造业与服务业的国际分工同样是建立在比较优势和要素禀赋差异的基础上的。但与制造业相比，服务业是更加制度敏感型和知识密集型的产业，因此，在服务业中形成比较优势更为困难，而其比较优势一旦形成，也更为持久和难以转移。制造业是人对物的生产活动，其比较优势主要来源于劳动力、基础设施、技术积累和政府的资源动员能力。服务业是人对人的生产活动，产品的异质性强，个性化和定制化程度高，且生产与消费同步，其交易过程的信息不对称程度必然很高，从而带来较高的交易成本，需要有更加绵密精细的制度安排。此外，人对人的生产活动需要更多个性化的知识和交流技巧，对生产者的文化素质要求更高。因此，服务业的比较优势主要来源于优良的制度环境、软性的"基础设施"①、精细化的管理和高素质的人力资本。发达国家之所以能够在服务业和生产的服务环节建立起较强的优势，除了受产业结构演进基本规律的影响，即在消费结构升级的"恩格尔定理"（Engel's Theorem）引导下服务业成为主导产业以外，其成熟的市场经济制度、诚信的社会文化环境和深厚的人力资本积累也是其中的重要原因。

（3）作为经济全球化的产物，制造—服务国际分工的产生有其

---

① 例如，金融基础设施主要指的是涉及金融交易的法律体系和社会信用体系，而非指金融业的硬件设施。

必然性和合理性，它使资源在更大范围和更多领域实现了优化配置，分工参与者也得到了各自应得的"红利"。但是，这种分工形态目前尚处于不稳定、欠成熟的脆弱状态，极易产生结构失衡乃至引发经济危机。

首先，制造—服务国际分工并未改变制造品可贸易性强、服务品可贸易性弱的产品差异，全球服务贸易虽然近年来发展迅速，但其规模仅有全球货物贸易的 1/4，仍然是国际贸易的一个支流。其次，由于服务贸易涉及太多敏感的非经济因素（如国家的经济安全、民族文化传统、意识形态偏好等），其自由化进展缓慢，各种贸易壁垒林立，远远无法与货物贸易的自由化程度比肩。例如，服务业对经济影响的复杂性和监管的难以驾驭性使得各国政府对于开放服务部门慎之又慎。作为生产投入的主要中间品，服务业的影响不仅仅体现在某一环节，而且深入到国民经济各部门，甚至可以通过乘数效应放大影响。例如，金融服务业调控着整个经济活动中不可或缺的资本要素的流动和配置，其所带来的影响可以渗透到生产、投资和消费的所有领域。因此，服务贸易自由化的障碍主要体现在市场进入壁垒、服务政策的透明度等非关税壁垒上。随着经济全球化的推进，近年来服务贸易自由化虽然有所进展，但贸易壁垒依然高企，服务贸易和农产品贸易谈判遇阻成为多哈回合难产的主要因素。

自 20 世纪 90 年代以来，随着制造—服务国际分工的发展，世界经济失衡的现象越来越严重，作为主要服务提供国的发达国家在国际收支上处于逆差地位成为常态。例如，美国和英国等服务贸易强国在服务贸易上都是顺差，在货物贸易上都是逆差，但其服务贸易的顺差却远远抵偿不了货物贸易的逆差。这从另一个侧面揭示了作为世界主要服务提供方的美国和欧洲（德国除外）经济为何会陷入入不敷出、寅吃卯粮的困境的根源所在。

第 2 章

世界经济结构失衡与全球经济危机

2.1 国际分工新变化对世界产业体系的影响

国际分工体系是各种国际分工形态及其结构的有机系统,它关系到世界经济和各个国家经济发展的资源配置方式与交换方式。如前所述,自从第一次全球化浪潮以来,国际分工体系的主流形态已经经历了由工业品与初级产品之间的传统产业间分工到工业内部的产业内分工,进而深入到产品内分工(价值链分工),再从中衍生出制造与服务的现代产业间分工这一不断深化和螺旋上升的进程。与之相应,国际分工体系的结构也在不断演变,传统的垂直型分工正在向水平型和混合型分工转变,呈现出多形态、多层次分工并存的复杂格局。

国际分工体系的演变必然对世界经济格局尤其是世界产业体系产生深刻的影响。在新的国际分工形态的影响下,以下趋势在近20年来变得日益显著。

▶ 2.1.1　全球制造业的集中化趋势

全球价值链分工及其衍生出的制造—服务分工新形态，必然导致世界产业尤其是制造业在全球范围的布局呈现集中化趋势。在发达国家"去工业化"的过程中，其制造业的产业转移对象往往选择劳动力和土地等生产要素丰富、基础设施和产业配套体系完善以及政局稳定的国家和地区。在过去数十年，西方国家制造业转移的对象主要集中在东亚地区尤其是中国。这是因为，东亚和中国不仅劳动力资源丰富，而且受儒教文化的影响，人民勤劳节俭、吃苦耐劳、遵守纪律、崇尚教育，是天生的制造民族。① 此外，大多数东亚国家积极推行出口导向发展战略，民间储蓄率高，政府的资源动员能力强，能够迅速投资形成发展制造业所需的基础设施和产业配套体系。而在世界其他地区，虽然有些国家拥有比中国更为低廉的劳动力，但在文化传统、政府能力及投资环境方面无法与中国同日而语。因此，在第三次全球化浪潮中，东亚尤其是中国成为世界制造中心，占世界制造业产值的比重迅速增加。据统计，1999 年，美国占世界制造业增加值（MVA）的约 20%，日本占 15%，中国只占约 5%；到 2010 年，中国已经占世界制造业增加值的 19.8%，高于美国的 19.4%，一跃成为全球制造业产出规模最大的国家。但有两点需要注意：其一，中国的制造业大而不强，缺乏自己的全球品牌和核心技术，仍然处在全球产业链的低端位置；其二，中国的制造业大多是面向全球市场而生产，许多产业的产出规模远远大于国内需求，产业对国际市场需求的变化十分敏感。

---

① 关于文化传统与产业发展的关系，有一个著名的案例：西方学者在研究为何全球电子产业大多数集中在东亚地区的原因时，发现了一个有趣的人类学现象，即东亚地区电子产业发达的国家均属于所谓的"筷子文化圈"，由于心灵手巧，这些国家电子装配线上工人的劳动生产率普遍高于其他地区的同类工人。

▶ 2.1.2　服务业的全球化趋势

服务全球化是近 10 多年来经济全球化进程最鲜明的阶段特征，它不仅影响广泛、深刻，而且与分工体系、就业增长、经济稳定、可持续发展等全球经济发展中的重大议题密切相关（江小涓，2008）。服务业全球化正从根本上改变世界服务业的发展模式，并日益深刻地改变着世界经济、产业和技术的发展模式，成为决定各国国际竞争力的关键因素。

进入 21 世纪以来，服务业全球化初现端倪，并呈现出以下趋势。

第一，服务业跨国公司迅速扩张，成为推动服务业全球化的主体。2005 年《财富》500 强共涉及 51 个行业，其中 28 个属于服务行业，从事服务业的跨国公司多达 281 家；在相当一部分 500 强制造业企业中，其服务业务的收入也已经接近或超过了制造业务的收入。传统制造业跨国公司向服务型跨国公司转型在不断加速。跨国公司通过掌控研发和市场营销等核心环节及强大的供应链管理体系，在国际竞争中的地位不断增强。

第二，服务业跨国投资增长非常迅猛，服务业跨国并购大潮迭起。从 20 世纪 90 年代到 2002 年，服务业对外投资存量翻了两番，占全部外商直接投资存量的比重由 47% 上升到 67%，2005 年服务业跨国投资比重仍占 2/3 以上。跨国并购成为服务业跨国投资的主导方式。

第三，服务贸易发展迅速。服务业信息化和现代化大大提高了服务业的可贸易性，促进了世界服务贸易的快速发展。2000 ~ 2005年间，世界服务进出口年均增长 10%。世界服务贸易的结构也发生了很大变化，运输、旅游等传统服务贸易部门所占比重下降，以信息、金融、研发等为代表的生产性服务所占比重上升到 2005 年的47.8%。同时，以商业存在方式提供的服务贸易额也以更快的速度增长。

第四，国际服务离岸外包异军突起。发达国家跨国公司实行核心竞争力战略，越来越多地将后勤办公、顾客服务、商务业务、咨询分析等非核心业务外包，其中离岸外包成为新趋势。联合国贸发会议估计，近年来全球服务外包市场以每年 20% ～30% 的速度递增。

第五，服务业跨国转移由制造业追随型逐步向服务业自主扩张型转变。随着信息技术的应用和产业分工的深化，服务业开始不断从传统制造业中独立出来，信息、咨询、设计、财务管理、能源管理、售后服务、技术支持等专业服务公司不断发展壮大。第三方专业服务成为制造—服务国际分工的主要形式。

服务业全球化不是一种孤立现象，它是在第三次全球化浪潮中国际分工从制造环节向服务环节延伸、服务业加速信息化、世界经济加速向服务经济转型等重大进程的产物。世界经济向服务经济转型已达到了惊人的程度。2005 年，世界服务业占世界 GDP 的比重已达到 68%，而其中的生产性服务业在发达国家服务业总值中的比重接近 70%，生产性服务业已经成为发达国家名副其实的支柱产业，如美国生产性服务业增加值占其 GDP 的比重超过 48%。

▶ 2.1.3　发达国家产业结构的虚拟化趋势

随着全球化浪潮和制造—服务分工的发展，发达国家的产业结构和业态也发生了重大变化。由于制造业大量向发展中国家转移，一些发达国家的生产性服务业也开始出现转移或者外包到发展中国家的浪潮，其国内不仅制造业而且传统服务业也出现了空心化的现象，大量工作岗位流失。因此，金融、保险和房地产业（FIRE 产业）等相对独立的高端服务业就逐渐发展成为发达国家的主导产业。FIRE 产业的投资乘数效应大，可以通过市场投机获得高收益；更重要的是，从全社会的角度看，FIRE 产业的发展可能产生财富效应，进而刺激个人消费和企业投资，从而可以在一定程度上缓解因缺乏实体经济依托和收入两极分化而产生的有效需求不足问题，带动经济的短暂繁荣。

在此背景下，20 世纪 90 年代以来，以美国为首的发达国家开始大力发展 FIRE 产业。各国政府纷纷放松金融监管，大力推动金融自由化和金融创新，政府长期实行鼓励信贷扩张的宽松货币政策和赤字财政政策，金融机构降低借贷门槛，创造出各种令人眼花缭乱的衍生工具。在赚钱效应的诱使下，大量热钱涌入股市、房市和大宗商品市场，过剩的流动性不断推高股价、房价等资产价格；资产投机所产生的财富效应刺激了消费，特别是住房、汽车等大额商品的透支性消费；兴旺的消费和低融资成本又带动了投资。于是，20 世纪 90 年代以来，以美国为首的资本主义发达国家的虚拟经济急剧膨胀且日益与实体经济相脱节，经济结构日趋金融化和虚拟化（张捷，2009）。例如，美国金融业产值占 GDP 的比重早在 1990 年就超过了制造业，2007 年美国制造业产值占 GDP 的比重已经下降到 11.68%，金融业产值占 GDP 的比重超过 25%；金融企业占美国股市总市值的比重在 21 世纪初已达到 25%，金融业利润占美国企业利润总额的份额最高时曾达到 40%。在美、英等国，大金融小制造的产业格局已然形成。法国著名学者布罗代尔曾对资本主义的结构演进作了形象的比喻："工业资本主义为圣父，商业资本主义为圣子，其地位最低，金融资本主义则是贯穿一切的圣灵，地位最高。"

2.2　制造—服务国际分工与全球经济失衡

在制造—服务国际分工形态下，发达国家专注于发展现代服务业尤其是金融服务业，新兴经济体和发展中国家专注于发展制造业，资源富集国家专注于生产能源和其他资源，然后各方通过贸易和投资进行交换，这种分工形态是经济全球化的产物，它在一定条件下使全球经济资源得到优化配置，能够给各方带来多赢局面。

　　但是，与其他分工形态相比，制造—服务国际分工有一个重要特点，即制造品与服务品的差异很大。如前所述，制造品的可贸易性强，贸易自由化的程度很高；服务品的可贸易性弱，贸易自由化的程度较低。在最终需求上，制造品大多属于生活必需品，收入和价格的需求弹性较低；服务品大多属于追求愉悦和生活质量的产品，收入的需求弹性较高。在供给上，制造品适合于大批量生产，规模经济特征明显，易于降低成本；服务品则往往是个性化的，难以批量生产，缺乏规模经济，成本刚性较强。在市场结构上，制造业进入门槛低，市场竞争较为充分，价格竞争是常态；服务业尤其是现代服务业进入门槛较高，许多部门属于垄断行业，流行垄断定价。在要素禀赋上，制造业根据产业层次可分为劳动密集型、资本密集型和技术密集型；服务业虽然与制造业一样存在各种层次的产业部门，但服务业人对人而非人对物的生产属性决定了其对制度环境和从业人员素质的要求更高。

　　以上两类产业的巨大差异决定了，当两类产业在不同国家之间展开分工时，要想同时实现双方的内部和外部均衡是十分困难的。

　　首先，根据要素禀赋和比较优势，发达国家主要生产服务品，发展中国家主要生产制成品。发达国家收入水平高，对许多自己不生产的制成品的价格需求弹性基本上是刚性的，进口量大；而发展中国家收入水平低，对发达国家提供的服务品的价格需求弹性高，当服务品的价格较高时，需求就会大幅减少。

　　其次，制成品生产由于竞争激烈、规模经济和技术进步，价格总是趋于下降，有利于扩大出口市场；而服务品由于市场垄断性和发达国家的工资水平高，加上缺乏规模经济，价格易升难降，影响进口国对服务品的消费需求。

　　再次，由于产品可贸易性和贸易自由化程度的差异，尤其是在发展中国家更加重视经济安全、对一些高端服务业实施严密保护的背景下，发展中国家的制成品可以疾风骤雨般向发达国家市场出口，发达国家的服务品却很难大量出口到发展中国家。

最后，制成品贸易主要依靠物流和交通等基础设施来降低交易成本，而服务贸易则要求具有完善的知识产权保护等法律制度环境，否则交易成本会很高。中国和东亚国家大多采用政府主导的外向型发展模式，通过政府投资或产业政策使基础设施得到迅速发展，但知识产权保护和社会信用等制度环境建设却因人治甚于法治而相对滞后，阻碍着它们与西方国家之间服务贸易的开展。

根据以上推断，本次金融危机前世界经济失衡的原因就比较容易理解了。这次世界经济失衡主要表现为一些欧美发达国家持续出现庞大的国际收支逆差，债务增长过快，而中国和东亚的新兴经济体则出现大量国际收支盈余，外汇储备急剧膨胀（胡超、张捷，2010）。1998~2007 年间，美国经常项目连年赤字，2006 年美国经常项目账户赤字达 8 115 亿美元，占 GDP 的 6.2%，外债总规模接近 14 万亿美元；而东亚地区的中国和日本则是经常项目连年盈余，2006 年日本经常项目账户盈余达到 1 705 亿美元，占 GDP 的 3.9%；2007 年中国经常项目账户盈余达到 2 622 亿美元，占 GDP 的 8%；2006 年亚洲的外汇储备已超过 3 万亿美元，占全球外汇储备的 61.6%；2011 年仅中国的外汇储备就超过了 3 万亿美元。

虽然对全球经济失衡有各种不同角度的解释，如储蓄率和财政赤字的解释（Dooley 等，2006；Chinn and Ito，2007）、汇率的解释（Obstfeld and Rogoff，2005；Vines，2009）、经济转型的解释（Henriksen，2005；Cooper，2008）、国际货币体系的解释（中国经济增长与宏观稳定课题组，2009）等，但是，经济失衡的一个显著特征就是，拥有经常项目赤字的国家具有发达的金融市场，服务业占国民经济的比重高，经济结构呈现"软"化趋势。[1] 如美国和英

---

① 经常项目账户赤字最多的 5 个国家中，美国、英国和澳大利亚都具有发达的金融市场，西班牙和意大利虽然金融市场不发达，但是制造业占国民经济的比重也都不到 30%；经常项目账户盈余最多的 5 个国家中，中国、日本、德国都拥有当今世界最大的制造业规模（徐建炜、姚洋，2009）。

国，服务业在其国民经济中占有很高比重，服务贸易具有明显的比较优势，金融、保险、影视、科学技术服务等高端服务业成为它们的主要出口产业。2007 年，美国服务贸易出口额占总出口额的30.5%，英国占 39.2%，远高于世界平均水平的 19.9%。相反，经常项目账户拥有大量盈余的国家（俄罗斯、沙特阿拉伯等石油输出国除外）制造业均较为发达，制造业占国民经济的比重较高。经常项目账户盈余持续时间长、失衡规模大的几个国家，如中国、德国、日本等，都拥有当今世界最大的制造业规模，制造业在对外贸易中表现出明显的比较优势。2007 年中国的对外贸易出口中，货物出口占据总出口额的 90.9%，相应的比重德国为 85.8%，日本为84.0%；三国的货物贸易分别是服务贸易的 9.6 倍、6.7 倍和 5.3倍。胡超、张捷（2011）的研究表明，不仅失衡规模大的国家如此，从整体水平来看，世界上的贸易逆差国家往往是服务业发达、具有服务贸易比较优势的国家，贸易顺差国家则大多是制造业发达、具有货物贸易比较优势的国家。这种现象完全符合制造—服务国际分工的基本特征。

制造—服务的国际分工正好形成了一种紧密的互补结构：东亚国家制造业的出口依赖于欧美国家的消费进口，而欧美国家利用服务业尤其是在金融服务业中的优势不断从东亚国家换取制成品来满足其国内的过度消费需求并获得资金回流。在较长时期内，世界经济在这种"互补结构"下的确取得了显著的增长，但这种经济失衡的积累最终却引爆了全球金融危机。在此意义上，本次百年一遇的全球经济危机正是世界经济的结构性失衡和制度性危机相结合的产物。

2.3　世界经济再平衡与经济结构调整

如果制造—服务国际分工在目前注定是一种会产生失衡的分工

形态，那么是否可以通过适度减少这种分工在国际分工体系中的比重来实现世界经济的再平衡呢？理论上这种调整是有利于减少失衡的。现实中，国家之间也存在着多种部门分工形态，除了制造—服务分工以外，还存在农矿业与制造业的分工、制造业内部分工和服务业内部分工等形态。但在现实中，要通过调整国际分工结构来实现经济再平衡，必须先调整各国国内的经济结构（含产业结构），因为后者是前者的基础。各国的经济结构不调整，国际分工结构就难以发生实质性变化，即使各国依靠宏观刺激政策暂时走出危机，世界经济也难以回归健康发展的轨道。

金融危机发生后，美国等发达国家提出了"再工业化"（Reindustrialization）的政策，企图依靠重新回归制造业和实体经济来创造就业机会和消除经济失衡的根源，不过该政策至今收效甚微。原因就在于，制造业是一个高度依赖于要素禀赋变化的竞争性产业，对于一般国家来说，制造业的规模经济和激烈的价格竞争会很快耗竭其在劳动力和资源环境上的比较优势，迫使其把失去优势的产业转移出去。① 即使像中国这样的人口大国，虽然优势延续的时间更长一些，但最终也难以避免丧失在劳动密集型制造业上的比较优势，更何况像美国这样的发达国家。早在三十年前，美国在传统制造业中的比较优势就已经几乎丧失殆尽。② 由于要素禀赋的结构变化是不可逆的，除非依靠技术创新创造出新的优势产业，否则，美国要恢复其在制造业中的比较优势让传统制造业回流美国本土几乎是不可能的。例如，苹果公司在美国雇佣了4万名员工，但在中国却雇佣了70万工人，当奥巴马总统问乔布斯为什么苹果公司不能

---

① 这种情况就像放羊一样，当羊群吃完一个牧场的草以后，必须把它们转移到下一个牧场去。因此，有人把制造业称为"牧羊产业"，用于比喻其依赖要素禀赋变化的易迁移性。

② 至于日本和德国为什么能够在一些高端传统制造业中保留各自的比较优势，笔者认为，它们是用制造民族独特的文化优势抵补了要素禀赋劣势，在一些产品构造（Product Architecture）、分工组织与文化传统相契合的部门建立了长期的竞争优势（张捷，2007）。

让这些工作岗位回归美国时，乔布斯的回答是，这些工作岗位永远不会回到美国。这不仅仅是一个劳动成本的问题，还与苹果对供应链弹性的严苛要求有关。据报道，有一次，距 iPhone 上市仅有数周时，乔布斯突然要求修改设计方案，更换显示屏，从而导致组装生产线不得不大幅调整。午夜时分，新的显示屏运抵中国工厂，工头立即叫醒宿舍的 8 000 名工人，每人发放一袋饼干一杯茶，半小时后生产线开动，每个班次工作 12 小时，96 小时内，这家工厂满负荷运转，每天组装 1 万台 iPhone。这种"斯巴达"式的工作方式保证了苹果的快速反应能力。但在美国，任何一家工厂采用这种生产方式都是无法想象的。由此可知，中国在制造业中的比较优势不仅仅在于其劳动力便宜。

但也要看到，即使在传统制造部门，如果美国在实施"再工业化"战略的同时辅之以贸易保护措施，排挤中国和东亚的产品，以本国市场和北美市场作为其重振制造业的市场基础，那么在一定程度上其再工业化的目标也不完全是空中楼阁。美国智库波士顿咨询公司（BCG）2011 年在一份名为"重振美国制造"（Made in America Again）的报告中指出，过去十几年的时间里，制造业工厂的选址是非常简单的一件事情。廉价劳动力、迅速扩展的国内市场、货币固定低汇率以及政府招商引资的巨大投入，使得中国成为毋庸置疑的选择。然而，如今诸多经济力量的综合影响却在迅速蚕食中国作为北美出口基地的成本优势。同时，美国却由于更加灵活的劳动力以及适应性强的工业部门（Resilient Corporate Sector），正逐渐成为北美大陆消费品更加理想的生产地。到 2015 年左右，北美消费品在美国生产和在中国生产的成本将相差无几。这种转变包括以下原因：（1）在一般的中国工厂，劳动工资和福利每年增长 15% ~ 20%，这将极大削减中国相对于美国一些低成本州的成本优势。如果再考虑美国工人的劳动生产率，因为劳动仅仅在制造业成本口占很小的比重，对许多产品而言，外包给中国的成本节约将会下降为个位数。对于很多产品而言，当把运输、责任、供应链风险、能源成本和其他成本全部考虑在内的话，在中国生产和在美国一些州生产的成本将会相差无几。（2）中国致力实现的生产自动化以及其他相关措施并不能够保持成本优势。（3）考虑到中国居民收入水平的提升以及亚洲其他国家的发展，亚洲地区的消费需求将会急剧增长。跨国公司将会在中国投入更多的生产能力来满足中国国内以及日益扩大的亚洲市场需求；同时，跨国公司也会把一些为了北美市场的生产能力带回美国。（4）劳动密集的生产将会从中国逐渐转移到更低成本的国家，如越南、印度尼西亚和墨西哥。但是，这些国家吸收较高端制造环节的能力受制于基础设施不完善、工人技术、生产规模、国内供给系统以及国内政治和产权风险。工人生产的低效率、腐败以及个人人身安全风险也增加了人们对这些国家的担忧。

总之，全球制造业生产的重新配置还处在初期阶段。这一趋势在不同的行业之间差别很大。加工费用、交通成本、新兴经济体的竞争力以及企业的战略需求都是其影响因素。但是，我们相信在今后数年这一趋势将会更加明显，特别是当危机过去、公司面临扩大生产能力的时候。虽然中国将会依旧是制造业重镇，但美国将会对北美消费品生产有更大的吸引力。

除了通过让发达国家回归制造业并更多地开展制造业的产业内分工以外，实现世界经济的再平衡还有另一条途径，就是让发展中国家尤其是新兴工业经济体的产业结构进一步向服务业转型升级，同时，进一步推进服务贸易的自由化，通过在全球更多地开展服务业的产业内分工（包括服务外包）来减少结构失衡的压力。

存在贸易逆差的国家多是服务业强国，其服务的出口还有很大的潜力；而存在贸易顺差的东亚经济体多是服务业弱国，随着经济的发展，它们对服务的进口需求也存在日益增大的潜力，[①] 如果服务贸易进一步自由化，服务贸易的规模迅速扩大，美欧的货物贸易

---

① 2011 年，在中国吸收的外商直接投资中，服务业所占的比重第一次超过制造业所占的比重，这显示作为商业存在形式的服务进口正在迅猛增加。

逆差就可以通过更多的服务贸易顺差来加以弥补，全球贸易失衡将减少。但往这个方向的调整也将遇到很多困难。一是一些新兴经济体尤其是中国由于长期实行出口导向型发展战略，其产业结构因被"低端锁定"而出现了过度制造业化的倾向，向服务业转型升级遇到很大阻力；二是随着多哈回合谈判陷入僵局，全球服务贸易自由化的进程严重受阻；三是由于美欧的金融业过度虚拟化而造成全球金融危机，危机后通过加强监管以重建国际金融秩序将导致美欧国家金融服务业的萎缩。

当经济危机挥之不去、经济复苏姗姗来迟时，各国的结构调整都将面临很大的困难。这不仅因为结构调整是一个难以一蹴而就的长期过程，对于刺激经济复苏作用迟缓而不能救急，同时还因为结构调整可能影响经济短期增长的动力，使经济复苏雪上加霜。反之，刺激经济复苏的政策也可能延缓结构调整的进程。这是由于：（1）结构调整意味着资源要素的再配置和增长动力的切换，进入新产业/企业的要素（劳动力、资本和技术等）需要有一个适应的过程（如劳动力的再培训），当旧产业/企业衰败破产、新产业/企业尚未形成有效供给时，会导致投资不足、失业增加，消费和出口疲软，经济增长动力暂时缺失，使经济复苏的难度增大；（2）如果政府把刺激经济复苏作为施政重点，实施宽松的财政和货币政策，则可能使一些本来应当被淘汰的企业存活下来，使削减过剩产能的进程受阻，结构调整将变得更难；（3）结构调整意味着现行发展模式的转换和利益的再分配，需要政府具有足够的政治魄力和改革智慧。而经济衰退使政府的执政基础变得脆弱，结构调整的风险增大，政府往往无力冲破利益羁绊和政治阻力去推行改革。在此我们遇到一个明显的悖论：在经济繁荣时期，由于缺少市场倒逼机制，无论企业还是政府都没有动力去主动进行结构调整；而在经济衰退时期，虽然企业的调整意愿增强，但其能力却遭到削弱，被淘汰的概率增大，政府也难下决心顺势推进调整，反而容易推出刺激政策去救济企业，从而增大了结构调整的难度。

从全球范围来看，经济危机既是国际经济失衡的产物，同时又是一种强制矫正失衡的倒逼机制。既然世界经济失衡是国际分工的结果，经济再平衡所要求的结构调整也必然是各方联动、互为条件的。美欧发达国家为了降低债务，修复政府、企业和家庭的资产负债表，正在被迫推行"去杠杠化"和"再工业化"的调整措施，这意味着它们对中国和东亚地区制成品的进口需求减少将长期化和常态化。与此相适应，中国和东亚国家则必须实行"去产能化"（减少制造业的投资和库存）的措施，降低制成品的出口依存度，更多地依靠扩大内需来带动经济增长。对于中国来说，内需不足和储蓄率过高的一个重要原因是服务业发展滞后，无法满足居民的服务性消费需求，① 并强化了居民的预防性储蓄动机。服务业本质上属于内需型产业，中国要想扩大内需，必须先大力发展教育、医疗、金融、保险、电信、交通、文化等现代服务业和各种公共服务，以满足居民对核心消费品的需求，解除其后顾之忧，降低其储蓄倾向。② 我们认为，如果服务业发展起来，中国经济增长对制成品出口的依赖将会下降，内需将会扩大，消费结构将升级，开展服务贸易的基础和动因也会增强，制造—服务的分工形态可能进一步朝中高收入与高收入国家之间的服务业内部分工形态演进，世界经济不平衡的结构性根源也就可以逐渐得到缓解。

那么，中国和其他新兴经济体的产业结构演进是否受到国际分工的影响？其影响机制如何？进入工业化成熟期的新兴工业化国家，当其产业结构向后工业化阶段演进时，是否会出现出口依存度下降、国内消费需求上升的规律？我们将在下一章对这些问题展开讨论。

---

① 根据国家统计局的分类，服务性消费包括医疗保健类支出、交通和通信类支出、文教娱乐用品及服务类支出、银行中介服务消费支出和保险服务消费支出等。

② 居民消费可分为核心消费（住房、教育、医疗和社保等）、日常消费（生活必需品消费）和追求愉悦型消费（文化消费、享受型消费等）。其中核心消费的成本直接影响日常消费和追求愉悦型消费的数量。核心消费的支出比例太大，会挤压用于后两种消费的可支配收入，导致居民消费需求不足。

第 3 章

国际分工对产业结构演进的影响
——对新兴工业化国家的经验研究

3.1 问题的提出

产业结构的演进规律一直受到学界的关注。威廉·配第、克拉克、库兹涅茨、钱纳里等人将工业化分为五个阶段，分别为初级产品生产阶段、工业化初期阶段、工业化中期阶段、工业化成熟期阶段和发达经济阶段。产业结构演变的一般规律是，随着工业化的推进，在产值结构和就业结构上，第一产业的比重不断下降，第二产业的比重先上升再下降，第三产业的比重持续上升并成为占比最大的产业。H. 钱纳里（1989）在提出标准产业模式的同时也强调了产业结构多样化演进的可能性。他指出，"不同国家的结构转变没有一个统一的模式，因为结构转变要受一个国家资源禀赋、初始条件以及它所选择的发展政策的影响。"其基本观点是，需求因素是各国产业结构演进规律趋同的主要原因，而国际贸易及其建立在比较优势基础上的发展战略则是导致结构演变出现差异的主要原因。他指出，"各种发展战略在终止期都导致了一种不同的经济结构，其根本原因在于国际贸易的不同模式。尤其是一个部门的可交易程度——由进出口在国内供给中的比重决定——和产出供给的敏感度共同决定着部门间的调整分配。"依据不同的发展战略和贸易模式，钱纳里将工业化战略大致划分为外向型（出口导向）、内向型（进口替代）和中间型三种模式，分析了政府政策、产业结构和发展绩效之间的联系，并得出实行出口导向型战略的国家其经济结构转变速度较快、国内外产业关联度较高、制造业对经济增长的贡献也较大的结论。但需要强调的是，钱纳里等人的研究重点始终放在工业化阶段，即由农业经济向工业经济转变的过程，而对于由工业经济向服务经济转型的问题则很少涉及。

Kaldor（1981）和 Thirlwall（1979）等认为，国际分工和经济增长通过内生技术变化相互联系，那些有较高贸易收入弹性的国际分工模式会比其他模式更有利于促进经济增长，并通过经济增长促进产业结构转变。但也有学者提出，国际贸易是否有利于经济长期增长是不确定的，专业化分工并非必然与更高的经济增长率相联系。Matsuyama（1992）指出，国际分工可能导致一些国家长期专业化于某些低增长潜力的部门，产生一种"锁定"效应，使其陷入"比较优势陷阱"。国内许多学者指出，在国际分工中发挥我国的比较优势对于优化工业的内部结构将起到很大的推动作用。但是，关于国际分工对产业结构由工业经济向服务经济演进的影响，国内外的研究均不充分。江小涓、李辉（2004）指出，对外开放对我国工业增长的促进作用远远大于对服务业增长的促进作用，起到了提升工业比重、降低服务业比重的作用。江小涓（2011）还指出，国外学者最新的研究表明，服务部门增长呈现两波态势，第一波发生在人均国民收入达到 1 800 美元以前，其后趋于稳定；第二波出现在人均国民收入达到 4 000 美元左右。2010 年，我国人均国民收入已经达到 4 000 美元，进入了中等偏上收入国家组别，同时也进入了服务业"第二波"增长时期。但与中上组别的国家相比，我国服务业的发展指标明显偏低。2009 年，我国第三产业增加值比重和就业比重分别只有 43.4% 和 34.1%，而中等偏上收入组别的两项指标平均值分别为 60.4% 和 58.3%。郭同欣（2010）认为，我国经济采取的是出口导向性发展模式，出口依存度明显较高。由于服务品可贸易程度低，商品出口的快速发展必然会拉动工业快速发展，从而压制了服务业比重的提高。

我们想解决的主要问题是，国际分工究竟是通过什么机制来影响产业结构由工业经济向服务经济演进的？像中国这种高度依赖出口导向型发展模式的经济体，服务业发展滞后是一种具有普遍规律性的现象呢，还是仅仅表现为由某种特殊国情所导致的个别现象？①

3.2　理 论 假 说

本章的理论假说暂不考虑供给方面的影响，即撇开国际直接投资和技术变化等因素，仅从需求方面来考察国际分工对产业结构的影响。

从需求方面来看，国际分工主要通过贸易途径（包括商品贸易和服务贸易）来影响产业结构的变化。国际贸易影响产业结构又可以分为直接效应和间接效应。直接效应即一国可以利用国际贸易带来的国外需求和规模经济直接带动本国具有比较优势产业的发展，使得该产业在国民经济中的比重上升。间接效应可以分为三种：第一种是收入效应。一国通过参与国际分工和国际贸易，可以带动经济增长和人民收入水平的提高。根据恩格尔定律，随着国民收入的提高，对于生活必需品的支出比例会减少，对于服务等非生活必需品的支出比例会增加，结果是需求收入弹性在制造部门和服务部门之间出现差别，服务部门的需求收入弹性会变得更高。Fuchs（1963）、

---

① 江小涓（2011）指出，虽然服务业占 GDP 的比重随收入水平提高而提高是一个总体趋势，但这种趋势在不同发展阶段表现不同。在收入水平低组别的国家，各国服务业的比重与该组平均值的离散程度很高，甚至看不出收入水平与服务业比重的规律性。即在某些阶段的某些国家，初始条件对经济结构的影响可能大于经济发展规律的影响。

Bergstrand（1991）、Falvey and Gemmell（1991）等均认为，服务品的需求收入弹性大于1。因此，随着人均收入水平提高，服务部门从增长的总需求中所获得的推动作用大于制造业，从而形成产业结构升级转型的促进机制。Savona and Lorentz（2006）基于对OECD国家13个制造业和服务业行业20世纪60～90年代投入产出结构的分析发现，最终需求是导致服务业增长的结构变化的主要源泉。第二种是关联效应。一国参与国际分工时，在比较优势产业获得迅猛发展后，会通过前后向产业关联影响其他产业的发展。例如，当一国大力发展具有比较优势的制造业时，会对生产性服务产生中间需求，从而促进生产性服务业的发展。Francois（1990）、Rowthorn and Ramaswamy（1999）、Klodt（2000）、Franke and Kalmbach（2005）的研究都对此提供了经验证据。第三种效应称为替代效应（也称为挤出效应）。其来源有两种：一种来源于产业之间的资源配置。在一国经济实现了潜在增长率的情况下，通过国际贸易大力推动优势产业发展，势必会挤占其他产业发展所需要的资源，从而对非优势产业尤其是可贸易性弱的服务业的发展起到挤出作用。另一种替代效应来自分工本身。[①] 人们在谈到国际分工时，论及的往往是制成品与初级产品之间的分工、不同制成品之间的分工以及同一制成品内部生产环节之间的分工，却很少有人提及一种正在兴起的新形态国际分工——制造与服务之间的分工。[②] 在此我们假设，甲、乙两国开展制造—服务分工，甲国专业化于制造业，乙国专业化于服务业，然后两国进行贸易，其结果是，甲国的制造业产出会高于国内需求水平，服务业产出会低于国内需求水平；乙国则相反。如

---

① 由国际分工所产生的替代效应既包括直接效应也包括间接效应。

② "制造—服务"国际分工的形成原因有：（1）经济发展水平的结构落差。在"去工业化"（De-industrialization）和服务化的趋势下，服务业成为发达国家的主导产业；制造业则成为新兴工业化国家的主导产业。（2）基于要素禀赋差异的产业链分工导致制造环节与服务环节的分离。由于失去比较优势，发达国家的跨国公司逐渐退出制造环节，通过直接投资将其转移到发展中国家，自身专注于产业链的上游融资、研发和下游品牌营销等环节，使生产性服务业逐步从制造业中分离出来。（3）各国文化和制度禀赋的差异（胡超、张捷，2010）。

果忽略收入效应和关联效应，结果必然是，甲国的制造业发展过度而服务业发展不足；乙国则相反。如果考虑国际贸易对经济结构的动态影响，即加入收入效应和关联效应，这时两国产业结构的演变方向会如何呢？在此从甲国的角度进行分析。由于国际贸易，甲国经济增长的收入效应和关联效应会同时带动甲、乙两国服务业的发展，因为在制造—服务的分工结构下，甲国的服务需求（含中间需求）部分是由乙国的服务厂商提供的。至于这两种效应对哪一国服务业的带动作用更大，则取决于贸易依存度的高低。在贸易依存度较高的情况下，甲国经济增长的收入效应和关联效应很可能更多地带动乙国而非本国服务业的发展。① 当然，在现实中，这种影响的大小还取决于甲国服务市场的开放程度以及服务进口所带来的竞争效应的大小。

综上所述，制造—服务分工对一国产业结构演进的动态影响将取决于以下因素的综合：（1）国际贸易所产生的直接效应和间接效应孰大孰小；（2）间接效应中收入效应、关联效应与替代效应孰强孰弱。对于制造—服务分工结构中专业化于制造业的新兴工业化国家来说，以上各种效应的综合在很大程度上与贸易依存度的高低有关。如果贸易依存度过高，工业品出口将直接带动制造业迅速增长；同时，贸易对服务业产生的替代效应可能超过贸易对服务业的收入效应和关联效应，从而令服务业产出比重相对于工业产出比重出现萎缩。如此一来，在制造—服务国际分工体系中，专业化于制造业的新兴工业化国家的发展如果过度依赖出口，其产业结构的演进就可能被锁入"低水平过度工业化"（Over-industrialization）② 的路径之中而难以实现结构转型。反之，如果出口依存度适中，间接效应大于直接效应，收入效应和关联效应大于替代效应，新兴工业

---

① 如果再把外国直接投资考虑进来，则甲国的出口制造商可能有相当部分原本就是从乙国转移而来，它们选择乙国服务厂商来提供中间服务更是天经地义。

② 指在产业结构中工业占比长期居高不下、传统制造业产能过剩、产业结构迟迟不能及时向服务经济转化的现象。

化国家的经济结构就会随着经济发展而由工业经济向服务经济的方向转变。

以上理论假说是静态的，如果我们把它动态化，就会发现，国际贸易对产业结构的影响，将通过产业结构变化对国际分工的影响再反馈到国际贸易上，形成正向或负向的循环。以正向循环为例，当一国的贸易依存度适中，收入效应和关联效应大于挤出效应，服务业的增长快于制造业时，该国在制造业中的比较优势会逐渐减弱，从而影响制成品的出口增长；同时，由于服务品的可贸易性比制成品差，在该国产业结构向服务经济转型的过程中，其贸易依存度也将逐步下降。随着出口贸易对经济增长的重要性下降，国内的消费需求会变得更加重要，而国内消费需求与服务业之间的互动关系比与制造业的关系更加紧密。这是因为：（1）服务业的收入需求弹性高于制造业，国内消费的扩大更能促进服务业的发展；（2）服务业范围广泛、种类繁多，许多服务业本身就是促进市场运转的润滑装置（如金融、商业、物流、信息和法律服务等），所以服务业的充分发展及其就业创造功能将比制造业更能起到减少储蓄、刺激消费的作用。因此，从逻辑上推断，在一国经济向后工业化过渡的进程中，服务业和国内消费需求会逐渐取代制造业和出口贸易在工业化时代的地位，成为拉动经济持续增长的发动机。

3.3　实　证　研　究

▷ 3.3.1　研究对象选择及数据来源

由工业经济向服务经济的结构转变较难通过欧、美、日等发达国家或地区在工业化后期的经验来加以印证，这是因为：（1）发达国家由工业经济向服务经济的转型，距现在已经年代久远，数据的可获得性差；（2）从历史上看，发达国家在工业革命前大都经历过商业革命，它们在经济起飞前以商业为主的服务业产出在三次产业中已经占有最大比重（黄少军，2000），在工业化成熟期，其服务业的比重虽然进一步上升，但很难判断服务业究竟是何时取代工业而成为主导产业的。

在许多新兴工业化国家，工业化是直接在农业经济的基础上起步的，服务业占比在工业化前期并不高，有些国家直到工业化成熟期才出现服务业占比超越工业的现象。加上这些国家结构转型时期的数据比较容易获得，与中国又具有较强的可比性，因此，本书中选择 20 世纪 80 年代以来进入工业化成熟期的新兴工业化国家作为实证研究的对象。

根据国际经验，我们选取进入工业化成熟期的年份作为基期来研究各国由工业经济向服务经济的转变。参考钱纳里等人对工业化阶段的划分标准和借鉴国内相关研究成果，采用世界银行经过购买力平价调整后的 2005 年美元，我们把人均国民收入 5 960 美元作为进入工业化成熟期的基期标准。① 在可获得数据的范围内，共筛选出 1980 年以后进入工业化成熟期的 25 个新兴工业化国家，然后对其作进一步整理，剔除不合格样本，最终选择了 15 个国家作为实证分析的对象。② 笔者使用的所有数据均来自于世界银行（World Development Indicators，WDI），数据范围涵盖了 15 个国家 1980 ~ 2009 年的相关情况。

---

① 各国进入工业化成熟期的人均 GDP 水平为 5 960 美元是由陈佳贵等（2006）在钱纳里等人所确定的标准结构基础上根据美国分析研究局（BEA）提供的美国实际 GDP 数据推算得出。

② 由于多米尼克、阿尔巴尼亚、萨尔瓦多、纳米比亚分别于 2005 年、2005 年、2007 年、2008 年才进入工业化成熟期，时间序列过短难以进行统计分析，故予以剔除；而圣文森特和格林纳丁斯、毛里求斯、圣基茨和尼维斯、伯利兹、格林纳达等为袖珍小国，不具有典型性，也予以剔除。最终剩余的 15 个国家是保加利亚、韩国、土耳其、智利、博茨瓦纳、哥斯达黎加、巴拿马、哥伦比亚、巴西、乌拉圭、突尼斯、厄瓜多尔、马来西亚、泰国和秘鲁。

▶ 3.3.2 描述统计所反映的趋势

图 3 - 1 是样本国第二产业（横轴）和第三产业（纵轴）的结构散点图，其中，左图是在工业化成熟期基期时第二产业和第三产业增加值占 GDP 的比重，右图是在数据终止期的上述比重。为了便于比较，我们把中国 2009 年的产业结构数据也放进去作为参照。可以看出，在基期，除了保加利亚、博茨瓦纳和中国以外，其余国家的第三产业比重均已超过第二产业。博茨瓦纳是以采矿业（钻石和铜、镍等矿业）为支柱产业的国家，制造业在工业中的份额很小，对中国的参照意义不大。而保加利亚在 1981 年进入工业化成熟期时仍是经互会成员，在苏联主导下的经互会内部分工中扮演着工业生产国的角色，其工业过度发展而服务业发展不足属于计划经济时代的产物（右图显示，20 年后保加利亚的服务业得到了长足的发展）。到数据终止期，除了泰国的服务业比重有所下降，巴拿马

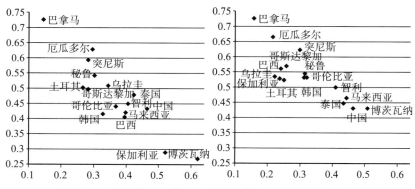

图 3 - 1 各国第二、第三产业增加值占 GDP 比重的变化

注：左图为各国进入工业化成熟期基期时的情况；右图为泰国、突尼斯、厄瓜多尔和秘鲁进入基期后第 5 年（数据的时间序列到此为止），其他国家进入基期后第 20 年的情况。两图中国的数据均为 2009 年中国进入工业化成熟期时的结构情况；两图的横轴、纵轴分别为第二产业和第三产业占国内生产总值的比重。

资料来源：世界银行，World Development Indicators。

和秘鲁的变化不明显外，厄瓜多尔、保加利亚、博茨瓦纳、土耳其、哥斯达黎加、乌拉圭、韩国、哥伦比亚、巴西的位置均明显向左上方移动，显示它们的工业比重在下降，服务业比重在上升；突尼斯、马来西亚、智利的工业和服务业比重同时在上升（可能是靠挤占农业的比重所致），其中突尼斯和智利服务业比重上升的逐度快于工业。

总体而言，自进入工业化成熟期以后，样本国家的产业结构呈现出由工业经济向服务经济转变的明显趋势。在这一转变过程中，我们还发现了一些与国际分工相关的其他变化趋势，即：（1）大多数国家（12 国）的制造业比较优势（RCA 指数）呈现出先上升后下降的弱化趋势。（2）有 10 个国家的外贸依存度呈现出先上升后下降的趋势，除了韩国，其他几个呈上升趋势国家的上升势头已在趋缓。（3）除了秘鲁受时间序列限制外，其余 14 个国家国内最终需求①占 GDP 的比重都呈现出先下降后上升的总体趋势。那么，这些统计趋势与这些国家产业结构转型之间是否存在内在关联呢？对此我们需要进行更加深入的实证检验。

▶ 3.3.3 实证检验

3.3.3.1 变量设置和回归方程

本节拟采用两组面板数据的计量方程来进行实证检验。选择的被解释变量均为第三产业与第二产业的对比系数（si），即第三产业增加值与第二产业增加值之比。该系数被视为产业结构向服务化升级转型的典型指标。Griliches（1992）提出服务业是"不可测度部门"，许宪春（2004）和江小涓（2011）等人也指出了我国服务业统计中存在的问题，而本书中各产业产值的数据均选自世界银行

---

① 最终需求包括私人部门和政府部门对商品和服务的总需求。

按统一分类标准①得出的统计数据库，有效地避免了各国二、三产业统计分类标准不同所造成的影响。控制变量均选取城市化水平（urb），即城市人口占总人口的比重，以及基础设施指标（tlp），即每百人拥有的电话线长度。这是依据学者们（Riddle，1986；江小涓、李辉，2004）认为城市化是影响服务业发展的重要因素以及城市化水平与服务业比重呈正相关的共识。第一组方程的解释变量为制造业显示性比较优势指标（RCA），即制造业的 RCA 指数，② 用来验证国际分工对产业结构的影响。第二组方程的解释变量为商品贸易依存度（tc），即商品贸易占国内生产总值（GDP）的比重；服务贸易依存度（sc），即服务贸易占国内生产总值的比重；还有国内最终需求占国内生产总值的比重（dc）。这些变量被用来验证国际分工通过直接和间接效应影响一国产业结构变化的方向和程度。为了消除异方差的影响，对所有变量分别取对数。回归方程如下：

第一组：$\ln si_{it} = C + \eta \ln rca_{it} + \kappa \ln ur_{it} + \mu \ln tlp_{it} + \nu \ln urb_{it} + \varepsilon_{it}$ $\quad i = 1, 2, \cdots, n$；$t = 1, 2, \cdots, T$

第二组：$\ln si_{it} = C + \alpha \ln tc_{it} + \beta \ln dc_{it} + \gamma \ln sc_{it} + \phi \ln tlp_{it} + \varphi \ln urb_{it} + \varepsilon_{it}$ $\quad i = 1, 2, \cdots, n$；$t = 1, 2, \cdots, T$

方程中下标（i，t）表示第 i 个国家 t 时期的相应指标值，C 为常数项，α、β、γ、ϕ、φ、η、κ、μ、ν 分别为各变量的系数，ε_{it} 为满足 $E(\varepsilon_{it}) = 0$ 和 $VAR(\varepsilon_{it}) = \sigma^2$ 的随机扰动项。

3.3.3.2 检验结果

（1）对变量进行平稳性检验。如表 3 - 1 所示，选取了五种平

---

① 服务业的范围涵盖了 ISIC 分类中的第 50～99 项，包括批发和零售贸易、运输，以及政府的、金融的、专业的和私人的各类服务，如教育、医疗保健和房地产服务等。

② RCA 指数（$RCA = x_{iz}/x_i \big/ x_{wz}/x_w$，$x_{iz}$ 为 i 国 z 类产业或产品的出口额，x_i 为 i 国所有商品和服务的出口额，x_{wz} 为世界 z 类产业或产品的总出口额，x_w 为世界所有商品和服务的总出口额）。本书中直接用商品贸易的出口额代替制造业的出口额来计算制造业的 RCA 指数。

稳性检验的指标，变量 lnsi、lntc、lntlp 原数据都未通过五种检验指标，但一阶差分后都通过了 1% 水平的平稳性检验，都不存在单位根；lndc、lnsc、lnurb、lnrca 虽然原数据有一个或两个指标通过了平稳性检验，但仍不能认定是平稳的，而一阶差分后都通过了 1% 水平的平稳性检验，都不存在单位根。总体检验结果是，所有的变量都是一阶单整的。

表 3 - 1 平稳性检验结果

变量	LLC 检验	Breitung 检验	IPS 检验	Fisher ADF 检验	Fisher PP 检验
lnsi	- 0. 55		0. 16	31. 34	21. 14
Δlnsi	- 13. 85 ***		- 14. 02 ***	217. 29 ***	258. 91 ***
lntc	- 0. 95		0. 203	28. 34	24. 12
Δlntc	- 9. 30 ***		- 12. 59 ***	199. 36 ***	251. 42 ***
lndc	- 1. 79 **	0. 97	- 0. 21	32. 98	33. 77
Δlndc	- 10. 81 ***	- 5. 07 ***	- 15. 05 ***	218. 38 ***	240. 49 ***
lnsc	- 1. 09	- 0. 58	- 1. 32 *	40. 36 *	35. 83
Δlnsc	- 12. 65 ***	- 6. 11 ***	- 14. 21 ***	206. 30 ***	231. 75 ***
lnurb	- 3. 14 ***	- 0. 808	- 0. 279	33. 53	72. 05 ***
Δlnurb	- 4. 54 ***			66. 67 ***	119. 50 ***
lntlp	2. 54	5. 17	4. 92	16. 41	5. 11
Δlntlp	- 6. 03 ***	- 4. 33 ***	- 6. 65 ***	149. 66 ***	106. 51 ***
lnrca	- 1. 14	- 0. 53	- 0. 98	31. 72	55. 03 ***
Δlnrca	- 9. 33 ***	- 4. 12 ***	- 12. 34 ***	181. 26 ***	537. 75 ***

注：Δ 表示变量的一阶差分；*** 表示在 1% 的水平上，** 表示在 5% 的水平上，* 表示在 10% 的水平上，分别拒绝存在单位根的原假设。

（2）对变量进行协整检验。如表 3 - 2 所示，我们采用了三种方法做了三组协整检验，第一组是验证 lnsi、lntc、lndc、lnsc 的协整关系，根据 Pedroni（1999）的结论，Panel ADF 和 Group ADF 的检验效果最好，Panel v 和 Group rho 的检验效果最差，其他的处于中间。而 Pedroni 检验的结果显示，Panel ADF、Group ADF、Panel

PP 和 Group PP 都在 1% 水平下拒绝了原假设，所以存在协整关系，而且 Kao 检验和 Johansen 检验都通过了存在协整关系的检验。总体而言，这四个变量之间存在面板数据的协整关系。第二组是验证 $\ln si$、$\ln tc$、$\ln dc$、$\ln sc$、$\ln urb$、$\ln tlp$ 的协整关系，Pedroni 检验中 Panel ADF、Group ADF、Panel PP 和 Group PP 同样都在 1% 水平下拒绝了原假设，Kao 检验和 Johansen 检验都通过了存在协整关系的检验，所以这六个变量间也是存在协整关系的。第三组是验证 $\ln si$、$\ln rca$、$\ln urb$、$\ln tlp$ 的协整关系。Pedroni 检验中 Group ADF 和 Group PP 都在 1% 水平下拒绝了原假设，Panel ADF 和 Panel PP 在 5% 水平下拒绝了原假设，存在协整关系；Kao 检验也在 10% 水平下拒绝了原假设，Johansen 检验也被通过，所以这四个变量之间也是存在协整关系的。

表 3 - 2　　　　　　　　　　　　协整检验结果

检验方法		$\ln si$、$\ln tc$、$\ln dc$、$\ln sc$	$\ln si$、$\ln tc$、$\ln dc$、$\ln sc$、$\ln urb$、$\ln tlp$	$\ln si$、$\ln rca$、$\ln urb$、$\ln tlp$
Pedroni 检验	Panel v-Statistic	0.518579	- 0.08895	0.544901
	Panel rho-Statistic	1.379128	1.787709	0.599891
	Panel PP - Statistic	- 3.06687 ***	- 4.9733 ***	- 1.94743 **
	Panel ADF - Statistic	- 3.25259 ***	- 5.18732 ***	- 1.56554 **
	Group rho-Statistic	2.550331	3.842657	1.840982
	Group PP - Statistic	- 4.5077 ***	- 6.24999 ***	- 2.60848 ***
	Group ADF - Statistic	- 4.57051 ***	- 6.20222 ***	- 2.58972 ***
Kao 检验		- 1.373691 *	- 1.471758 *	- 1.55847 *
Johansen 检验	0 个协整向量	91.17 ***	438.5 ***	240.9 ***
	至多 1 个协整向量	37.55	231.4 ***	127.4 ***

注：*** 表示在 1% 的水平上，** 表示在 5% 的水平上，* 表示在 10% 的水平上，分别拒绝不存在协整关系的原假设。

3.3.3.3　计量回归结果

鉴于平稳性检验和协整检验的结果支持笔者将要进行的面板数据的回归分析，接下来分别进行两组面板数据方程的计量回归。第一组回归的结果如表 3 – 3 回归（7）所示，利用 F 检验和 Hausman 检验确定了建立混合回归模型比较适合。由于原模型存在内生性，为了消除内生性，在模型中加入了 lnsi(–1) 项，回归结果 R^2 较高，D. W. 也接近 2，lnsi(–1)、lnrca 和 lntel 三个变量的系数都在 1% 水平下通过了 t 检验，说明模型的解释力比较强。lnsi(–1) 的系数最大，说明前一期的产业结构对当期的产业结构影响较大，这是符合常理的；lnrca 的系数为负值，表明当新兴工业国制造业的比较优势增强，也即在国际分工中进一步专业化于制造业时，将阻碍该国产业结构向服务业转型（仅考虑二、三产业），当然前提是该国已经处于工业化成熟期，存在着产业结构转型升级的要求；lntlp 的系数较小，说明基础设施的发展对产业结构转型有支持和保障作用，但影响程度有限；lnurb 的系数也在 5% 水平下通过了 t 检验，说明城市化的发展对产业结构提升具有促进作用，这符合城市化促进服务化的基本判断。总体而言，这一组实证检验证明，如果一国经济发展到工业化成熟期，在国际分工中仍然继续专注于制造业，那就可能阻碍产业结构的转型升级；反之，如果在国际分工中制造业的比较优势弱化，分工向服务环节转移，将会促进产业结构的转型升级。

表 3 – 3　　　　　　　　　　　　　　　**计量回归结果**

解释变量	（1）	（2）	（3）	（4）	（5）	（6）	（7）
c		– 1. 405 ***			– 9. 923 ***	– 1. 9719 ***	
		（ – 5. 286）			（ – 14. 607）	（ – 6. 592）	
lnsi(–1)	0. 926 ***	0. 878 ***	0. 985 ***	0. 967 ***		0. 810 ***	0. 951 ***
	（47. 645）	（41. 945）	（96. 437）	（78. 299）		（35. 549）	（78. 159）

续表

解释变量	(1)	(2)	(3)	(4)	(5)	(6)	(7)
lntc	-0.019** (-1.915)			-0.025** (-2.004)	-0.112* (-1.933)	-0.066*** (-3.24)	
lndc		0.341*** (5.454)		0.019*** (2.700)	2.382*** (16.788)	0.525*** (7.675)	
lnsc			0.004** (1.959)	0.015 (1.218)	0.174*** (4.422)	0.017 (1.04)	
Lntlp					0.122*** (3.285)	0.032*** (3.060)	0.011*** (4.909)
lnurb					0.367*** (4.491)	0.120** (2.312)	0.015** (2.296)
lnrca							-0.143*** (-4.007)
F/H 检验	0.85/7.02 混合模型	4.14/26.92 固定效应	1.02/7.09 混合模型	1.03/26.25 混合模型	112.6/4.40 随机效应	5.61/56.51 固定效应	1.26/19.49 混合模型
R^2	0.958	0.959	0.953	0.954	0.535	0.968	0.960
D. W.	1.837	1.788	1.809	1.789	0.447	1.818	1.867
Observations	426	426	426	426	426	411	411

注: *** 表示在 1% 的水平上显著，** 表示在 5% 的水平上显著，* 表示在 10% 的水平上显著。括号内为异方差稳健型 t 检验值，所有检验均应用 eviews6.0 完成。

为了更好地测验各种变量对产业结构（si）的影响方向和程度，笔者作了第二组计量回归。我们先分别用 lntc、lndc、lnsc 作为解释变量进行回归，然后将三者同时作为解释变量，再添加控制变量分别进行回归，结果如表 3－3 中回归（1）至（6）所示。对比回归（1）至（4）的结果，虽然根据 F 检验和 Hausman 检验得出需要建立模型的类型不同，但 R^2 都较高，D. W. 也都接近 2，说明模型的解释力是比较强的。回归结果也显示前一期的产业结构对当期的影响比较显著且影响程度较大，符合常理；lndc 的系数通过了 1% 水平上的 t 检验，说明国内最终需求对产业结构转型升级确实有拉动作用；$lntc$ 的系数通过了 5% 水平上的 t 检验，也是显著的，而且系数是负的，证明了与制造业密切相关的商品贸易对产业结构的转型确实存在阻碍作用；比较特殊的是，服务贸易的依存度在回归（4）的结果中不显著，在回归（5）的结果中虽然系数比较显著但 D. W 较小，添加 $lnsi(-1)$ 消除内生性得到回归（6）后，结果又变得不显著。总体而言，服务贸易对产业结构的影响并不显著，从系数来看，影响也比较小，只有 0.017，这与所选国家都是新兴工业化国家，它们的商品贸易比重大、服务贸易比重小，服务业开放度低，服务贸易对服务业发展的促进作用有限有关。从回归（6）中可以看出，除了 $lnsc$ 的系数不显著外，$lnurb$ 通过了 5% 水平的 t 检验，其余变量的系数都通过了 1% 水平的 t 检验，说明这些变量对产业结构变动的解释力都比较强。从影响方向来看，仅有商品贸易依存度（tc）对产业结构的影响是负的；从影响程度来看，前一期的产业结构以及国内最终需求对当前产业结构的影响较大，分别达到 0.810 和 0.525，这也较好地解释了为什么 15 个样本国在经济发展到工业化成熟期、制造业的比较优势减弱、外需拉动作用下降的情况下仍然能够实现产业的转型升级，关键在于国内最终需求的收入效应对产业结构的升级发挥了很大的拉动作用。城市化和基础设施对产业结构的影响与第一组的结果基本相同，有一定的促进作用。总体而言，通过实证检验得出的结果是，在国际分工对一国产业结构升级产生影响的直接和间接途径中，国内最终需求起到了显著的正向影响且影响程度较大，商品贸易的影响是负向的且影响相对较小，而服务贸易的影响不显著。

3.4　对中国的启示

本章从需求角度探讨了国际分工与产业结构演变的关系，提出了国际分工主要通过直接效应和间接效应以及由此衍生的收入效应、关联效应和替代效应来影响一国产业结构变化的理论假说；然后采用 20 世纪 80 年代陆续进入工业化成熟期的 15 个新兴工业化国家的跨国面板数据进行实证检验。结果表明，当一国经济发展到工业化成熟阶段，若继续致力于强化本国在国际分工中加工制造者的地位，过度依赖商品出口来拉动经济增长，则可能阻碍一国产业结构向服务经济的转型；而随着制造业比较优势的下降，逐步减少对出口贸易的依赖，更多地依靠国内需求来带动经济增长，对于一国产业结构的转型升级则将产生较大的促进作用。以上结论对于正在迈入工业化成熟期的中国，尤其对于当前正在艰难推进中的经济结构调整，有着重要的借鉴意义。

（1）它有助于促使我们下决心摆脱过度依赖商品出口和贸易顺差的传统出口导向型经济发展模式，逐步形成由国内消费、投资和出口均衡拉动的经济发展模式。根据世界银行的测算，2005 年前后，贸易顺差通常为中国的经济增长率贡献约 2.4 个百分点，2010 年的贸易顺差为中国 10.3% 的增长率贡献了 0.8 个百分点，而对于 2011 年和 2012 年平均约 9% 的经济增长率，贸易顺差的贡献平均只有 0.2 个百分点。① 出口贸易之所以对中国经济增长的重要性急剧下降，一是由于金融危机以来发达国家经济的"去杠杠化"过程导致中国经济外需不足长期化；二是由于劳动力、土地和能源等要素价格急速上升，资源和环境约束日趋紧迫，中国在低端制造业上的比较优势正在日益丧失。内外因素迫使中国经济必须加快结构调整，转向以内需为主导的经济发展模式。同时，我们的研究表明，减少对出口贸易的依赖，增强国内消费的地位，不仅仅是中国在内外环境逼迫下的无奈之举，更是经济结构转型升级的必要条件，是新兴工业化国家由工业经济向服务经济过渡的必然趋势。在工业化成熟阶段，出口贸易的高增长往往强化制造业在经济中的地位，压

---

① 引自美国《华尔街日报》网站 2011 年 4 月 29 日报道：《贸易在中国经济增长中的作用下降》。

抑服务业比重的提升，不利于产业结构的转型升级；而国内消费的作用则正好相反。清醒地认识到这一条经济规律，将增强我们加快转变经济发展方式的自觉性。

（2）下一阶段能够引领中国跨越"中等收入陷阱"、迈向发达经济体的主导产业究竟是什么部门？其选择基准是什么？在工业化时期，我国选择主导产业时往往首先考虑生产率上升率（技术基准），其次才考虑需求收入弹性（消费基准）和就业功能。我们认为，在由工业化向后工业化转型时期，消费基准和就业功能应该取代技术基准成为选择主导产业时的首要目标。根据国际经验，进入工业化成熟期以后，服务业的需求收入弹性整体上大于制造业，成为扩大消费和容纳就业的主要部门。目前，我国沿海地区已经跨入工业化成熟期，但产业结构的演进却相对滞后。例如，珠江三角洲地区人均 GDP 已经超过 1 万美元，发达经济体在这个阶段服务业已毫无例外地成了占比最大的支柱产业。而在珠三角地区，除了广州和深圳以外，大部分地区仍然停留在以工业为支柱产业的阶段，服务业发展明显滞后。而在经济转型过程中，除了广州明确提出要构建以服务经济为主体的产业结构外，其他地区在规划今后的主导产业时均对战略性新兴产业和先进制造业青睐有加，对于发展服务业既缺乏热情也缺乏创新思路和有力手段。

（3）为什么中国沿海地区的地方政府即使在条件已经成熟的情况下对于发展服务业仍然缺乏像发展制造业那样的热情？除了长期实行出口导向战略所形成的思维定式外，GDP 至上的政绩观也在作祟。[①] 与制造业相比，服务业是一个更加制度敏感型和知识密集型的产业，它难以像制造业那样通过政府主导下的投资和初级要素的投入而迅速发展起来，其发展需要有适宜的制度环境和人力资本积

---

① 许多经济学家（Baumol，1967；Fuchs，1968；Baumol 等，1985、1989）认为，服务业的劳动生产率增长率低于制造业，属于"停滞部门"。因此，当一国或地区的经济转向以服务业为主导产业时，经济增长率可能下降。该命题是一个值得深入研究的问题，但已经超出了本章的研究范围。

累（胡超、张捷，2011）。目前我国的重要服务部门依然处于行政垄断之下，缺乏充分竞争和良好的信用环境，导致生产成本和交易成本高企，效率低下，消费增长受到制约。① 因此，发展服务业必须从改善制度环境、转变政府职能和提高公共服务的数量及质量做起。② 概言之，发展服务业需要一个服务型政府而非全能型政府，需要一个法治社会而非人治社会。只有实现了制度转型，从工业社会向服务社会的结构转型才可能顺利推进。从人类文明的宏大视野来看，从工业社会向服务社会的结构转型，同时也是由工业文明迈向新的生态文明的一个转折点。

---

① 以物流业为例，据统计，2010 年中国物流总费用占国内生产总值的比重为 18% 左右，运输费用占国内生产总值的 9% 以上，分别高出发达国家 80% 和 50%。由此导致的结果是，沿海商品发往内陆省份所支付的运费比运到美国还贵。以物流费为代表的高成本，再加上各种营业税、消费税等税费，商品的服务成本最终都转嫁到了消费者身上。

② 公共服务实际上是私人服务得以发展的基础。从消费需求角度考察，住房、教育、医疗和社保等公共或准公共服务属于核心消费，其成本直接影响到人们的日常消费和追求愉悦型消费的数量，如果核心消费占家庭收入的比例太大，就会挤压用于后两种消费的可支配收入。

第*4*章

发展方式转型的终极目标：
从工业文明迈向生态文明

4.1　文明演化的历史路径与自然逻辑

　　文明（Civilization）是人类改造世界的物质成果和精神成果的总和，是人类社会发展进步的象征。从历史演进的角度看，人类文明经历了三个发展阶段。第一阶段是原始文明。原始文明发生在石器时代，当时人类的物质生产能力低下，生产活动主要是简单的采集和渔猎，对自然界处于被动依赖和适应的状态，必须依靠集体的力量才能生存。这一蛮荒阶段为时上百万年。第二阶段是农业文明。铁器的出现使人类改变自然的能力产生了质的飞跃，人类通过种植并改良植物、驯化和繁殖动物来获取食物等生活资料，同自然的关系逐渐由被动适应转变为能动改造，但人类的生产和生活对自然禀赋的依存度仍然很高。农业文明为时约一万年，虽然其基本特征是"顺其自然"，但随着人口的增加，人类的烧荒、垦殖和放牧等活动已经开始对生态系统产生局部性的不利影响。第三阶段是工业文明。18世纪的英国工业革命开启了人类现代化的生产和生活方式，人类发明、利用各种先进工具和动力，把自然资源加工改造为自己所需要的生产和生活资料。工业文明历时三百年，目前人类整体上仍然处于这一发展阶段。

从人类与自然的关系来看，随着人类认识和改造自然的能力不断提高，人类文明表现出从敬畏自然（原始文明）到逐渐了解与利用自然（农业文明）再到能动地征服自然（工业文明），以及最终寻求人与自然和谐相处（未来的生态文明）的阶段特征；人与自然的关系也经历了早期自然法则主宰下的平衡、农业文明时期"天人合一"的脆弱平衡、工业文明时期过度征服自然造成的失衡到近期人类重新寻求人与自然的再平衡。这一"否定之否定"的螺旋式变化表明，人类虽然能够通过发现自然规律能动地改造自然来为自身谋福祉，但人类改造自然的活动终究必须受到自然规律的约束，人类活动如果"逾矩"，向自然的索取超过其承载力，则将受到自然界的各种"惩罚"，乃至于丧失自身生存的基本自然条件。在此意义上，作为自然进化的产物，人类文明也是大自然的一种"历史进程"，人类文明的演进始终离不开"自然逻辑"的规范。

4.2　生态文明必将取代工业文明

三百年的工业文明以人类征服自然为主要特征。工业文明有两大"利器"：一是科技革命；二是市场经济。科技革命使人类征服自然的能力发生飞跃，利用和改造自然的效率成倍提高，新技术、新产品等改造自然的手段及其自然资源转化物层出不穷。在更加高效地利用自然、使人类获得等额产品和服务所耗费的自然资源和环境容量下降的同时，科技也使得人类改变自然原生态的能力（含破坏力）提高，使人类活动导致生态环境发生非合意变化的威胁增大（如全球气候变暖问题）。市场经济则是使人类征服自然以实现自身福利最大化的一种制度安排。市场经济是一种功利主义的体制，它仅仅关注当下的生产者和消费者的福利最大化，而不会考虑生产和消费对自然生态服务功能的透支以及这种透支对人类未来的影响。因此，市场经济总是通过竞争机制生产出远远超过人类基本需要的产品，然后再通过经济危机去消灭过剩的生产能力。同时，市场经济又通过各种煽动人类物质欲望的手段（广告、品牌、产品频繁的更新换代等）去诱导无节制的消费，许多消费仅仅是为了满足人类的虚荣心和喜新厌旧本能，与满足人类的基本需求和改善人类的生理心理健康几乎毫无关系。市场经济优胜劣汰的竞争机制和消费至上的物质主义加剧了人类对自然界的过度索取。

近半个世纪以来，一系列全球性生态危机说明地球再也没有能力支持工业文明的继续发展。由世界自然基金会（WWF）等机构编写的《地球生命力报告 2012》指出了人类长期给地球带来的累积压力，以及由此导致的我们所赖以生存的森林、河流和海洋生态系统健康程度的下降。我们目前的生存方式好似我们还有另外一个地球可以使用。我们正在使用的资源超过了地球可供给能力的50%，如果我们不改变这一趋势，该数字将会更快增长——到 2030年，即便有两个地球也不能满足我们的需求。自 20 世纪 70 年代以来，人类每年对自然的需求已经超过了地球的可再生能力。就像银行账户透支一样，自然资源最终将会被耗尽。按目前的消耗率，一些生态系统甚至会在资源耗竭前崩溃。地球温室气体的排放量已经超出了自然的吸收能力，大气中的二氧化碳含量不断上升，导致全球气温上升、气候变化和海洋酸化。继而，这些变化对生物多样性、生态系统以及人类赖以生存的资源将造成更大的压力。

因此，虽然世界上还有许多国家尚未实现工业化，但来自自然界的警钟提醒我们，迄今为止的工业文明是不可持续的，地球无力承载所有国家都按照发达国家的模式去实现工业化[①]，人类需要开创一种新的文明作为主流文明来延续其生存。按照自然逻辑，这种

---

① 《地球生命力报告 2012》指出，如果人们都按照美国人的方式生活，人类需要 4个地球来满足其每年对自然资源的需求量。如果人们都按照印度尼西亚的平均水平生活，那么全球只会消耗 2/3 的生物承载力。

新的文明只能是生态文明。

生态是指生物之间以及生物与环境之间的相互关系和存在状态，亦即自然生态。自然生态有着自在自为的发展规律。人类社会改变了这种规律，把自然生态纳入人类可以改造的范围之内，就形成了文明。

生态文明是人类文明的一种高级形态，它以尊重和保护自然、重视包括自然和人类社会在内的全面生态发展为前提，以顺应自然规律和实现人与人、人与自然和谐共生为宗旨，以建立可持续的生产方式和消费方式为内涵，以引导人类走上持续、和谐的发展道路为着眼点。生态文明强调人的自觉与自律，强调人与自然环境的相互依存、相互促进、共处共融，既追求人与生态的和谐，也追求人与人的和谐。可以说，生态文明是人类对传统文明特别是工业文明进行深刻反思的成果，它旨在消解工业文明中所固有的人与自然等多方面的矛盾和冲突。作为对工业文明的一种超越和扬弃，它代表了一种更高级的人类文明形态，代表了一种更美好的社会和谐理想。这种文明形态的建设与形成，必将有助于人类建设更高层次的物质文明、精神文明和政治文明。党的十八大把生态文明建设提到一个新的高度，提出了实现经济建设、政治建设、文化建设、社会建设和生态文明建设五位一体全面推进的宏大目标。这说明，中国领导人已经认识到，作为世界上最大的发展中国家，中国有责任按照生态文明的要求去实现民族复兴，开创一种与地球生态系统共存共荣的发展模式，为发展中国家乃至全人类的可持续发展做出表率。

4.3 生态文明的主导产业、 结构转型与体制机制

人类文明的演进，既有连续性，又有跨越性，连续性与跨越性

的统一主要反映在产业结构尤其是主导产业的转型升级上。众所周知，农业文明的主导产业是农业，工业文明的主导产业是工业，那么，生态文明的主导产业是什么呢？

根据生态文明的基本原则，经济活动在满足人类基本的物质需求的基础上，将更多地着眼于满足人类的非物质需求（包括马斯洛需求层次中除生理需求以外的安全需求、社交需求、尊重需求和自我实现需求）。重视对非物质需求尤其是精神需求的满足，不仅可以缓解经济活动对资源和环境的压力，而且有利于提高人们的幸福感，改变工业社会通过鼓励人们过度消费以推动经济增长的物质主义发展模式，奠定生态文明崇尚朴质节俭、追求精神愉悦的主流价值观和社会基础。因此，能够满足上述人类非物质需求的产业将逐步成为引导生态文明发展的主导产业，它们包括教育、科研、医疗卫生、健康、文化、旅游、休闲、交通、信息通信、节能环保等。由于这些产业大部分属于服务业，因此，人类由工业社会向后工业社会的过渡，与人类由工业文明向生态文明的转型，两者在产业结构的演变方向上是一致的。这一点从发达国家由工业社会转向服务社会以后，其生态环境趋于好转、经济发展与生态文明趋于良性循环的历史经验中也可以得到证明。毫无疑问，资源节约、环境友好和精神享受型的服务业，尤其是节能环保等新兴服务业将成为生态文明阶段的主导产业①，这类服务业将与满足生态优化原则的物质生产部门一起支撑生态文明的持续发展。

---

① 例如，在一些战略性新兴产业的价值链中，占据主导地位的不是产品和设备的生产制造，而是技术研发、管理和服务等环节。虽然从产业融合的观点来看，这类产业可能既是制造业又是服务业，但其服务业的价值创造和价值实现功能远远胜过制造业，因而从本质上应当把它们归类于战略性新兴服务业。以节能环保产业为例，虽然该产业离不开高效节能技术装备的开发以及环保类产品的生产，但如果开发出来的技术设备和产品不能实现产业化和商品化，节能减排的经济效益和环境效益就得不到最终实现，再好的技术也会被束之高阁。而节能减排技术的产业化主要依赖有效的、市场化的节能减排服务体系来实现。这些服务体系的环节包括：节能技术咨询和政策咨询、项目可行性分析、能效计量与能源审计、合同能源管理、排放监测、排放计量与减排核证、排放权交易系统、碳金融服务、人员培训等。

从工业文明向生态文明的结构转型，首先，还是依赖工业文明时代的市场机制来实现，即通过价格机制和市场交易（包括资源环境类产品的价格、税收以及排放权交易）来反映各种自然资源、环境容量和生态服务功能的稀缺性，尽可能内部化其外部性，减少人类在生产和消费活动中对资源环境的消耗，并通过价格杠杆倒逼高能耗、高污染和资源密集型产业收缩规模，加快转型升级。其次，政府的环境规制和国际社会的约束性协议（如《京都议定书》）也将限制重化工业的扩张，推动低碳节能产业的发展，从而导致产业结构的软化和绿色化。再次，在发展中国家，由于工业化尚未完成，经济发展与生态文明难免发生顾此失彼的矛盾。由于生态环境属于外部性极强的公共产品，单纯依靠市场或者单纯依靠政府乃至于依靠两者的结合都难以完全解决"搭便车"等问题。要同时消除贫困和保全生态环境，需要多种治理主体的共同参与。除了市场和政府，穷人尤其是欠发达国家的民众有最大的动力减少由生态灾害和环境污染造成的贫困。世界自然基金会等机构在《地球生命力报告2012》中指出，尽管每个人的生存最终都依赖于生态系统和自然资本，但世界上最贫困的人口受环境退化的影响最为直接。但是，穷人由于缺乏资源、知识和能力，单靠个人的努力几乎无法实现脱贫和绿色发展的艰巨任务。只有组织起来，民众才可能拯救自身的命运和地球的未来。因此，除了市场和政府以外，来自社区组织（NGO和NPO，即公民社会）的第三方治理也是推动全社会向生态文明转型的重要力量。社区治理主要依赖信任、合作和社会制裁来建立某种自发的社会秩序和道德规范，并依靠道德规范和互惠机制来解决"搭便车"等机会主义行为，有效地缓解外部性问题。诺贝尔奖获得者埃莉诺·奥斯特罗姆（Elinor Ostrom）指出，历史上和现实生活中有大量集体行动困境的案例，这些困境不是由更强的政府管制或者私有化来解决，而是通过自我治理来解决。很多群体通过有公益心的民间团体和非政府组织所设计的治理机制来解决集体行动问题，进而解决利益纠纷。奥斯特罗姆还认为，国家的角色应该产生变革，全国性的政府对于管理国际型的公共物品来说太小，对于管理小范围的问题而言又太过庞大。她建议政府和民间团体进行合作，给民间团体足够的空间和支持来解决一些政府不能够有效解决的问题。换言之，她反对那种简单的观点，认为世界性问题只是由政府和企业解决。她指出，公共物品领域需要公民以一种主人公身份参与进来（埃莉诺·奥斯特罗姆，2000）。最后，与过去的文明演进一样，科技创新特别是绿色低碳技术的发明和推广，仍将是人类由工业文明迈向生态文明的强大助推器。

从文明演进的连续性来看，生态文明运行的制度安排仍然离不开从工业文明中衍生出来的市场经济的体制机制。这是因为，市场经济体制是在资源稀缺条件下实现资源优化配置的基本制度，生态文明阶段自然资源与环境容量将成为最短缺和最宝贵的经济资源，其优化配置仍然需要运用市场机制来实现。不过，在生态文明时期，市场经济的重要性已经远远不如工业文明时期，其应用范围和作用都将趋于收缩。其原因是：（1）与工业文明相比，生态文明时期的人类需求将更多由物质需求转向精神需求，而精神产品的生产和消费不完全属于经济活动范畴，它们许多属于社会活动，这就导致生态文明阶段市场经济的适用范围将大大缩小；（2）自然资源和生态环境属于外部性很强的公共产品，难以界定产权和精准定价，而需要明晰产权的市场经济拙于应对外部性问题，因此，在自然资源和环境领域最容易发生市场失灵（如"公地悲剧"），需要借助政府干预和第三方调节，这也限制了市场经济在生态文明中的作用；（3）市场经济通过过度频密的产品更新和营销手段鼓励无节制的消费的做法，与生态文明的基本原则相悖，可能受到生态平衡机制的制约，乃至逐渐被人们所扬弃。总之，在生态文明的新形态下，人与人、人与自然的互动融合将使人类经济、社会和政治生活的性质发生重大变化，经济生活尤其是市场经济的重要性下降，社会生活、文化活动和公民社会治理机制的重要性上升，政府干预的作用则可能经历一个先上升、后下降的变化过程。概言之，生态文明的基本结构应该是小政府、小市场、大社会、大自然。

4.4　向生态文明转型的博弈选择

前面提到，目前世界上除了少数国家以外，大多数国家尚未实现工业化，未充分享受到工业文明的成果。但地球已经无力承载全部国家都追随发达国家模式实现工业化所带来的重负，转换发展模式已经刻不容缓。不过，如果要求所有国家都同步实现发展模式转型，按照生态文明的要求减少消耗和排放，对于尚未实现工业化的发展中国家来说是不公平的。这意味着发展中国家需要承担发达国家在历史上对自然过度开发所带来的后果，其发展权将在某种程度上被剥夺。况且，由于物质基础欠雄厚，发展中国家很难在低度工业化水平上实现发展模式的有效转换。另外，如果不实行同步转型，一开始只要求发达国家转型，允许发展中国家通过传统模式实现工业化以后再转型，也是一个冒险的策略。高收入国家人口仅占全球人口的约1/5，其生态足迹的下降根本就不足以遏制占全球人口4/5的中低收入国家生态足迹上升所带来的全球生态恶化的趋势。《地球生命力报告2012》指出，1970～2008年间，地球生命力指数下降了28%，其中，高收入国家的地球生命力指数上升了7%，但低收入国家的地球生命力指数下降了60%。这一趋势不仅对生物多样性和气候变化是灾难性的，对低收入国家的人民来说也可能是灾难性的。世界上最贫困的人口受环境退化的影响最为直接，如果没有土地、干净的饮用水以及足够的食物、燃料和原料，弱势群体终将无法由贫困走向繁荣。因此，向生态文明的不同步转型也可能带来满盘皆输的结果。

以上悖论正是从《京都议定书》到德班气候大会，国际社会围绕遏制全球气候变暖的温室气体减排方案，进行了多轮谈判而至今仍然难以达成协议的根源所在。

　　大气层对温室气体的吸收是一种全球性公共产品，大气层的产权应当属于全人类乃至地球生物圈。但目前人类社会被划分为具有不同发展水平和不同利益的若干主权国家，不存在一个能代表全人类利益的"世界政府"，这就使得国际气候谈判变成了既基于共同利益——为避免气候变暖导致人类毁灭——同时又要捍卫各自国家利益的政府之间的一场长期博弈。从1992年启动全球气候谈判以来，气候谈判就呈现出发达国家和发展中国家两大阵营对立的格局。争论的焦点是谁先减排、减多少、怎样减以及发达国家如何向发展中国家提供资金和技术援助等问题。争论的实质在于，发达国家已经完成工业化、排放趋于减少，因而更加重视气候和环境问题；发展中国家尚未完成工业化、排放仍在增加，因而必须在经济发展和脱贫的基础上才可能考虑减少排放。发展中国家提出的"共同但有区别的责任"原则，反映的实际上是这两类国家之间共同但有差别的利益。除了"搭便车"的猜忌以外，这种利益分歧主要仍在于是发展优先还是减排优先这一棘手的悖论。

　　笔者认为，气候变化既是全球性的环境问题同时也是发展问题，但归根到底是全球可持续发展的问题。按照工业文明的传统观念，减排被当做发展的成本，谁减排多，谁吃亏大，反之亦然，于是减排谈判变成了无解的零和博弈。但如果按照生态文明的新观念，把减排和碳汇作为对自然资本的长期投资，视为当代人留给子孙后代的自然财富，过去和现在排放越少，子孙后代对自然资本拥有的"期权"就越大，反之亦然。从长期来看，自然资本的价值一定是上升的，有远见和责任心的当代人会选择买入看涨期权（减少当下排放以换取未来的排放权），如此一来，零和博弈就有可能变为正和博弈，全球减排协议何愁难产？与不同投资者具有不同的风险偏好相似，各国政府和人民根据自身的发展水平、环境容量和社会伦理（更多地考虑当代人还是子孙后代的福祉），选择适合自己的投资策略，"共同但有区别的责任"原则也就自然而然地形成了。

4.5 向生态文明转型是中国转变发展方式的根本目标

自 1949 年尤其是改革开放以来，中国成为世界上工业化进展最为迅速的经济体，短短的 30 多年间，中国已经由一个半农业社会发展为经济规模居全球第二的"世界工厂"。中国在能源、冶金、化工、建材、机械设备、电子通信设备制造和交通运输设备制造以及各种消费品等主要工业领域形成了庞大的生产能力，2008 年已经有 210 种工业产品产量跃居世界首位。但也要清醒地看到，中国工业化所取得的巨大成就在很大程度上是以牺牲和破坏生态环境为代价的。2006 年国务院发布的《中国环境保护白皮书（1996～2005）》指出，随着中国经济持续快速发展，发达国家上百年工业化过程中分阶段出现的环境问题在中国集中出现，环境与发展的矛盾日益突出。资源相对短缺、生态环境脆弱、环境容量不足逐渐成为中国发展中的重大问题。虽然近年来中国政府在环境保护和节能减排上做出了大量努力，但生态环境恶化和资源对外依存度提高的趋势未能得到根本扭转。2007 年以来，中国取代美国成为世界上最大的二氧化碳排放国，据统计，目前全球二氧化碳排放增量约 70% 来自中国。

这些都表明，像中国这样一个有 13 亿人口的大国经济，如果按照西方的传统模式来实现工业化，本国和全球的自然资源及生态环境将面临不可承受之重。而且，在后金融危机时代，如果中国还像过去那样大力发展重化工业和低端制造业，其所形成的庞大过剩产能不仅国内无法消化，全世界的需求加起来恐怕也难以应对，这对于全球生态将是一种极大的透支。中国必须加快转变经济发展方式，寻求新的发展道路。

虽然早在亚洲金融危机时中国就提出了转变经济增长方式、探索新型工业化道路的目标，党的十七大和十八大又把"建设生态文明"正式写进了政治报告。但迄今为止，转变经济发展方式和建设生态文明的进展均不显著。笔者认为，关键在于政府和企业对于转变发展方式的目标并不清晰，政府没有把转变发展方式与建设生态文明联系起来，没有明确提出后者就是前者的根本目标。因此，在理论上，发展方式与生态文明之间的内在联系未得到科学论证，转变发展方式就是要由传统工业文明转变为新的生态文明的观念尚未深入人心。在实践中，中国政府尤其是地方政府对于经济的干预过于强势，由于受传统工业文明的观念、制度、体制、管理和技术等方面的影响，政府仍然把 GDP 和工业增长作为官员的主要政绩考核指标，少数生态文明的指标即使被放进了考核体系，也未得到认真执行和严肃问责。这种 GDP 至上和缺乏民间制衡的体制导致一些违背生态文明的发展方式普遍存在，阻碍着传统发展方式向生态文明发展方式的转变。

鉴于此，笔者认为，应该把转变经济社会发展方式放到转换文明进化范式的历史大坐标下去推进，明确提出转变发展方式的各阶段目标。例如，短期目标——通过淘汰高能耗、高污染的落后产能，推广清洁生产方式和建立绿色发展的体制机制，实现到 2020 年单位 GDP 二氧化碳排放比 2005 年降低 40% ~45% 的自主减排承诺；中期目标——在新型工业化和服务化指引下，通过经济结构和产业结构的转型升级，基本实现工业化和城镇化，沿海地区率先向服务经济转型；长期目标——普及资源节约型、环境友好型和公民自治型社会，全面实现由工业文明向生态文明的转型。

改革开放以来，中国实际上是采用或者借用了传统工业文明的发展模式，这对于一个半农业社会实现工业化是必要的，事实证明也是阶段性有效的。但当工业化的赶超过程基本结束、生态环境已经不堪重负时，扬弃传统工业文明的发展模式，在工业化的物质基础上转入建设社会主义生态文明的新的发展阶段，就变得十分必要和紧迫了。毫无疑问，把转变发展方式与转换文明范式联系起来，可能会增加前者的难度。因为前者主要侧重于经济生活，在现行体制下政府可以通过资源动员和政策导向去推动它；而后者涉及的范畴则更加广泛，转换文明范式所要求的文化观念、国民素质和治理模式的转变，均非在短期内靠政府主导就可以实现。唯有如此，把转变发展方式与转换文明范式相联系才具有更加深远的历史意义，才可能有效地应对我们所面临的日益严峻的自然挑战和社会挑战，也才可能找到一种内生的、可持续的社会变迁模式。

II 国別篇

第 5 章

后金融危机时代美国的产业结构变化
——从"去工业化"到"再工业化"的战略调整

　　美国作为第二次和第三次科技革命的发源地，引领了全球制造业一百多年的发展。20 世纪 50 年代，美国制造业的发展达到顶峰，制造业增加值占 GDP 的比重一度达到 28.3%，成为美国经济当之无愧的支柱产业。其后，随着要素禀赋结构的变化、需求层次的提升以及国际分工的深入，美国逐渐丧失了传统制造业的比较优势，开始了向新兴工业化国家大规模转移制造业的"去工业化"进程。美国国内开始集中力量发展金融、保险、科技等服务业。极具财富效应的金融部门的发展，使美国成为全球金融服务和资本营运中心，牢牢地把控着"制造—服务"分工体系中的高端服务环节（胡超、张捷，2010）。然而，对财富的狂热追求使得美国虚拟经济的发展远远超过了实体经济的需要，经济泡沫化引起的金融危机使美国重新认识到制造业在经济发展中的"稳定器"作用，"再工业化"成为后危机时代美国经济复兴的基本国策。那么，美国"再工业化"政策的核心内容包括哪些方面？其实质又是什么？置身于以服务经济为主导的后工业社会，美国推进"再工业化"具备哪些优势？会遭遇怎样的困难？作为全球第一大经济体，美国经济结构的调整对于作为"世界工厂"的中国又会产生哪些影响？

5.1 制造业复兴之路：从"去工业化" 到"再工业化"

▶ 5.1.1 美国去工业化的历程及诱因

关于去工业化（Deindustrialization）的讨论，最早来自卡尔多对处于同等经济发展水平的发达国家存在不同经济增长率问题的研究。他认为，制造业就业比重的下降是造成英国失去优势的主要原因，并将这种制造业就业绝对下降的现象称为"去工业化"（黄少军，2000）。后来学者对去工业化的解释进行了补充，大致可以沿两条思路来理解：一条是基于地理学意义上的，认为去工业化是指由于某一国家或地区生产成本的上升，导致其传统制造业和相应的就业机会转移到其他生产成本更低的国家或地区；另一条是基于宏观经济的视角，认为去工业化意味着发达国家的先进工业逐渐走向衰落，体现为制造业就业和产出份额的持续下降（唐志良、刘建江，2012）。① 因此，制造业的产出和就业比重的持续变化趋势成为判定一国去工业化（或再工业化）的主要依据。如图 5－1 所示，20 世纪 50 年代以来，美国制造业增加值占 GDP 的比重出现持续下降趋势，由峰值的 28.3% 下降到 2009 年的 11%，而同期金融、保险和房地产（FIRE）产业的增加值比重增长迅猛，并于 1986 年超过制造业的增加值比重，成为支撑美国经济的核心产业。此外，制造业就业人数占非农就业人数的比重也快速缩减，半个多世纪以来

---

① 按照这样的思路，再工业化也可以从两个方面进行定义：在地理学意义上，再工业化指不断通过改进技术、完善商业环境以降低制造业的生产成本，重振制造业体系，增加出口和就业；从宏观经济的角度，再工业化是指大力推进制造业的转型升级，尤其促进高端制造业的发展，进一步发挥制造业在经济增长过程中的"发动机"作用。

减少了近 23%，超过 330 万个就业岗位，尽管 FIRE 产业就业比重上升仅 2 个百分点，但绝对就业人数增加了 582.7 万，大大超过制造业就业人数的溢出规模。

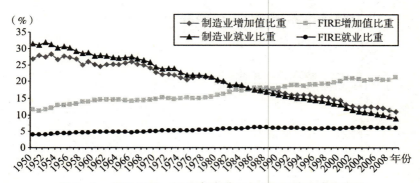

图 5 - 1　美国 1950 ~ 2009 年制造业与 FIRE 产业增加值与就业比重变化趋势

资料来源：增加值数据来自美国经济分析局数据库（U. S. Bureau of Economic Analysis）；就业数据来自美国劳工部数据库（U. S. Department of Labor）。

总体来看，去工业化成为美国自 20 世纪中叶以来最主要的产业结构变化趋势，而这种趋势主要是以下三方面因素共同作用的结果。

首先，劳动力成本上升，要素禀赋结构发生变化。一方面，第二次世界大战后美国经济飞速发展，人均收入水平迅速提高，使得劳动者对工资收入、劳动福利以及社会保障等方面的诉求越来越大，加上工会组织的强大谈判能力，制造业企业不得不做出让步；另一方面，战争的损耗以及长期以来的低出生率也形成了劳动力数量的硬约束。根据美国劳工部的统计，1950 年美国制造业单位劳动力成本约为德国的 3 倍、日本的 2.2 倍；进入 20 世纪 70 年代以后，这种差距进一步加大，尤其体现在与亚洲国家和地区的对比上（见图 5 -2）。

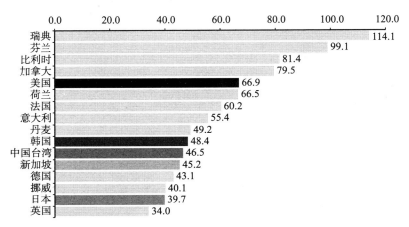

图 5 – 2 1976 年世界主要国家制造业单位劳动成本指数对比

注：本图引用数据是以美元计价，并以 2002 年为 100。

资料来源：美国劳工部数据库。

劳动成本的不断上升使得美国逐渐丧失了在劳动密集型的中低端制造领域的竞争优势，不得不进行产业的海外转移，而劳动成本相对低廉，具备一定工业基础并在政治、经济上高度依赖美国的东亚国家和地区（中国大陆除外），成为产业转移的首选。

其次，人均收入水平的快速增长促使消费者的需求结构向服务产品升级。配第一克拉克定理和库兹涅茨的人均收入决定说均指出，随着人均收入的不断上升，服务业的产值和就业比重会超过制造业，成为经济体系的主导产业，两者成立的前提便是对消费者的收入水平与需求层次之间基本关系的认识。富克斯为上述观点提供了丰富的经验证据，指出进入 20 世纪 60 年代以后服务已经成为美国最主要的消费品，美国率先进入了服务经济时代（见图 5 – 3）。

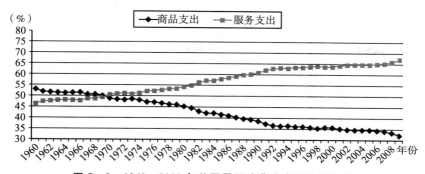

图 5 – 3　1960～2009 年美国居民消费支出结构的变化

资料来源：美国经济分析局数据库。

　　消费需求结构的改变也导致美国本土的制造企业逐渐丧失国内市场，不得不迁往海外开拓国际市场，同时为国内服务业的发展腾出资源。

　　最后，随着国际分工的不断深入，美国为了保持在服务领域的核心竞争力，加快了对非核心制造环节的剥离。在 20 世纪后半期新一轮全球化浪潮的推动下，国际分工的对象从产业层面深入到产品层面，产品的生产过程被拆分为不同的生产阶段（环节）分散到不同的国家与地区，即出现了全球价值链分工。产品价值链的不同环节为分工参与者提供的分工红利不尽相同，一般而言，价值链上游的研发设计和下游的品牌营销等环节能提供更丰厚的分工红利，而中游的组装制造环节的参与者仅能得到微薄的加工费用，这种分工红利的差距尤其体现在美国具有巨大优势的电子信息产品的生产过程中。以苹果公司两款主打产品 iPhone 和 iPad 为例，图 5 – 4 给出了它们的全球价值链中不同分工参与者的利润分配情况。

　　因此，美国在全球价值链分工中的比较优势集中体现在上游的研发和下游的营销环节，为了集中有限的经济资源巩固核心竞争力，美国企业不得不加快对中游低附加值和劳动密集型制造环节的剥离。

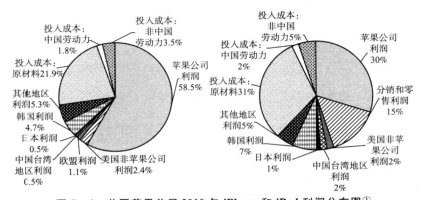

图 5 - 4　美国苹果公司 2010 年 iPhone 和 iPad 利润分布图①

资料来源：K. L. Kraemer & J. Dedrick，《你在苹果全球供应链中扮演了哪一角色？》

　　综上所述，去工业化是美国顺应要素结构变化、需求结构演进和国际分工格局演变的必然选择，是 20 世纪 50 年代以来美国最主要的产业结构变动趋势。然而，一场突如其来的金融危机让美国深刻认识到制造业过度"空心化"的危害，寄希望于依靠"重返制造"的再工业化政策来重振经济。那么，再工业化反映出美国在后危机时代将推行怎样的战略调整？美国再工业化的进展究竟如何？

▶ 5.1.2　美国推行再工业化的进展和意图

　　2009 年 12 月，奥巴马政府公布《重振美国制造业框架》，拉开了美国再工业化的序幕。次年 6 月，美国制造商协会发布了《制造业发展战略：创造就业机会，提升美国竞争力》，该战略详细描述了提升出口、推动制造业的综合规划；同年 8 月，奥巴马总统正式签署《美国制造业促进法案》，以法律形式将再工业化确立为美国后危机时代的基本国策。为保证再工业化政策的顺利实现，美国

①　需要指出的是，iPhone 利润分布图中没有给出"分销和零售利润"部分，这是因为苹果是直接向美国电话电报公司（AT&T）和威瑞森电信公司（Verizon）等供货而控制了最终销售的运营商收款。

政府主要从以下三个方面给予了大力支持：首先，加大科研经费投入。《2009 年美国复苏和再投资法案》中规定，将增加对重点投资领域的科技投入，包括 99 亿美元的研究和开发经费，以及 34 亿美元的研究和开发设施设备经费。其次，解决中小企业贷款难的问题。2009 年 3 月，奥巴马总统宣布计划从 7 870 亿美元经济刺激方案中划拨部分款项（约 7.3 亿美元）解决小企业贷款难的问题；10 月，宣布一项支持小企业发展的新计划，以帮助小企业渡过信贷紧缩难关；12 月，计划将 7 000 亿美元问题资产救助计划的剩余部分用于扶持小企业。最后，提供税收优惠，鼓励制造业及就业的回流。金融危机之前，美国的企业所得税水平在经济合作与发展组织中位居第二；《美国制造业促进法案》颁布以后，美国将企业所得税税率降至 25% 及以下，对美国企业的境内外收入实行公平税收政策，制定针对个人及小型公司的永久性低税收政策。

　　时隔四年，美国再工业化的进展如何？是否实现了当初的既定目标？我们可以从以下四个方面进行分析。

　　首先，金融危机以后，美国制造业从深度调整到迅速反弹，自 2010 年以来，制造业对 GDP 增长的贡献首次超过服务业，成为促进经济复苏的主导产业之一，但制造业的增长并不稳定（见图 5 - 5），再工业化的效果如何尚需观察。

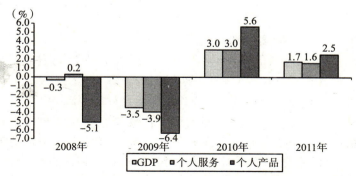

图 5 - 5　金融危机后美国真实 GDP 增长及主要构成部分

资料来源：美国经济分析局网站。

其次，制造业就业的下降趋势得到一定遏制，其就业有所回升，并促进了总体失业率的下降，但其增长速度十分有限（见图5－6）。

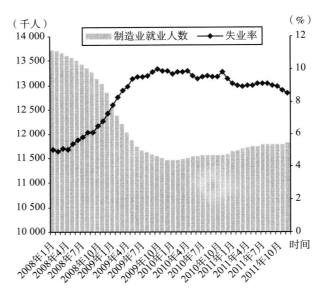

图5－6　金融危机后美国制造业就业人数和失业率变化趋势
资料来源：美国劳工部数据库。

再次，出口持续增加。截至2011年，出口达到1.48万亿美元，创21世纪以来的新高。但是，并没有实现对货物贸易逆差的扭转，货物贸易逆差甚至有进一步扩大的趋势（见图5－7）。

最后，制造业FDI净流入增长速度明显放缓，海外投资回流趋势并不显著。一方面，美国制造业FDI规模在金融危机后迅速回升，增速甚至超过危机前水平；另一方面，海外对美国制造业的FDI流入因金融危机而暂时放缓，虽然随后快速恢复，FDI净流入规模不断扩大，但增速较危机前仍明显放缓（见表5－1）。

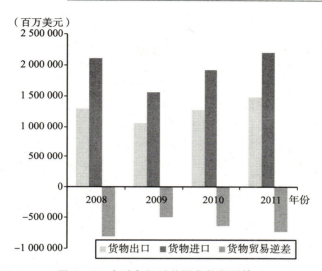

图 5 - 7　金融危机后美国货物贸易情况

资料来源：美国经济分析局数据库。

表 5 - 1　金融危机前后美国制造业 FDI 流入和流出规模对比

单位：百万美元

年份	美国制造业 FDI 规模	美国制造业 吸引 FDI 规模	美国制造业 FDI 净流入规模	美国制造业 FDI 净流入增速（%）
2005	430 737	499 851	69 114	—
2006	441 724	569 324	127 600	84.6
2007	484 839	647 959	163 120	27.8
2008	474 733	650 380	175 647	7.7
2009	500 830	698 240	197 410	12.4
2010	533 063	751 768	218 705	10.8
2011	588 736	838 340	249 604	14.1

资料来源：美国经济分析局数据库。

综上所述，尽管美国再工业化政策的短期效果开始显现，但目前仍具有较大的不确定性。而美国坚持推进再工业化的进程，不仅为了获得长期效应，更反映了其深层的战略意图。

第一，美国的再工业化政策，既是对以往过度虚拟化发展模式的反思，也是对制造业在经济发展中作用的重新认识。一方面，制造业在生产过程中创造出对服务产品的需求，是支撑生产性服务业发展的基础。受贝尔后工业社会理论的影响，美国将传统的制造业与以知识为基础的高技术服务业对立起来，进行了大规模的去工业化。事实上，高技术服务业的存在以高技术制造业的需求为基础，而后者的发展也需要依靠低技术制造业，因为许多高技术制造业生产的中间产品是低技术最终产品的零部件（刘戒骄，2011）。因此，高技术服务业的竞争能力依赖于其与制造业的密切联系，而大规模的制造业外迁事实上抽空了服务业的需求基础。另一方面，在去工业化过程中溢出的大量制造业劳动力主要流向低端的传统服务业，而这些低端传统的服务部门的工资水平往往低于传统制造部门，且具有极大的不稳定性，这使得工人的收入总量及其增长速度缓慢，进一步抑制了社会的总需求。在两方面因素的作用下，美国只能通过金融和房地产等服务业自行创造需求才能保持经济的活力，而这种依赖资产效应刺激需求的经济发展模式其最终结果便是泡沫经济的产生和崩溃。过犹不及，由于去工业化走过了头，制造业反而成为美国经济实现再平衡并带动经济复苏的抓手。发展制造业不仅可以增加国内供给和增加出口，减少贸易赤字，还可以通过更多的设备投资和中间需求创造就业机会。因此，再工业化是美国调整经济结构失衡和刺激经济复苏的必然选择。

第二，美国的再工业化既不是要恢复其在传统制造业中的竞争优势，也不是要排挤服务业的发展，而是希望通过发展高端制造业，实现制造业与服务业在更高层次上的协调，巩固全球经济霸主的地位。一方面，20世纪80年代以来的全球分工浪潮将广大的发展中国家和地区纳入全球分工体系之中，以中国为代表的新兴经济体已经形成了在制造业尤其是劳动密集型和资本密集型传统制造业上的竞争优势，而美国现阶段的要素禀赋根本不允许其重建在传统制造业上的优势。因此，美国再工业化的重点集中在新能源及节能项目、智能电网、医疗信息化、空间技术和环境保护等新兴领域。另一方面，美国也不会轻易放弃其在科研、教育、金融、信息和研发设计等现代服务业中的竞争优势。美国的再工业化实际上是力图将新兴制造业的优势和现代服务业的优势相结合，形成比较优势的升级版，以保障其在未来的国际竞争中继续处于领先地位。

再工业化政策反映了美国改变经济虚拟化发展模式的决心和对产业结构调整的精心部署。那么，对于早已完成工业化、进入服务经济时代的美国而言，重拾制造业具备哪些优势？又将面临怎样的困难呢？

5.2 美国再工业化的优势和面临的困难

▶ 5.2.1 美国推行再工业化的主要优势

（1）美国拥有当今世界最发达的制造业基础和最强大的科技创新实力，再工业化的基础十分雄厚。尽管去工业化是美国自 20 世纪中叶以来主要的产业结构演变趋势，但美国仍拥有全球最庞大的制造业规模，其制造业增加值占全球制造业增加值的比重长期以来名列前茅，直到近年才被中国以微弱的优势超越。此外，美国的科技创新主要来自制造业，制造企业提供了美国各类产业所用的大部分技术创新，美国专利总量的 90%来自制造业（吕红、王芳，2010）；而且，美国制造业的研发投入水平大大高于其他国家，为制造业的技术革新和创新活动提供了充足的资金支持（见表 5 - 2）。

表 5 - 2　　　　　　　主要国家制造业增加值规模和研发投入

项目	国别	1987 年	1990 年	1995 年	2000 年	2005 年	2006 年	2007 年	2008 年	2009 年	2010 年
制造业增加值占世界比重（%）	美国	21.84	25.71	31.34	38.96	44.11	45.72	47.59	45.40	42.77	47.01
	法国	—	—	—	5.05	6.76	6.78	7.69	8.09	6.73	—
	德国	8.75	11.62	13.71	10.42	15.14	16.31	18.83	19.60	15.07	16.19
	日本	17.05	21.03	31.64	26.84	24.01	22.88	23.34	25.33	23.64	28.23
	韩国	1.01	1.71	3.42	3.57	5.54	6.14	6.81	6.17	5.54	7.42
	英国	3.88	5.46	5.8	6.02	7.15	7.4	8.22	7.33	5.77	6.09
	中国	2.47	3.09	6.5	10.22	19.47	23.7	30.51	39.18	42.79	46.62
制造业研发费用支出（10亿美元）	美国	84.31	88.93	100.07	124.44	159.00	170.88	187.48	—	—	—
	法国	9.66	12.99	14.80	17.52	21.02	22.80	23.18	—	—	—
	德国	20.25	—	25.41	33.61	39.82	44.23	45.96	50.52	—	—
	日本	30.30	45.73	50.15	63.43	86.86	94.05	101.23	101.70	90.62	—
	韩国	—	—	8.18	11.50	20.87	24.56	27.76	29.31	30.30	34.89
	英国	8.90	10.63	11.18	14.52	16.30	—	17.96	18.03	17.66	—
	中国	—	—	13.80							

注：各国的制造业增加值按美元的当年价计。

资料来源：各国制造业增加值数据来自世界银行 WDI 数据库；制造业研发投入数据来自 OECD STAN 数据库。

（2）美国拥有全球最完备和最高效的生产服务体系，能够为制造业的发展提供稳定、持续的智力支持和资金保障。自 20 世纪 80 年代以来，随着全球专业化分工的不断深入，美国制造业中的大量服务环节被剥离出来，形成为制造业提供各种专业中间服务的生产者服务体系。此外，制造业内部各种技术革新和创新活动客观上需要更广泛的融资渠道的支持，加深了制造业与以金融业为首的 FIRE 产业的联系。根据美国经济分析局的统计，美国制造业对各产业的中间需求中，来自制造业自身的部分在不断下降，从 1998 年的 71% 持续下降至 2011 年的 67%；而来自生产服务部门（主要包括交通仓储、信息、金融及专业和商业服务业等部门）的中间需求则相对稳定，1998～2001 年短短三年内迅速由 15.2% 上升至

16.1%的峰值，随后一直保持在 15%～16% 的水平，直到金融危机爆发后才跌至 14%。需要指出的是，尽管制造业对服务业的中间需求总量有所下降，但来自 FIRE 产业及专业和商业服务部门的中间需求始终维持在 4% 和 7% 的水平之上。

（3）美国劳动力成本近年来上升缓慢，且劳动生产率增长迅速，使得美国制造业的劳动力成本优势逐渐凸显。美国波士顿咨询公司（The Boston Consulting Group）在 2011 年出版的研究报告《重振美国制造》中详细论证了中美制造业成本优势的转换，并预测未来五年内美国将取代中国成为北美市场最重要的非劳动密集型制造品的供给者，鼓励制造企业回国投资。该报告指出，一方面，中国制造业全时工工资 2000～2005 年间以每年 10% 的速度增加，2005～2010 年上升为 19%，预计 2010～2015 年将维持在 17% 的水平，而同期美国制造业全时工工资增长率仅分别为 2%、4% 和 3%，按照绝对工资数来计算，中国制造业的劳工成本占美国劳工成本的比重将由 2000 年的 3% 上升为 2015 年的 17%；另一方面，中国制造业全时工劳动生产率 2000～2010 年年均增速仅为 10%，这一数字在 2010～2015 年间将下降为 8.5%，按照这样的发展趋势，到 2015 年，中国制造业劳动生产率仅能达到美国制造业劳动生产率的 40% 左右。因此，劳动力成本的快速上升和劳动生产率的缓慢增长将大大削减中国制造业相对于美国制造业的劳动力成本优势。而且，劳动力成本仅占制造品成本中的一小部分（根据劳动力使用密集程度的不同，介于 7%～25% 的范围），如果再考虑运输、关税和人民币升值等因素，中国相对于美国在制造品上的成本优势将会被进一步弱化，甚至丧失殆尽。

（4）页岩气等新能源的成功开采大大降低了美国制造业的生产成本并刺激了制造业内部的技术革新，点燃了美国重振制造业的希望之火。页岩气是一种非常规天然气，具有分布范围广、开采寿命长和使用周期长等特点。根据美国能源信息署（U.S. Energy Information Administration，EIA）的初步评测，全球页岩气技术可采资源量达到 187 万亿立方米，其中，中国的页岩气技术可采资源量约为 36 万亿立方米（约占全球总量的 20%），位居全球第一，随后依次是美国（约占 13%）、阿根廷（约占 12%）、墨西哥（约占 10%）和南非（约占 7%）。与其他国家相比，美国在页岩气开发上具有得天独厚的条件。首先，美国是世界上最早开发页岩气的国家，第一口页岩井可以追溯到 1821 年，近 200 年的开采历史使美国逐渐掌握了水平钻井和水力压裂技术等页岩气开采所需的核心技术。其次，相对于中国和欧洲而言，美国的页岩气资源富集地具有埋藏浅、地质结构相对单一和地广人稀等优势，大大降低了开采成本。最后，美国政府自 1978 年以来出台了多项鼓励页岩气等非常规天然气资源开发的扶持政策，涉及对页岩气的勘探和开发进行税收减免和财政补贴、设立专项基金资助研究机构开展技术研发以及打造多元的融资环境等方面，在政府的大力推动下，美国目前已经初步形成以页岩气交易为核心的市场运行机制，并取得了骄人的成果。根据 EIA 的统计，截至 2009 年，美国页岩气产销量分别达到 5 830 亿立方米和 6 452 亿立方米，占全球产销总量的 20% 和 21%，成为全球最大的页岩气生产和消费国；预计到 2035 年，页岩气产量将占美国天然气总产量的 49%，成为美国最重要的天然气产品。

页岩气的大规模开采和使用将形成美国重振制造业的巨大推力。第一，页岩气的大规模使用将彻底改变美国的能源产出结构，尤其体现在电能生产结构的改变上，低廉的气价将带动电价下调，从而降低美国制造业的生产成本及对煤和石油等传统化石燃料的对外依存度，获得能源供给的本土优势（见图 5-8）。第二，页岩气的大规模开采和使用将大大提高天然气价格的可预测程度，有助于化二企业合理规划未来的发展方向，尤其体现在对于正确厂址的选择有很大的参考意义。此外，页岩气的大规模生产和消费需要铺设规模庞大、密如蛛网的天然气运输管道，一方面，对管道的大规模需求将刺激产业链下游的管道制造和钢铁部门的发展；另一方面，页岩气的使用还提高了钢铁行业内如直接还原铁（DRI）等新技术的产出效能，推动钢铁行业的技术创新。第三，美国页岩气的开发主体是中小企业，根据 EIA 的统计，2003 年，美国 85% 的页岩气都是由中小型石油公司生产的（王南等，2012）。迫于页岩气产业的低回报、高成本压力，这些中小企业不断地进行技术革新，大企业则通过收购兼并的方式吸纳最新的突破性技术，进一步降低页岩气的开采成本、提高开采效率，最终促使制造业的生产成本进一步下降。

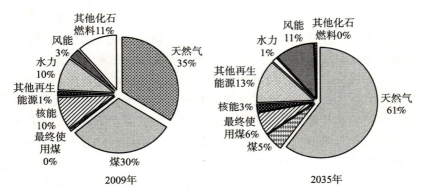

图 5 - 8　美国 2009 年与 2035 年电能原料使用结构对比

资料来源：Annual Energy Outlook 2011，EIA.

▶ 5.2.2　美国推行再工业化面临的困难

尽管美国推行再工业化具备诸多先天优势，但完成工业化、进入后工业社会之后，美国的要素禀赋已经发生变化，现有的要素禀赋结构已经无力向传统制造业大规模地提供劳动力，因此，美国将新能源、空间技术、生物科技以及医疗信息化等知识和技术密集型的高端制造业作为再工业化的重点领域，是适应后工业化时代要素禀赋结构的必然之选。而面对全新的产业领域，美国既要克服国内消费市场持续低迷的窘境，也要面对诸多的不确定性和激烈的市场竞争，任何失误都有可能导致美国的再工业化陷入失败的境地。具体来说，美国推行再工业化面临的困难和挑战主要体现在以下几个方面。

5.2.2.1 美国的劳动力结构难以满足再工业化的需要

自产业结构去工业化以来，美国的就业结构出现从制造业向服务业转移的趋势。半个多世纪的发展使得美国大部分劳动力的知识和技术结构只能适应服务业的需要，而服务业与制造业在生产属性上有着本质的区别，所以两者对生产者的知识和技术要求完全不同。从本质上说，制造业的生产是一种"人对物"的生产活动，为了追求生产的规模效应，推行的是批量化和标准化生产。制造业的从业者要求具备遵章守纪、团结合作、按部就班的基本素质，且必须熟练掌握和运用生产过程中所必需的知识和技术；而服务从业者更强调其个性的彰显，为满足消费者的个性需求，从业者必须不断地拓展知识和技能，并加强信息的搜集、整理和分析能力。美国再工业化的重点集中在知识技术密集型的高端制造业，多年来美国的教育体系已经不再培养制造业所需的工程师和熟练工人，而高端制造业对知识和技能的要求会将来自劳动密集型的中低端服务业（卫生和社会服务、零售贸易及住宿餐饮等行业）的求职者拒之门外，这些行业目前是美国就业最集中的部门，也是决定再工业化目标能否实现的劳动力储备（见图5-9）。

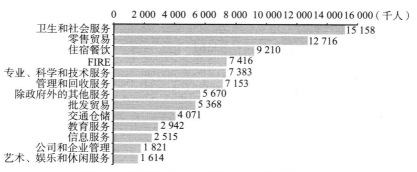

图5-9 美国2011年主要服务行业就业情况比较

资料来源：美国经济分析局数据库。

综上分析，不难理解自美国推行再工业化战略以来，尽管制造业增加值有所增长，但就业增长缓慢且国内失业率仍居高不下的原因所在了。

5.2.2.2　美国再工业化的产业选择存在较大的风险和不确定性

（1）美国工业能否因新能源而复兴尚值得商榷。新能源的开发和利用无疑是美国再工业化战略的重中之重，因为一旦美国率先实现了新能源的规模化开采和能源使用结构的升级，不仅可以大幅降低国内的生产成本，减少对传统化石能源的依赖，甚至可以打破传统国际能源市场的秩序，建立以美国为中心的能源新格局。因此，新能源产业作为首批获得美国政府资金支持的重点产业，被外界一致誉为实现美国制造业重振和经济复苏的主要力量。然而，从 2008 年全球金融危机爆发到《2009 年美国复苏和再投资法案》将新能源产业列为投资重点，短短一年不到美国政府就拟订并实施了产业振兴计划，这样的政策制定速度不禁让人产生疑问：发展新能源以推动再工业化进程究竟是经过仔细论证的明智之举，还是孤注一掷的刺激措施？事实证明，美国新能源产业受到多方面的限制和束缚，发展并不顺利。页岩气是美国在金融危机后发现的最有开采价值和发展前景的新型能源，页岩气的兴起甚至被誉为全球能源的"游戏规则颠覆者"。然而，页岩气的发展却遭遇了技术、成本和环境规制的"瓶颈"。第一，页岩气的埋藏深度较其他常规天然气要深得多，且分布面积较大，因此，要实现对同一地区的页岩气资源进行集中开采需要数量众多的钻井。以美国最大的马塞勒斯页岩气田为例，该气田的总面积约为 14×10^4 平方公里，埋藏深度为 700 ~ 3 000 米，需钻井 10 万 ~ 20 万口，以每口井 300 万 ~ 400 万美元计算，要实现这一区域的页岩气开采，光钻井一项的投资至少为 3 000 亿美元，加上其他的各项成本，每开采 1 000 立方米页岩气的生产成本为 80 ~ 150 美元，折旧费用为 100 ~ 200 美元，只有当页岩气的销售价格不低于 350～500 美元/1 000 立方米时才能保持盈亏平衡（孙永祥、张晶，2012）。此外，随着开采次数的增加，页岩气流会逐渐枯竭，要保持供气水平需不断钻探新井，这又是一笔不菲的支出。因此，相对于目前的页岩气产量而言，如此巨大的前期投资显得得不偿失。第二，目前页岩气的开采主要依靠水力压裂技术，该项技术需要大量的水冲击岩层，以保证页岩气体的溢出。据估计，平均每开采 1 吨页岩气需要近 2 吨的水，因此，在高效回收和重新利用回收水的技术出现之前，页岩气的开采受到限制（高昂的水价是让欧洲对页岩气开采望而却步的重要原因之一）。更令人担忧的是，水力压裂技术需要加入大量的化学物质，其中甚至包括已知的致癌物质，因此，页岩气的开采有可能对地下水资源造成毁灭性的污染，这也是目前制约页岩气开采的主要原因。总体来看，美国将再工业化的重注押在新能源产业上，尽管目前该产业的发展取得了一定的成绩，但仍受到多方面的掣肘，前途并非一片光明。可以说，以"页岩气革命"为代表的新能源产业的发展给美国制造业带来了希望，但美国工业能否借此复苏还是一个疑问。

（2）短期振兴计划的乏力打乱了美国再工业化战略的整体布局。美国再工业化战略的顺利实现建立在长短期目标的相互配合之上。短期内，通过减免税收、改善中小企业融资环境以及增加对基础设施建设的投资等方式，吸引制造业回流，以实现就业增加和出口增长，促使美国迅速恢复在传统制造业中的影响力；长期来看，则通过大力扶持新型制造业和新能源产业的发展，奠定在未来国际竞争中的先发优势。不难看出，短期目标是长期目标得以实现的前提和基础，因为前者不仅可以改善制造业发展所需的要素环境、获得产业集聚效应，更重要的是，能够改善投资者对再工业化的心理预期，形成推动新兴产业发展的市场基础。在再工业化战略施行之初，美国不少经济学家信誓旦旦地指出，每投资 100 万美元在基建或新能源产业上，将换来 17 个新的就业机会，奥巴马总统更是直言要在五年内（到 2015 年）实现出口的翻番。但事实却是，美国国内制造业就业增长缓慢，出口虽有所增长，但逆差有进一步扩大的趋势，传统制造业并没有因为各种优惠政策而出现明显的回流趋势，受此影响，美国私人部门对制造业的投资在经历了 2008 年和 2009 年超过 550 亿美元（分别为 574 亿美元和 612 亿美元）的峰值后，2010 年迅速回落至 433 亿美元，可见市场主体对再工业化的前景仍持观望态度。从长期来看，不管是智能电网、医疗信息化以及空间技术等高端制造业，还是新能源的开发和利用，都需要规模庞大且稳定的资金支持，尽管美国政府承诺在 7 870 亿美元的再投资法案基金中分别向基建和新能源产业投入 650 亿美元和 800 亿美元的资金，并保证 2015 年全部到位，但仅仅依靠政府投入难以支撑如此庞大的新兴产业体系的正常运转。因此，短期振兴计划的乏力带来的市场信心的缺失将会成为美国未来推行再工业化的主要障碍之一。

（3）美国推进以新能源为主导的再工业化战略必将面临来自各方面的竞争压力。2008 年全球金融危机重创了美国经济，一度使其发展陷入停滞状态，为后进国家赶超美国提供了机会。因此，美国再工业化战略一经提出，各国也纷纷制定自己的产业振兴计划，而新能源产业是各方角逐的主战场，各国根据自身的资源禀赋和技术特点推进新能源产业的发展，希望在未来的能源争夺中占据先机（见表 5 - 3）。

表 5 - 3　　　　　　　　主要国家新能源发展情况一览表

国家	主要新能源	预期目标	具体措施
德国	太阳能、风能和生物质能源	在 2022 年前关闭所有 17 座核电站，并制定了新能源占德国能源消耗的比例要超过 50% 的长远目标，宣布在 2020 年二氧化碳排放量比 1990 年低 40%	对利用风能、太阳能和生物质能发电的企业，允许其全部研发成本、制造成本加上一定的利润计入电价，对其所生产的电，电网企业无条件采购、入网；德国联邦农业部决定在 2011～2014 年投入 1.8 亿欧元用于支持生物质能源技术的研发

续表

国家	主要新能源	预期目标	具体措施
法国	风能	将风力发电发展成国家的一项支柱产业，并在未来向国外出口电力	计划投入 100 亿欧元在近海建设发电设施，新建风力发电设施的装机总容量将达到 3 000 兆瓦
英国	生物能、风能	计划到 2020 年可再生能源占能源供应的 15%，其中 30% 的电力来自可再生能源，气体排放降低 20%，石油需求降低 7%	从 2008 年开始建设全球最大的利用木屑和秸秆等为燃料的清洁能源发电厂；利用海上风能方面，英国目前已经成为全球拥有海上风力发站最多、总装机容量最大的国家
日本	太阳能、氢能	重新布置能源基本计划，大幅削减核能的比重，大力发展太阳能和生物质能等可再生能源，计划太阳能发电量到 2020 年要增至 2008 年 6 月的 10 倍，到 2030 年要增至 40 倍	太阳能方面，日本经济产业省不仅对安装太阳能发电设备的用户进行补贴，还大力扶持太阳能发电技术的开发和验证；在氢能开发方面，2008 年投入 13.5 亿日元开发固体氧化物型燃料电池系统的核心技术，并投入 17 亿日元开发与制造、输送、贮藏氢系统相关的技术，此外，推行家庭用燃料电池电联产系统，并对试用的家庭进行补贴
巴西	乙醇燃料、生物柴油	实现生物燃料对传统化石燃料的替代，并从能源出口中获利	通过政府补贴、设置配额、统购燃料及价格和行政干预等手段鼓励民众使用燃料乙醇，并协助企业从世界银行等国际金融机构获取贷款；鼓励农民种植油料作物，并颁布全国生物柴油生产和使用计划，鼓励使用柴油
南非	太阳能	到 2020 年，在居民、商业和工业建筑的屋顶安装至少 30 万台太阳能光伏发电装置，并规定了各部门能源强度减少的目标，即：居民用户减少 15%，商业与公共建筑减少 10%，交通部门减少 10%，工矿部门减少 15%	南非工业发展公司将在 5 年投资 250 亿兰特（约 31 亿美元）支持绿色经济的发展，此外，通过对采用高效照明系统的家庭和商业用户给予奖励以及提高白炽灯的关税等措施，逐步淘汰白炽灯

续表

国家	主要新能源	预期目标	具体措施
中国	水能、风能、生物质能和太阳能	规划实现 2020 年风电总体规模 1 亿千瓦，水电装机容量达到 3 亿千瓦，太阳能发电 180 万千瓦，生物质能发电装机 3 000 万千瓦	水力发电方面，2006～2020 年新增投资 1.3 万亿元，增加 1.9 亿千瓦的发电量，并鼓励民资投资小水电，解决农村和偏远山区用电困难；风电方面，新出台的《新能源产业振兴规划》中大大提升中国风电的装机容量，并投资 9 000 亿元，力争在甘肃、内蒙古、河北、东北以及江苏沿海等地建立若干个千万千瓦风电基地；太阳能方面，下达补助资金，有条件地对部分光伏建筑进行价格补贴，并针对目前国内光伏产业产能严重过剩的局面，出台《关于抑制部分行业产能过剩和重复建设引导产业健康发展若干意见》，对光伏产业进行整合，此外，《关于促进分布式光伏发电并网管理工作的意见》、《分布式光伏发电接入配电网相关技术规定》、《分布式光伏发电接入系统典型设计》等相关文件的出台标志国内正逐步开放分布式光伏并网；生物质能方面，2006～2020 年间，新增 2 000 亿元投资，增加装机总容量

　　在智能电网建设方面，尽管美国率先制定了智能电网的标准化框架，但正如美国能源部副部长约翰逊担心的那样，美国智能电网的发展速度太慢了，其他国家趁势而上，不遗余力地加快智能电网建设的速度。日本率先制定了电动车接入电网标准，并利用其在大型锂离子蓄电池方面的研发优势，抢占用电市场中的技术先机；英国已经制定出 "2050 年智能电网线路图"，并开始加大投资力度，支持智能电网技术的研究和示范；德国自 2008 年以来投资 1.4 亿欧元实施 "E－Energy" 计划，在 6 个试点地区开发和测试智能电网的核心要素，并拟投入 10 亿欧元补贴，以扶持电动汽车和电池技术的研发；中国在 "十二五" 期间将投资 2 860 亿元推动国家电网智能化建设。据估计，2012～2017 年间，全球智能电网基础设施

投资年均增长率将达到 17.4% ；到 2020 年，全球智能电网投资将达到 2 500 亿美元。可见，各国在新能源领域的竞争日趋白热化，这无疑增加了美国借助再工业化重拾经济霸权的不确定性。

5.2.2.3　金融危机后美国国内消费市场恢复缓慢，再工业化的推进会遭遇有效需求不足的阻碍

金融危机改变了美国以往"寅吃卯粮"的透支消费模式，个人真实消费支出在危机肆虐的 2008 年遭遇 20 世纪 80 年代以来的首次负增长，并在 2009 年跌至谷底，尽管随后有较大回升，但仍未恢复到危机前水平（见图 5 - 10）。

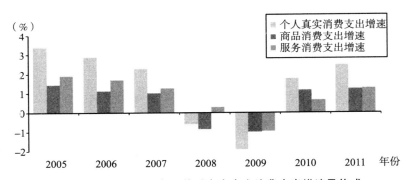

图 5 - 10　美国金融危机前后个人真实消费支出增速及构成
资料来源：美国经济分析局。

综上分析，美国推行再工业化的优势主要来自其良好的制造业基础和生产成本的相对下降。相比较而言，要素禀赋变化、需求不振、产业选择带来的风险和不确定性可能会更大。因此，尽管美国已经取得了在新能源及相关产业发展上的先机，但这场以能源为核心的角逐才刚刚开始，未来谁能够掌握国际能源市场的主导权犹未可知，现在判断美国再工业化成功与否为时尚早。然而，不可否认的是，以发展新能源为核心的再工业化战略的确让人看到了美国经

济复苏的希望，美国也必然会将其作为未来长期的基本国策予以坚持，而这无疑会强化美国与作为"世界工厂"的中国在制造业□的竞争关系。

5.3　美国再工业化对中国的影响

自 20 世纪 80 年代以来，随着产业分工的不断深化，美国加快了去工业化的步伐，将国内制造业及加工环节大量转移到新兴市场国家和发展中国家，而国内逐渐形成以金融为核心的服务经济体系，成为全球的金融服务和资本运营中心；以中国为首的新兴工业化国家凭借在劳动力成本上的巨大优势，在承接亚洲"四小龙"的产业转移之后迅速成为全球制造品的加工组装中心，并向欧美等国大规模地出口最终产品。因此，"东亚生产、欧美消费"的新型"制造—服务"国际分工格局逐渐形成，世界经济也因此保持了近30 年的快速增长。然而，美国的再工业化战略旨在打破传统的国际分工格局，通过增加出口、扭转逆差以实现经济的再平衡，并希望通过新兴产业的发展在未来的国际竞争中获得更大的主动权。因此，不难想象，未来中美在贸易往来中的摩擦会越来越多，在新兴产业领域的交锋会变得常态化，经贸关系整体上会由互补型向竞争型转变。

从短期来看，美国再工业化战略的推进势必会对我国制造业的出口造成巨大冲击，形成倒逼我国产业结构调整和升级的重要外部力量。

首先，为实现就业增加和出口翻番的目标，美国必将进一步打压来自中国的进口产品。美国国内一直流传着一种声音，是中国抢走了美国制造业数以百万计的工作岗位。因此，再工业化政策的一个核心目标就是，减少来自中国的进口，通过部分制造品的本土化生产，缓解失业压力，在实现这部分制造品自足的前提下甚至取代中国在北美制造品市场上的主导地位。尽管这一目标尚未完全实现，但中国对美出口却遭受了十年来最大的冷遇。如表 5-4 所示，中国对美国货物出口和顺差总额在 2008 年遭遇首次负增长，虽然随后快速回升，但增速始终低于危机前的平均水平。

表 5-4　　　　　2001~2011 年中美货物贸易情况　　　　单位：亿美元

年份	出口总额	进口总额	顺差总额	顺差增速（%）
2001	1 094	192	901	—
2002	1 335	221	1 114	23.61
2003	1 633	284	1 348	21.00
2004	2 105	347	1 758	30.38
2005	2 598	418	2 180	24.00
2006	3 058	552	2 506	14.94
2007	3 401	652	2 749	9.70
2008	3 563	715	2 848	3.63
2009	3 095	696	2 400	-15.76
2010	3 830	919	2 911	21.30
2011	4 173	1 039	3 134	7.68

资料来源：联合国货物贸易统计网站（UN Comtrade）。

其次，为进一步削弱中国制造品的价格优势，增强美国制造的国际竞争力，美国会不遗余力地迫使人民币持续升值。美国一直指责中国通过低估汇率获得出口的价格优势，金融危机后，为保证再工业化的顺利实行，美国加大了逼迫人民币升值的力度，甚至通过《2011 年货币汇率监督改革法案》，暗指中国为汇率操纵国家，以对中国出口产品征收惩罚性关税相威胁。事实上，人民币自 2005 年汇改以来就没有停止过升值的脚步，金融危机爆发以来更是屡创新高，据保守估计，从 2005 年汇改至今，人民币已实现对美元升值近 30%。

最后，为保护国内脆弱的消费市场，加快消费模式与产业结构调整目标的契合，美国加大了对国内市场的保护力度，导致与中国的贸易摩擦剧增。经济危机历来与贸易保护是一对孪生兄弟，历史上每次大的经济危机必然伴随全球范围的贸易保护主义盛行。美国作为世界贸易组织的发起者和建立者，一边高举自由贸易的大旗，另一边却频繁使用各种贸易保护手段打压竞争对手，尤其在此次金融危机重创其经济体系之后，美国希望通过实体经济的重振拉动经济复苏，因此，更是毫无遮掩地滥用贸易保护工具打击制造领域的最大竞争对手中国，使中国的制造业出口蒙受巨大损失（见图 5 － 11）。可以预见，美国在新兴制造领域的竞争优势显现之前，对中国的贸易保护政策将持续下去。

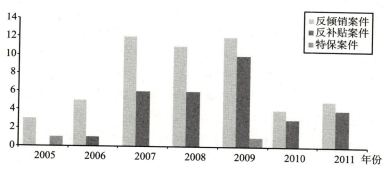

图 5 － 11　金融危机前后美国对华贸易制裁案件数对比

资料来源：世界银行临时贸易壁垒数据库（Temporary Trade Barriers Database，TTB）。

　　从长期来看，再工业化战略的实施将形成中美在新兴产业领域的正面交锋，尤其在优质资源的争夺上，双方的竞争可能会进入白热化阶段。同时，美国的再工业化对中国未来的产业结构调整和发展方向有很强的借鉴意义，尤其是在协调工业化和服务化的关系上，美国提供了正、反两方面的经验和教训。

　　第一，再工业化的提出将使得中国不可避免地与美国在新能源及相关产业上进行正面交锋。金融危机后，面对复杂多变的国际经济形势，中国适时制定并贯彻了"十二五"规划，规划中强调未来要大力促进新能源、新一代信息技术、生物科技、新材料、高端装备制造以及节能环保等一批战略性新兴产业的发展。对于中国而言，以新能源为代表的战略性新兴产业的发展，不仅可以缓解当前经济发展与资源消耗之间的巨大矛盾，更重要的是，能够提升中国在未来国际分工格局中的地位，摆脱现行国际分工体系对中国产业的低端"锁定"效应。因此，产业发展的重叠性必将激化中美在新能源等领域的竞争，这是导致中美经贸关系由互补型转向竞争型的根本原因。

第二，再工业化将加强中美在优质资源方面的激烈争夺。全球化为各国的经济发展提供了广阔的要素基础，中美两国的产业结构调整升级也必将建立在充分利用全球市场、资本、能源等资源的基础之上。根据世界银行的统计，金融危机后，美国仍是全球吸引海外资本流入最多的国家，其 FDI 净流入规模在 2010 年达到 2 360 亿美元，占全球 FDI 总量的 16.2%；而中国屈居第三位，实现 FDI 净流入 1 851 亿美元，占全球总量 12.7%。此外，美国 FDI 规模近十年来保持年均近 19% 的增速，到 2010 年达到 3.8 万亿美元，其中，对石油、天然气等稀缺能源的投资规模一度超过 1 000 亿美元，并始终维持在 950 亿美元左右的水平；相比较而言，中国 2010 年 FDI 仅为 680 亿美元，在规模上与美国相差悬殊，中国的海外并购案多次因遭受美国的干预而流产。根据 Dealogic 公布的数据，2010 年中国企业跨境收购的失败率为 11%，居全球最高，而美国和英国公司 2010 年从事海外收购的失败率分别仅为 2% 和 1%（唐志良、刘建江，2012）。尽管从目前来看，中国在中美资源争夺中暂处于劣势，但在新型能源的海外开发上，中国已经进行了尝试，并取得了初步的成效。中国海洋石油国际有限公司已经购得美国切萨皮克公司页岩气项目；中石油与壳牌石油公司合作的四川富顺区块页岩气项目的第一口气井已于 2010 年年底顺利开钻，并拟用 54 亿美元投资加拿大的 4 个页岩气勘探项目。因此，中美的资源之争才刚刚开始，随着产业调整的不断深化，未来两国对资本、市场以及能源等资源的竞争将会愈演愈烈。

第三，再工业化政策的提出增强了中国对工业化进程的认识，为中国产业结构的调整与规划提供了正、反两方面的经验和教训。中国目前已经进入工业化成熟期，并正在向以服务经济为主的后工业化社会转变（张捷、周雷，2012）。美国次贷危机引起的全球金融风暴说明，在以金融业为主导的服务业发展脱离实体经济、出现过度虚拟化时，产业结构的失调将引起经济失衡，甚至酿成危机。因此，我国现阶段仍要促进传统制造业向先进制造业的转型升级，为服务经济体系的建立奠定扎实的工业基础。同时，还必须注意制造业与服务业的协调发展。服务业的发展，尤其是生产性服务业的发展，不仅能够提高制造业的劳动生产率，保持其核心竞争力，还能促进一国的比较优势向附加值更高的价值链两端延伸，这是形成美国在高端制造业和现代服务业领域中竞争优势的重要因素。金融危机虽然提供了一个服务业过度发展的反面教材，但我们也应清醒地认识到服务业在促进一国产业结构转型升级和推动经济增长方面的积极作用。与危机前的美国相反，中国在传统制造业普遍出现产能过剩的同时，服务业发展却严重滞后。因此，中国不能因噎废食，在产业结构调整中，仍然需要大力发展服务业和先进制造业，并协调好制造业与服务业之间的互动关系。

第 6 章

德国产业结构与国际分工地位的变化

德国，这个一度被视为"欧洲病夫"[①]的经济体，自 2008 年爆发全球性金融危机尤其是欧洲主权债务危机以来，俨然成为欧洲经济的火车头和欧盟国家的救世主。按照不变价格和购买力平价折合为美元，德国的国内生产总值仅仅在 2009 年小幅下降了 5.2% 左右，2010 年即恢复到 2007 年的水平，2011 年已经超过 2008 年的最高水平，达到 2.83 万亿美元。[②] 德国的商品和服务出口表现类似，出口占 GDP 的比重 2009 年下降了 12%，2010 年即基本恢复到 2007 年的水平，2011 年已经超过 2008 年的最高水平，达到 50.15%。其中，商品出口 2009 年下降为 1.13 万亿美元，2011 年即达到 1.48 万亿美元，超过了 2008 年的 1.47 万亿美元；服务出口 2009 年下降为 2 377 亿美元，2011 年即达到 2 650 亿美元，超过

[①] 欧洲病夫（Sick Man of Europe）最早是指 19 世纪中期的奥斯曼帝国，20 世纪 70 年代则指英国。德国于 1990 年实现东西部统一之后，"德国模式（German Model）"风光不再，产生了高达 1.5 万亿欧元的统一成本并伴随着高失业等严重的经济问题，因此，被古登堡出版社（Gutenberg Press）贴上了"欧洲病夫"的标签。2000 年网络经济泡沫破裂以后，德国经济增长停滞，失业率居高不下，再一次变成了"欧洲病夫"。进入 21 世纪尤其是爆发全球性金融危机以来，意大利、葡萄牙、法国、希腊等先后被贴上了"真正的欧洲病夫"、"新欧洲病夫"等标签。具体参考：http：//en. wikipedia. org/wiki/Sick_man_of_Europe

[②] 除非另有说明，本章关于德国的统计数据均来源于 OECD 网站（http：//stats. oecd org/index. aspx? datasetcode = MEI_TRD#），或在此基础之上由笔者计算整理得出。

了 2008 年的 2 554 亿美元。商品贸易顺差 2011 年已经恢复到 2 219 亿美元,尚未超过 2007 年的最高值 2 695 亿美元;服务贸易依然是逆差,2009 年逆差下降为 231 亿美元,2011 年扩大为 316 亿美元。2011 年商品和服务贸易总体顺差已经恢复到 1 903 亿美元,尚未达到 2007 年的最大值 2 301 亿美元(见表 6 - 1)。

表 6 - 1   **2008 年金融危机前后德国进出口概况**

单位:%、10 亿美元

年份	2005	2006	2007	2008	2009	2010	2011
商品和服务出口占 GDP 比重	41.3	45.5	47.2	48.2	42.4	47.0	50.2
商品和服务进口占 GDP 比重	36.1	39.9	40.2	41.9	37.5	41.4	45.1
商品出口	977.1	1 122.0	1 328.8	1 466.1	1 127.5	1 271.1	1 482.2
商品进口	779.8	922.2	1 059.3	1 204.2	938.0	1 066.8	1 260.3
商品贸易余额	197.3	199.7	269.5	261.9	189.4	204.3	221.9
服务出口	163.7	187.2	222.1	255.4	237.7	243.5	265.0
服务进口	212.5	225.5	261.5	292.8	260.9	267.7	296.5
服务贸易余额	-48.8	-38.3	-39.4	-37.4	-23.1	-24.2	-31.6

资料来源:OECD 数据库。经笔者整理,下同。

相对于欧盟成员国整体委靡不振的经济表现,德国的表现可谓一枝独秀。为什么德国可以如此快速度过全球金融危机和欧洲主权债务危机?它如何从"欧洲病夫"转变为欧洲经济的火车头和全球最大的贸易顺差国?德国的发展经验对其他国家有何启示?本章拟从产业结构和国际分工两个方面分析德国的经济奇迹,并找到上述问题的答案。

6.1 德国产业结构变化的历史回顾

▶ 6.1.1 产业结构总体变化趋势

德国总体产业结构变化趋势是从第一产业占绝对优势逐步转变为第二产业为主，但是，第二产业的演变呈现倒 U 型趋势，目前是第三产业取代第二产业占绝对优势。根据传统的研究方法，一国的产业结构变化主要取决于三次产业（第一产业即农业、采矿业，第二产业即制造业、建筑业，第三产业即服务业）各自的就业和产值占比变化。Dietrich and Kruger（2010）研究了德国 1850~2001 年三次产业就业和产值（增值）的变化，发现德国就业结构的长期变化遵循普遍的基本模式，即从早期的第一产业为主逐步转变为第二产业为主，最后演变为第三产业为主。具体而言，德国第一产业的就业占比在 1880 年以前一直超过 50%，接近 60%，但是，第一产业就业人口占比逐步下降，到 20 世纪 50 年代就已经低于 20% 了；第二产业就业比重则呈现倒 U 型变化，从 1880 年占比大约 30% 增长到 20 世纪 70 年代初期占比大约 50%，然后逐步下降；第三产业就业比重则呈现出持续增长的趋势，从 1880 年占比不到 20% 持续增长到 1980 年占比超过 50%。本章遵循农业、工业和服务业三次产业结构的划分方法，对德国的三次产业就业结构进行了补充统计描述分析，得出了类似的结论，而且发现 2001 年以后的趋势没有发生明显的变化。具体而言，到 2011 年，农业的就业占比已经降到 1.64%，工业的就业占比也降到了 28.42%，服务业的就业占比则增长到了 69.94%（见图 6-1）。

就三次产业产值（增加值）而言，Dietrich and Kruger（2010）发现其变化趋势与三次产业就业结构的变化趋势基本一致，即：第

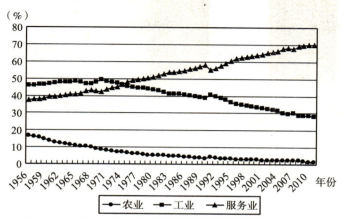

图 6 - 1　德国三次产业就业结构变化（1956～2011 年）

资料来源：OECD 数据库，经笔者整理，下同。

一产业产值占比逐步下降，第二产业产值呈现倒 U 型变化，第三产业产值持续增加。具体而言，第一产业产值占比在 1860 年以前超过 50%，此后逐步下降到不足 5%；第二产业产值占比在 1860 年以前不到 25%，20 世纪 70 年代初期达到大约 60% 的最大值，然后逐步下降到不足 30%；第三产业产值占比的历史起点与第二产业接近，但是一直保持增长趋势，在 20 世纪 90 年代已经超过 60%。

笔者根据东、西德统一之后的数据进行了扩展补充分析，发现整个历史趋势在进一步延伸，到 2009 年，第一产业产值占比已经不足 2%，第二产业产值占比已经降到 23.4%，第三产业产值占比则上升到 72.7%（见图 6 - 2）。

▶ 6.1.2　制造业主要产品结构及优势

德国的制造业以机械设备产业为主，主要生产各种电气和机械产品、医疗及精密光学仪器。相对而言，车辆等运输设备制造、金属铸造工业、化学工业等产业在整个制造业中居次要地位，与 IT 产业直接关联的办公及计算设备制造业发展明显不足。

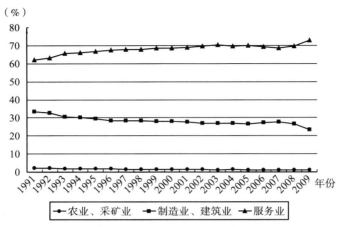

图 6 - 2　德国三次产业产值占比结构（1991～2009 年）

　　就制造业内部各产业的就业分布而言，机械设备产业占比最大，在 27%～30% 之间；其次是金属产业，占比在 14%～15% 之间；食品饮料和运输设备产业占比均从 10% 增长到 13%，是相对呈现上升趋势的两个产业；纺织皮革和非金属产业占比低于 5% 且不断下降；化学和造纸行业占比相对稳定，前者约为 12%，后者在 8%～9% 之间（见图 6 - 3）。

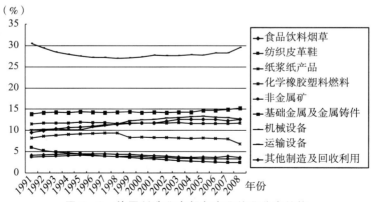

图 6 - 3　德国制造业内部各产业就业分布结构

　　就制造业内部各产业的产值（增加值）分布而言，机械设备产业占比最大，在 28% ~ 32% 之间；其次是化学类产业，占比在 15% ~ 16% 之间；运输设备产业产值占比从 13% 增长到 17%；金属产业在 13% ~ 14% 之间波动；食品饮料和造纸产业占比低于 10% 且逐步降低，纺织和非金属产业低于 5% 且不断下降（见图 6 - 4）。

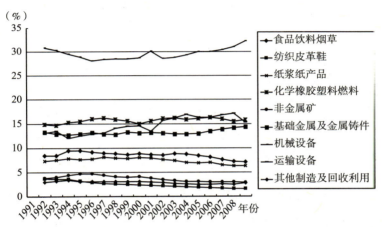

图 6 - 4　德国制造业内部各产业产值（增加值）分布结构

　　因此，无论是就业还是产值，机械设备产业均居德国制造业首位，并且遥遥领先于其他制造业。该产业主要包括机械设备、电气及光学设备两大类，其产值占比均围绕 50% 波动，两大类产业均无显著趋势性变化，不过，2006 年以来，机械设备产值占比上升趋势明显，逐渐超过了 53%。

　　进一步细分电气及光学设备产业，其中，电气机械装置产值占比最高，基本上在 49% ~ 55% 之间，远远超过同类其他产业；其次是医疗及精密光学仪器，占比在 20% ~ 30% 之间；收音机、电视及通信设备占比在 15% ~ 19% 之间波动，办公及计算设备占比则从 1991 年的 12.93% 降至 2008 年的 4.95%（见图 6 - 5）。

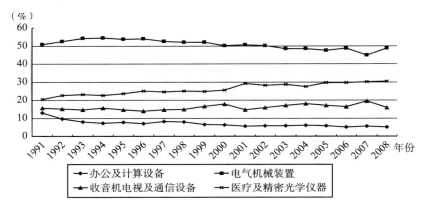

图 6 – 5　德国电气及光学设备内部各产业产值（增加值）分布结构

▶ 6.1.3　服务业发展状况

　　德国的服务业增长显著，就其内部构成而言，金融、保险、房地产和商业租赁产业呈现明显递增的趋势，而且就业占比低，产值占比高，是典型的高附加值产业。文教卫生公共服务业和批发零售餐饮旅店产业则是高就业低增值，并呈现略微下降趋势。

　　根据 OECD 的统计，德国服务业统计大致分为四大部分，即：批发、零售贸易和餐饮旅馆服务（含机动车辆的销售、保养和维修）；（水陆空）运输（含管道运输）、仓储和邮政通信服务；金融、保险、房地产和商业租赁服务（含机械设备租赁）；文教卫生及家庭、社区和社会公共服务（含垃圾废物处理、娱乐体育等）。

　　就德国服务业内部就业结构而言，文教卫生公共服务产业占比一直在 40% ~45% 之间，其次是批发零售餐饮旅店产业，就业占比从1991 年的约 30% 降至 2009 年的 26.7%；再次是金融、保险、房地产和商业租赁产业，就业占比逐步增大，2009 年已经达到 23.64%；运输、仓储和邮政通信产业的就业占比一直最低而且呈现下降趋势，2009 年降为 7.51%（见图 6 - 6）。

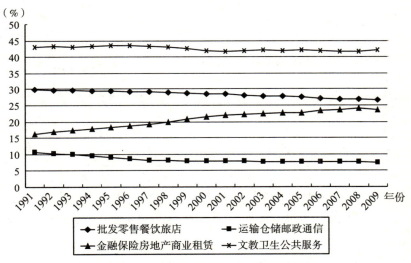

图 6 - 6　德国服务业内部各产业就业分布结构

但是，从产业增加值分布结构分析，德国第一大服务业当属金融、保险、房地产和商业租赁产业，其产业增加值占比一直高居榜首而且逐步攀升，从 1991 年的 37.59% 增加到 2009 年的 42.82%；其次是文教卫生公共服务产业，增加值占比在 33% 左右；批发零售餐饮旅店产业增加值占比则逐步下降，2009 年仅仅占 16.3%；运输、仓储、邮政通信产业的增加值占比与就业占比基本一致，一直最低而且呈现下降趋势，2009 年降为 7.7%（见图 6 - 7）。

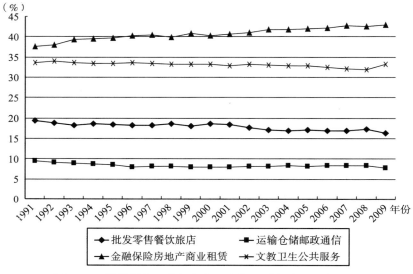

图 6-7　德国服务业内部各产业产值（增加值）分布结构

6.2　德国国际分工地位变化的历史回顾

一般而言，一国参与国际分工的地位变化可以通过计算各个产业或者产品的显示性比较优势指数或在国际市场的竞争力指数及其变化来进行衡量和比较。这些方法的主要优点在于便利了国别之间的比较，缺点是只能进行时点分析。由于本章旨在分析德国内部的产业结构以及由此展现出来的德国产品在国际市场的地位变迁，因此，我们主要对德国的进出口进行时间序列的统计分析，以便显示动态的趋势。

▷ 6.2.1　德国进出口贸易总体发展趋势

总的来看，德国进出口占其 GDP 的比重不断提高，约为 50%，长期保持商品贸易顺差和服务贸易逆差。

　　德国因为国内市场不够大，所以经济发展一直坚持以出口导向为主（Boivin，1992；Vitols，2004）。从历史统计数据的趋势可见，德国商品和服务进出口占 GDP 的比重逐步提高，从 1970 年占比均不到 20% 增加到 2011 年占比均超过 45%，其中，出口占 GDP 的比重高达 50.2%（见图 6-8）。该出口比例远远超过同年的美国、日本、中国、法国、意大利，仅仅低于瑞士、韩国等高度依赖外部市场的小型开放经济体（见表 6-2）。

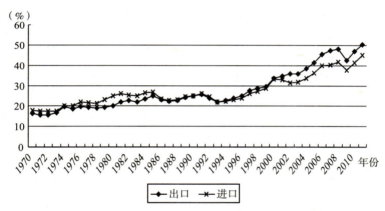

图 6-8　德国商品和服务进出口贸易占 GDP 的比重（1970~2011 年）
资料来源：WTO 数据库，经笔者整理，下同。

表 6-2　出口占 GDP 比重的国际比较（2005~2011 年）　单位：%

国家	2005 年	2006 年	2007 年	2008 年	2009 年	2010 年	2011 年
法国	26.4	27.0	26.9	26.9	23.4	25.6	27.0
德国	41.3	45.5	47.2	48.2	42.4	47.0	50.2
意大利	25.9	27.6	28.9	28.5	23.7	26.6	28.8
日本	14.3	16.2	17.7	17.7	12.7	15.2	—
韩国	39.3	39.7	41.9	53.0	49.7	52.3	56.2

续表

国家	2005 年	2006 年	2007 年	2008 年	2009 年	2010 年	2011 年
瑞士	47.6	50.8	54.4	54.3	50.4	51.7	—
美国	10.4	11.0	11.9	13.0	11.4	12.7	—
中国	37.1	39.1	38.4	35.0	26.7	29.4	28.6

根据 WTO 的统计数据，德国 1948 年的商品出口和进口分别为 7.91 亿美元和 14 亿美元，然后逐年递增，到 1966 年商品出口和进口分别为 202 亿美元和 182 亿美元，2011 年分别达到 1.47 万亿美元和 1.25 万亿美元。除了 1952 年以前的几年是逆差之外，在长达 60 年的时间内，德国一直保持商品贸易顺差；期间，除了 1952 ~ 1966 年进出口基本保持均衡略有顺差之外，德国的商品贸易顺差基本呈现扩大的趋势。即使在 2008 年金融危机发生之后，德国的进出口双双下降，2009 年的商品贸易依然保持顺差 1 937 亿美元（见图 6 - 9）。

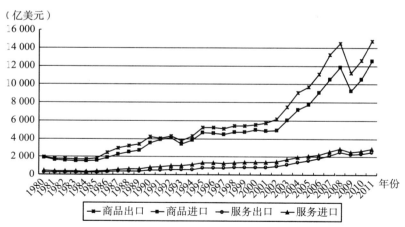

图 6 - 9　德国商品和商业服务年度进出口值（1980 ~ 2011 年）

德国的服务贸易则呈现出截然相反的情形。WTO 的服务贸易统计数据始于 1980 年，自 1980 年以来德国的服务贸易一直是逆差，从 1980 年的逆差 155 亿美元增加到 2011 年的逆差 357 亿美元。期间，1999 年逆差高达 600 亿美元。由此可以判断，在"制造—服务"的国际分工中，德国属于专业化于制造的经济体。

▶ 6.2.2 德国货物和服务进出口占全球比重总体变化趋势

第二次世界大战以后，德国商品进出口占世界商品进出口总额的比重持续上升，出口和进口占比分别从 1948 年的 2% 左右增长到 20 世纪 70 年代早期的 12% 和 9%，之后略有下降，随之在 1990 年又回升到 12% 和 11% 左右。此后，该比重持续小幅下降，到 2011 年，出口和进口比重分别降至 8% 和 7% 左右（见图 6 - 10）。①

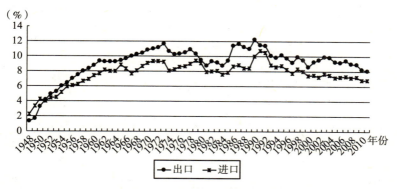

**图 6 - 10 德国商品进出口占世界商品进出口总额的
比重（1948 ~ 2011 年）**

相对而言，德国服务贸易的占比比较稳定，进出口的比重分别

---

① 20 世纪 90 年代以来，美国、英国、日本、法国等发达工业化国家占世界进出口市场的份额均有所下降，同期，中国所占的份额则大幅度攀升。

从 1980 年的 11% 和 8% 左右降低到 2011 年的 7.8% 和 6% 左右（见图 6 – 11）。

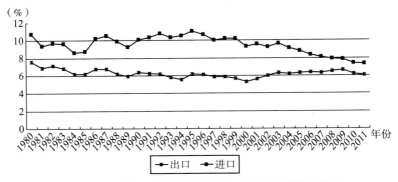

图 6 – 11   德国商业服务进出口占世界商业服务进出口
总额的比重（1980 ~ 2011 年）

总的来看，德国商品进出口占世界商品进出口总额的比重呈现先升后降的轨迹，商业服务进出口的占比相对稳定，略有下降，表明德国在国际市场的地位相对下降。

▷ 6.2.3 德国主要进出口商品结构

按照最终用途分类，德国出口商品的 50% 左右属于中间产品，资本品占 20% 左右，家庭消费品占比略微高于 10%；进口方面，中间品占比更高，2011 年已经超过 60%，但是，进口资本品占比却只有 10% 左右，家庭消费品占比在 20% 左右，呈现略微下降的趋势（见图 6 – 12、图 6 – 13）。[①] 如果单独观察制造业的进出口构

---

① 按照 OECD 的统计口径，中间产品主要是初级产品中的食品、饮料、燃料、润滑剂和工业原材料，以及非完成的加工品如交通运输设备的零部件等；资本品主要指工业用途的最终制成品。参看 Zhu, S., N. Yamano and A. Cimper（2011）, *Compilation of Bilateral Trade Database by Industry and End – Use Category*, OECD Science, Technology and Industry Working Papers, 2011/06, OECD Publishing. 第 12 页表 3。http：//dx. doi. org/10. 1787/5k9h6vx2z07f-en

成，依然会得出相似的结论。

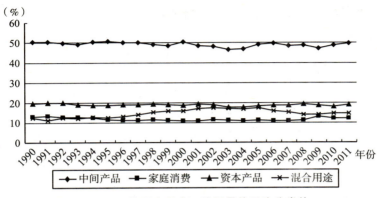

图 6 – 12　德国商品出口按照最终用途分类的
构成比重（1990 ~ 2011 年）

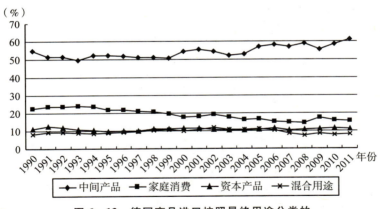

图 6 – 13　德国商品进口按照最终用途分类的
构成比重（1990 ~ 2011 年）

　　但是，如果分行业观察，得出的结论就会很不一样。其中，化学、橡胶、塑料和燃料产业进出口主要以中间产品为主，1990 ~ 2011 年，中间产品占进出口的比重分别从 87.6% 和 85.3% 略微降低到 79.4% 和 72.8% 。

位居德国制造业首位的机械设备的进出口构成则大不一样。该类产品 45% 左右的出口属于资本品，出口的中间产品也在 40% 以上；该类产品进口接近 50% 属于中间品，30% 左右属于资本品（见图 6 – 14、图 6 – 15）。

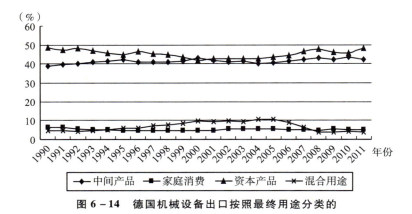

图 6 – 14　德国机械设备出口按照最终用途分类的
构成比重（1990～2011 年）

资料来源：OECD 数据库，经笔者整理，下同。

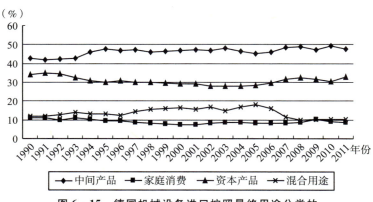

图 6 – 15　德国机械设备进口按照最终用途分类的
构成比重（1990～2011 年）

交通运输设备出口中间产品占比从 1990 年的 20% 增长到 2011 年的 30% 左右，资本品出口占比基本在 20% 左右，混合用途的出口高达 50%，主要是乘用车的出口；该类产品的进口则从 1990 年的 20% 左右增长到 2011 年的 47% 左右，资本品进口占比基本在 20% 左右，混合用途进口（主要是乘用车的进口）占比从 40% 下降到了 25% 左右（见图 6 - 16、图 6 - 17）。

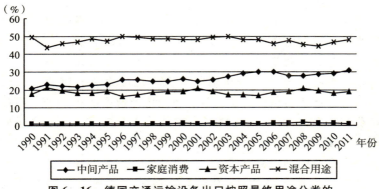

图 6 - 16　德国交通运输设备出口按照最终用途分类的
构成比重（1990 ~ 2011 年）

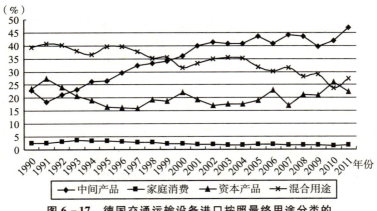

图 6 - 17　德国交通运输设备进口按照最终用途分类的
构成比重（1990 ~ 2011 年）

▶ 6.2.4 德国进出口商品附加值情况

从国内附加值的角度分析，德国在国际分工中的比较优势并不显著，每单位出口所获取的总体国内增加值份额低于很多发达国家和发展中国家。但是，德国在部分产业出口中所获取的直接国内增值率显示出较为明显的优势。

2009 年，德国全体产业出口的总体国内增值比率高达 74.62%，其中直接国内增值率为 34.94%。具体到不同的产业，各种服务业、建筑业、第一产业等国内增值率普遍超过全体产业的平均值，总体国内增值率超过 80%，直接国内增值率超过 40%；制造业国内增值率最高的产业是机械设备，其总体国内增值率高达 77%，直接国内增值率为 36.56%，国内增值率最低的产业是金属和非金属矿等产业，总体国内增值率大约为 65%，直接国内增值率大约为 30%；运输设备产业的国内直接增值率最低，仅为 20.78%，但是，该产业间接国内增值率高达 45.38%。类似的产业还有食品饮料行业（见表 6-3）。

表 6-3　　　2009 年德国每单位出口所包含的国内增值率　　　单位：%

指标 产业	直接国内 增值率	间接国内 增值率	再进口国内 增值率 *	国外增 值率
全体产业	34.94	38.85	0.83	25.38
农林渔牧	45.27	37.11	0.37	17.25
采矿业	49.17	37.78	0.32	12.73
食品饮料烟草	23.67	52.9	0.47	22.96
纺织皮革鞋袜	33.02	38.99	0.7	27.29
木材造纸印刷出版	36.25	43.06	0.55	20.13
化学非金属矿	29.95	34.59	0.79	34.67
基础金属金属铸件	29.29	34.69	0.93	35.09

续表

指标 产业	直接国内 增值率	间接国内 增值率	再进口国内 增值率*	国外增 值率
机械设备	36.56	39.53	0.88	23.04
电器光学设备	36.17	39.27	0.84	23.71
运输设备	20.78	45.38	1.61	32.23
循环制造业	42.66	36.09	0.6	20.65
电气水供给	45.3	42	0.21	12.49
建筑业	44.03	42.25	0.45	13.27
批发零售旅馆饭店	57.55	31.84	0.21	10.4
运输仓储邮政电讯	39.49	39.15	0.45	20.9
金融中介	41.45	49.62	0.14	8.79
商业服务	61.8	30	0.15	8.06
其他服务	65.78	27.5	0.15	6.57

　　注：＊再进口国内增值率是指由本国提供间接中间投入品的上游产业创造的但是通过国际而非国内价值链进入出口产业的国内附加值比率。

　　从国际比较的角度分析，在发达经济体中，德国全体产业每单位出口总体国内增值率低于美国、英国、日本，但是超过了法国、韩国和瑞士；如果同"金砖国家"和"欧猪国家"相比，德国比巴西、南非、希腊、意大利和西班牙低，但是比中国、爱尔兰和葡萄牙高（见表6-4、表6-5）。具体到不同产业则略有差异。比如农林渔牧，德国每单位出口总体国内增值率为82.75%，低于中国的84.92%；机械设备产业，德国每单位出口总体国内增值率为76.96%，超过了英国的76.46%；运输仓储邮政服务产业，德国每单位出口总体国内增值率为79.1%，低于法国的87.48%，却高于希腊的74.75%。

表 6 - 4   2009 年每单位出口总体国内增值率的国际比较（1）　　　单位：%

产业	德国	法国	日本	韩国	瑞士	英国	美国
全体产业	74.62	74.27	85.07	60.4	69.46	83.03	88.61
农林渔牧	82.75	82.64	91.58	83.98	77.29	85.2	88.48
采矿业	87.27	81.62	87.77	84.96	82.31	89.3	91.66
食品饮料烟草	77.04	80.89	90.25	72.41	72.81	84.96	88.74
纺织皮革鞋袜	72.71	67.53	85.97	68.3	52.89	80.84	83.6
木材造纸印刷出版	79.87	80.86	90.61	76.69	74.69	85.38	91.62
化学非金属矿	65.33	63.95	77.83	39.77	56.06	73.51	79.11
基础金属金属铸件	64.91	70.86	78.68	57.02	67.22	75.02	85.92
机械设备	76.96	74.84	88.06	69.09	64.87	76.46	85.56
电器光学设备	76.29	70.25	82.1	55.62	64.29	74.49	89.19
运输设备	67.77	59.15	85.45	64.85	56.19	68.3	80.78
循环制造业	79.35	80.16	85.05	69.55	63.62	79.51	89.77
电气水供给	87.51	75.58	—	53.21	73.34	76.42	89.66
建筑业	86.73	—	—	77.49	75.12	89.19	90.1
批发零售旅馆饭店	89.6	90.81	94.48	85.8	86.65	90.08	96.77
运输仓储邮政电讯	79.1	87.48	92.21	63.57	80.16	89.51	91.23
金融中介	91.21	93.6	96.5	90.97	87.25	92.06	93.82
商业服务	91.94	91.23	95.86	87.98	87.41	94.31	96.08
其他服务	93.43	90.27	94.11	85.89	87.33	90.65	94.71

表 6 - 5   2009 年每单位出口总体国内增值率的国际比较（2）　　　单位：%

产业	巴西	中国	南非	希腊	爱尔兰	意大利	葡萄牙	西班牙
全体产业	91.41	71.47	83.07	77.41	59.65	82.08	68.41	81.12
农林渔牧	94.35	84.92	86.18	89.56	79.52	90.24	82.52	90.65
采矿业	92.31	68.77	90.23	87.33	66.83	90.98	87.1	84.08
食品饮料烟草	93.49	81.46	83.93	85.58	63.72	85.33	71.75	84.46
纺织皮革鞋袜	92.75	85.17	79.81	86.83	66.94	85.92	69.2	82.67
木材造纸印刷出版	92.92	71.07	80.49	87.36	43.52	84.42	73.72	83.97
化学非金属矿	85.54	63.61	76.99	61.47	53.07	67.74	56.63	67.54

产业	巴西	中国	南非	希腊	爱尔兰	意大利	葡萄牙	西班牙
基础金属金属铸件	89.76	70.3	72.39	67.26	55.19	79.64	60.97	78.66
机械设备	89.99	70.32	—	83.05	59.02	82.86	69.53	81.18
电器光学设备	85.03	62.49	70.85	72.34	44.3	82.31	48.15	74.55
运输设备	85.75	70.54	57.28	85.52	53.49	78.76	43.44	71.16
循环制造业	93.08	80.16	80.27	84.11	37.43	83.63	72.02	81.32
电气水供给	94.71	65.51	92.34	86.86	70.23	62.99	75.17	78.37
建筑业	94.71	58.4	85.05	83.11	66.86	89.55	82.3	89.57
批发零售旅馆饭店	96.48	91.58	91.62	90.82	74.98	89.36	87.48	91.06
运输仓储邮政电讯	94.79	75.45	86.61	74.75	57.64	88.12	78.31	84.65
金融中介	96.54	91.17	95.94	95.98	66.87	95.96	94.3	94.23
商业服务	95.96	70.89	90.38	90.56	66.43	92.5	88.39	91.47
其他服务	95.19	78.58	88.09	93.5	82.9	93.36	84.47	92.47

　　比较德国与上述各国全体产业的每单位出口直接国内增值率，仅仅法国、韩国和中国低于德国的 34.94%，其中，中国以 21.34% 的每单位出口直接国内增值率垫底（见表 6 - 6、表 6 - 7）。同样，每单位出口直接国内增值率各个产业的表现各不相同，行业之间的差异远远超过总体国内增值率行业之间的差异。农林渔猎产业，中国以 57.88% 的每单位出口国内直接增值率远远超过德国的 45.27%，后者却超过美国的 40.81% 以及以 38.33% 的国内直接增值率垫底的法国；采矿业，韩国为 63.24%，远远超过德国的 49.17%，日本以 30.55% 垫底；化学非金属行业，德国为 29.95%，略低于英美日等，远远超过中国的 20.56% 以及以 15.61% 垫底的韩国；机械设备产业是德国最主要的制造业，但是，该产业的国内直接增值率却只有 36.56%，低于英国的 43.73%，仅仅高于意大利的 35.28%、韩国的 24.82% 和中国的 23.74%；运输设备和仓储邮政电讯产业情况类似，但是，德国电器光学设备产业的国内直接增值率却高达 36.17%，仅次于美国、英国和意大利，中国以

15.05%垫底；金融中介服务业，德国以41.45%的国内直接增值率垫底。

表6-6   2009年每单位出口直接国内增值率的国际比较（1）   单位：%

产业	德国	法国	意大利	日本	韩国	瑞士	英国	美国
全体产业	34.94	34.32	37.21	36.9	26.75	39.86	49.52	49.06
农林渔牧	45.27	38.33	58.4	50.7	53.95	47.2	54.32	40.81
采矿业	49.17	42.51	63.24	30.55	63.24	43.74	71.53	60.5
食品饮料烟草	23.67	25.31	26.42	39.14	17.16	25.87	40.77	28.93
纺织皮革鞋袜	33.02	35.2	34.88	37.5	29.33	37.09	45.1	47.47
木材造纸印刷出版	36.25	39.46	37.17	41.97	36.76	42.27	48.96	42.26
化学非金属矿	29.95	27.76	28.14	30.13	15.61	30.35	36.85	36.6
基础金属金属铸件	29.29	27.31	34.53	25.91	19.55	42.93	41.17	35.77
机械设备	36.56	38.57	35.28	39.49	24.82	36.7	43.73	41.27
电器光学设备	36.17	30.98	39.1	33	21.68	32.03	44.16	60.63
运输设备	20.78	15.82	27.26	27.68	24.56	30.44	32.11	26.41
循环制造业	42.66	46.48	35.47	33.09	26.6	36.2	44.7	51.99
电气水供给	45.3	31.01	43.25	—	33.46	33.52	38.91	71.73
建筑业	44.03	—	48.38	—	38.28	49.27	43.93	49.75
批发零售旅馆饭店	57.55	56.45	45.14	63.83	52.58	60.21	51.23	73.17
运输仓储邮政电讯	39.49	50.84	47.66	55.35	44.95	43.97	53.37	57.97
金融中介	41.45	44.83	59.63	63.35	59.05	58.37	55.42	49.5
商业服务	61.8	53.79	59.29	61.65	63.03	55.33	68.87	66.74
其他服务	65.78	58.89	62.82	62.34	55.09	62.54	59.94	60.45

表6-7   2009年每单位出口直接国内增值率的国际比较（2）   单位：%

产业	巴西	中国	南非	希腊	爱尔兰	葡萄牙	西班牙
全体产业	41.45	21.43	45.44	48.6	42.89	37.13	40.24
农林渔牧	60.94	57.88	48.32	59.67	47.59	46.8	60.22
采矿业	55.95	44.52	60.06	58.99	44.26	56.68	43.34

续表

产业	巴西	中国	南非	希腊	爱尔兰	葡萄牙	西班牙
食品饮料烟草	21.74	23.53	29.73	34.42	38.16	22.71	23.59
纺织皮革鞋袜	44.71	20.5	31.36	49.55	44.49	37.42	34.32
木材造纸印刷出版	47.09	19.1	30.71	51.4	30.22	30.56	38.05
化学非金属矿	24.45	20.56	30.19	29.48	40.55	26.28	28.57
基础金属金属铸件	39.13	21.34	28.43	23.78	36.96	28.85	31.59
机械设备	38.18	23.74	—	54.89	43.03	39.71	37.57
电器光学设备	33.73	15.05	33.1	32.49	23.25	30.22	30.01
运输设备	24.8	20.88	20.76	58.14	39.88	20.86	25.41
循环制造业	48.89	14.21	45.25	47.69	26.08	38.8	31.6
电气水供给	60.19	29.35	54.04	63.71	45.55	23.49	40.04
建筑业	58.37	22.92	32.63	42.77	40.33	38.35	37.49
批发零售旅馆饭店	56.25	55.64	52.25	61.74	57.2	56.79	58.58
运输仓储邮政电讯	57.8	41.89	49.62	52.84	34.81	46.44	43.91
金融中介	67.99	68.27	60.47	70.18	51.49	70.85	65.51
商业服务	71.85	29.28	51.63	50.46	51.16	52.03	58.62
其他服务	66.92	46.94	52.52	68.43	63.75	52.66	63.63

▶ 6.2.5 德国出口商品的比较优势分析

显示性比较优势指数表明，德国制造业在机械设备（包括各种专业机械和机床、发动机、精密仪器、建筑设备）和运输设备（主要指汽车）两大产业上具有很强的比较优势，在木材、造纸、印刷出版三大产业上具有较弱的比较优势，在化学、基础金属、金属铸件和非金属矿产业上具有较弱的比较劣势，而且，2005 年和 2009 年的数据对比表明德国制造业各产业的显示性比较优势并未发生明显的变化（见表 6 - 8）。

表 6 - 8　　　　　2005 年和 2009 年德国制造业的显示性比较优势指数

	食品饮料烟草	纺织皮革鞋袜	木材造纸印刷出版	化学非金属矿	基础金属、金属铸件	机械设备	电器光学设备	运输设备	循环制造业
基于出口总量（2005 年）	0.757	0.2723	1.1245	0.9474	0.9643	1.5821	0.6767	1.6486	0.4432
基于出口总量（2009 年）	0.6694	0.1921	1.0388	0.9665	1.0056	1.8838	0.6014	1.6326	0.5696
基于出口中的国内增值（2005 年）	0.7159	0.2386	1.1115	0.9222	0.8847	1.5886	0.7806	1.6298	0.4518
基于出口中的国内增值（2009 年）	0.6271	0.1778	1.0252	0.9467	0.9003	1.9247	0.7095	1.5719	0.6075

　　另据法国经济、产业和就业部 2009 年 12 月的研究报告，德国的显示性比较优势高度集中于少数几个中高技术产业。比如，自 1995 年以来，德国的出口优势产业一直以车辆和机械为首，而且这两个产业的显示性比较优势日益提高。在外贸方面，德国是汽车净出口国，在汽车产业的领导地位不断得到加强（见图 6 - 18、图 6 - 19）①。

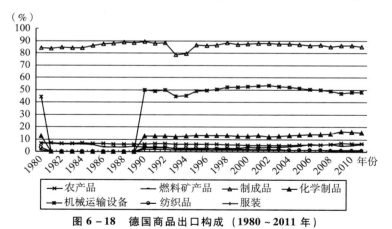

图 6 - 18　德国商品出口构成（1980～2011 年）

注：机械运输设备、纺织品和服装在 1990 年以前只有 1980 年的数据，来自 WTO 数据库。

① 参考网址：http：// www. minefe. gouv. fr/directions_services/dgtpe/TRESOR_ECO/tresorecouk. htm

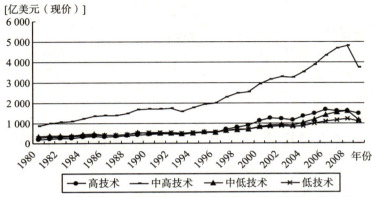

图 6 - 19　德国出口工业制成品的技术含量构成（1980~2009 年）

资料来源：OECD 数据库。

　　从德国商品进出口的总体构成也可以发现，自 1980 年以来，德国出口商品的 80%~90% 属于制成品。其中，机械和运输设备的出口占比一直在 50% 左右，其次是化学制品，占比在 12%~16% 之间。同期德国进口的制成品占比逐渐从 50% 增加到 70%，其中，机械和运输设备的进口占比在 30%~40% 之间，农产品进口占比已经降至 10% 以下，化学制品的进口占比逐渐增加到 13% 左右（见图 6 - 20）。

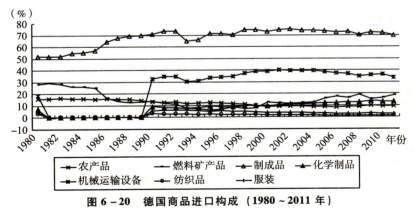

图 6 - 20　德国商品进口构成（1980~2011 年）

注：机械运输设备、纺织品和服装在 1990 年以前只有 1980 年的数据。

上述统计分析表明，德国的产业结构已经实现了总体上的软化，即以第三产业为主。但是，在国际分工中，德国产品却以硬技术制胜，即在中高技术制造产业上具有显著的比较优势。而且，随着国际分工的日益深入，德国在这些产业上的比较优势得到了强化。

6.3 德国产业结构与国际分工地位变化的主要推动因素

一个国家的产业发展模式主要取决于供给（比如规模经济、技术进步）、需求（比如需求弹性）和要素禀赋（比较优势）（Gregory，1970）。尽管在两德合并之后，德国也曾面临着短工时、长假期、高工资、高福利等所带来的生产率和出口下降的严峻挑战，从而引发了德国有识之士的反思（Lauk，1994）。但是，德国最终摆脱了"欧洲病夫"的帽子，成为欧元区经济的中流砥柱。德国为什么能够在总体产业结构趋于软化的同时保持高端制造业的国际竞争力呢？我们认为，主要因素有如下几点。

▶ 6.3.1 宏观政策的引导和规范

德国实行社会市场经济制度，企业是市场运作的主体，各种产业包括支柱产业的发展均以市场竞争为基础，几乎没有政府制定产业政策对特定产业进行扶持的情况。但是，政府对市场的运行具有指导和协调职能，因此，政府可以通过税收、补贴等措施对经济结构实行间接的干预。例如，对煤炭行业的价格补贴，对电力行业的资助和价格控制，对航空航天产业技术研发的财政补贴，对造船行业的成本补贴和银行贷款利息补贴等（韩永文，1996）。

此外，政府还通过制定各种经济法律制度，提供各种经济基础设施（机场、港口、高速公路等交通运输设施，电信、能源设施等）和社会基础设施（文化教育、基础研究等），以及收入再分配制度、社会保障体系、劳动保护制度等，为经济发展和提高企业的竞争力提供制度保障。由于德国企业90%以上属于中小企业，因此，德国通过法律、财政、行政以及行业协会等种种渠道扶持中小企业的发展，提高其效率和市场竞争力。

德国制造业的国际竞争优势来源于技术创新，这不仅取决于企业对研发的投入，也有赖于高效的国家创新体系，即产、官、学、研四个方面的高效协作。例如，1999年，德国的研发投入占国内产值的2.5%，在欧洲国家中名列前茅。而其中私人企业的贡献为65%，政府的投入仅为35%。在企业的研发投入中，约95%来自制造业，其中近90%来自四大领域：车辆制造业占41%，电子技术占19%，化学工业占19%，机械制造业占10%（史世伟，2009）。德国研发投入最多的行业也是国际竞争力最强的行业，汽车产业可谓其中典范。相对而言，德国企业在服务业方面的投入则严重不足，导致德国服务业国际竞争力较弱。根据2003年欧盟创新评分排行榜，德国制造业创新投入强度（研发投入占销售额的比例）以4.71远远高出欧盟3.45的平均水平，仅次于瑞典（6.42），排欧盟（15国）第二位。而在服务业的创新强度方面，德国却以1.64低于欧盟1.83的平均水平。另外，在制造业新技术的扩散方面，德国制造业新产品占企业销售总额的比例高达40.3%，远高于欧盟（15国）28.6%的平均水平，列欧盟首位。而在服务业，这项指标仅为16.4%，低于欧盟平均水平（18.8%）（史世伟，2009）。

▶ 6.3.2　独特的企业治理模式

德国的企业治理模式不同于美国。美国的企业治理模式，或者美国的企业，其主要目标就是增加股东的价值；而德国企业治理的头号目标，就是创造利益相关方的价值。德国的公司法要求企业的管理层必须照顾好社会的利益、社会的未来和企业的未来，从这种企业文化来讲，德国的企业有更加长远的眼光。这也体现了大陆国家的特点，不仅考虑股东利益，更多考虑利益相关方的利益，不仅考虑短期利益，更加注重长远发展利益。此外，大部分德国企业都是中小企业，甚至是一些家庭企业、家族企业，这些企业往往都有上百年的历史。虽然是中小企业，可不妨碍它们成为世界龙头企业，成为企业领袖，像阿迪达斯、宝马，都是家族企业，它们看问题更长远，首先考虑客户的需要，考虑技术发展，考虑创新，考虑质量。这些价值观会让产品更有竞争力。这样的中小企业在德国非常多，一千多家德国中小企业在世界市场遥遥领先，创造的出口价值非常庞大。①

▶ 6.3.3 富有弹性的用工制度

工作共享计划在德国十分普遍。在金融危机期间，德国政府提供补贴，允许雇主减少工人工作时间，而非解雇他们。此外，2003年，施罗德政府推出名为"2010年议程"的长期结构性改革计划，使德国避免陷入高社会福利支出导致的国债危机，也重塑了德国的经济竞争力。在"2010年议程"的一揽子改革计划中，施罗德亲自与势力强大的德国工会进行谈判，并最终达成了双赢协议。工会同意以更低的薪资换取更大的工作法律保障，政府则得以削减当时占企业工资税40%以上的失业津贴和社会福利，取消过高的退休金，调低失业救济水平，放宽僵硬的工时监管等。改革松动了出于经济原因对被解雇员工进行保护的条款，使劳动力市场上的雇佣变得更容易。同时，德国政府还推出多项措施帮助雇主避免不必要的诉讼。为了刺激失业人群就业，"2010年议程"削减了失业救济

---

① 罗兰-贝格，《世界经济与德国模式》，2011年3月29日晚在清华大学的演讲。参考网址：http://news.hexun.com/2011-03-29/128331120.html

金，加强对那些有能力却不愿工作人群的制裁。与此同时，雇主和雇员在经济危机中能够相互扶持。之所以能做到这点，是因为联邦政府将雇佣钟点工的期限延长到最多 24 个月。在钟点工制度里，职员如果暂时没有工作可干，也不会被解雇。在此期间，他们的薪金由联邦劳动局和企业共同支付。同时，伴随着个人和企业税制改革，最高个人所得税税率从 48.5% 降至 42%，最低限度则从 19.9% 下降到 15%，企业所得税税率也从 25% 下降到 19%。①

同时，德国存在着独特的"共同决定制"，工会代表在公司董事会中占据永久席位，以确保劳资双方能够从长期利益出发考虑问题。公司监事会也有员工的代表，因而德国工人坚信自己有发言权，对于保持薪资竞争力有信心，这大大降低了罢工的概率。工会的成本、劳工成本，英国、意大利从 2000 年开始就在不断上升，影响了这些国家产品在国际上的竞争力。而在德国，由于工会的协调和让步，劳工成本过去十年中保持着平稳的态势，且换来工厂尖端技术不外移，大大提升了德国的产品在国际市场的竞争力（罗兰—贝格，2011）。

▶ 6.3.4 实用的教育培训体制

德国的教育体系非常独特和成功。德国在工业化过程中建立了一种特殊的培训机制来培养技术工人。培训政策是德国提高经济效率的重要政策之一。全部职工的 5%～6% 处在企业培训中，另外还有大量的职业学校对青年进行培训，而且培训后要参加考试获得证书。在德国，技术工人的含义就是有专业的知识、专业的技术，其实是专业性的工人。这些人在培养的时候，同时在学校和工厂培养，就是平行培养，通过一种学徒制的模式达到这个目的。很多国

---

① 冯迪凡，《德国模式，穿越经济危机》。第一财经日报，2012 年 10 月 11 日。参考网址：http://finance.sina.com.cn/world/20121011/014313333341.shtml

家想效仿这种模式，包括美国，但是，这种模式跟德国的国情和管理层与劳工之间和谐的治理关系有密切的联系，所以其他国家照搬不见得行得通（罗兰—贝格，2011）。

▶ 6.3.5　融入全球价值链分工

全球价值链和生产网络已经成为当代国际分工的主流模式，德国企业尤其是制造业企业顺应了这一变化，改变了企业和产业的组织结构，提高了全要素生产率，从而保持甚至增强了德国产品在国际市场的竞争力（Fuchs，2005）。

一方面，德国利用外包方式出口大量的制造业中间产品和资本品，同时进口大量的中间产品，从而保持了在机械设备和交通运输设备领域的国际竞争力；另一方面，德国企业不断增加其海外分支机构的研发投入，这种外向研发投入已经超过在德国落户的外资企业的内向研发投入，从而不但有效地保持了国内附加值和就业，而且通过获取国外的技术诀窍提高本国产品的国际竞争力，最终，出口的增长提供了国内新的就业岗位（Koopmann，1998）。

由于上述这些因素的共同作用，德国得以在保持较低劳动力成本的基础上提高其制造业的劳动生产率，从而不断提高其工业制成品在国际市场上的竞争力。以 2011 年为例，根据 OECD 的估计，美国总体经济每小时劳动所创造的 GDP 是 60.2 美元（现价，下同），高于这个水平的国家是挪威、卢森堡和爱尔兰，分别为 83 美元、78.2 美元和 67.8 美元；低于美国水平的国家依次为荷兰、比利时、法国、德国、瑞士和丹麦，分别为美国的 99.3%、98.8%、95.8%、92.7%、89.1% 和 88.8%。G7 国家的平均水平是 53.2 美元，是美国水平的 88.4%；欧元区的平均水平是 50.9 美元，是美国的 84.5%；英国、意大利、日本和韩国分别为美国水平的 78.4%、75.7%、69% 和 49.3%，均远远低于德国的水平。

就劳动力成本占总要素成本的比例而言，德国也具有显著的优势。在 G7 国家中，日本最低，不到 75%；其次是德国和意大利，在 2006 年以前均低于 75%，且德国低于意大利，此后，德国超过 75%，意大利则逐渐降到 2010 年的 72.1%；其他 4 个 G7 成员国的劳动力成本占比均超过 75%，美国的劳动力成本比重长期超过 80%（虽然 2007 年以后有明显降低），英国则持续上升，到 2010 年已经达到 82.7%，跃居 G7 国家首位。①

6.4　德国模式的意义和启示

德国模式辉煌、落寞与东山再起的故事证明它是一种富有生机和自我修复能力的经济发展模式。

在 20 世纪 90 年代以前，德国经济成功的经验之一是德国的中小企业奠定了德国产品在世界市场的竞争地位，其制胜的关键在于德国成熟的培训制度和产业之间紧密的合作关系使得传统的制造业部门形成了有别于美国福特制大规模批量生产的模式，那就是更多依赖熟练工人技能的小批量高质量柔性专业化或多样化质量生产模式。形成这种生产模式的另一些原因还包括高工资和失业保护促使德国企业专注于长期利益而非对短期市场冲击的反应。世界市场的消费者也乐于为更高的质量和更加符合个性化需求的产品支付更高的溢价。其成功经验之二是以银行贷款为基础的融资体制能够提供更加廉价和长久的资本，这有别于英美以股票市场为基础的融资制度，后者更加注重短期收益和高额分红回报。

然而，成也萧何败也萧何。进入 20 世纪 90 年代以后，德国这种金融机构、生产部门与经济竞争力之间的良性互动似乎弱化了，国际国内对于德国体制的僵化和低效都是一边倒的声讨批驳之声。虽然出色的出口绩效表明德国依然拥有国际竞争力，但是，相对于

---

①　数据来源：http://stats.oecd.org/#

英美在整个 90 年代强劲的经济增长和失业率的下降，德国则经历了第二次世界大战后最严重的经济衰退，失业率高居两位数之上，由此引发了社会民主党—绿党联合政府对德国劳动力市场、社会福利和金融体制的改革。

同样的模式为什么产生截然不同的效果和价值评判呢？到底是模式的问题还是人们的认识问题？政府的改革举措和国内外企业的战略转变对此模式有何影响？德国理论界在 2003 年对此进行了讨论，最后得出一些共识（Vitols，2004）：

（1）理论界企图用单一的生产模式去概括和描述德国经济，其实很多时候过于专注个别的产业甚至企业，忽略了产业间甚至产业内的制度和生产战略的非同质性。

（2）在 20 世纪 90 年代，许多德国公司已经开始改变甚至抛弃以前的生产战略，变得日益国际化，以利用不同生产区位的比较优势，降低外来冲击比如汇率波动所带来的破坏性。

（3）尽管德国企业的传统派和亲盎格鲁派之间泾渭分明，难以对重要的改革议题达成共识，但是，盎格鲁—美利坚模式对德国企业甚至政治的影响与日俱增是不可否认的，最典型的例证就是对德国金融体制和公司治理模式的改革，此举意图强化股票市场和公司绩效。

（4）虽然德国的一些重要制度比如金融体系和劳动力市场获得了重要的改变，但是，德国的各种体制总体上保持了连续性，渐进性改变、路径依赖、国际惯例与本地情况相结合等概念更有助于理解在德国发生的变革。

抛开各种争议，已有的研究成果表明，德国经济的发展模式及其在国际分工中的地位变化的确与下列微观因素有关：

（1）大部分德国大企业的股东与董事会之间的紧密合作关系有助于克服经济危机并防止敌意收购尤其是来自国外的收购，尽管越来越多的大银行和保险公司倾向于脱离与大企业的这种紧密关系以便从纯粹的企业借贷业务脱身转变为更加诱人的投资银行业务。

（2）德国企业的利益相关者或内部人治理模式相对于英美公司的股东或外部人治理模式而言，更有利于形成稳定的战略持股人（创始人、机构投资者等）联合。

（3）德国标准的就业模式，即基于雇主协会和工会之间的集体协商劳动待遇的无限期全日制工作合同，尽管具有僵化、昂贵并容易导致高失业率的弊端从而需要进行改革，但是，毋庸讳言，这种高度管制的劳动力市场制度安排有利于实施德国企业传统的学徒培训制度，从而有助于大面积提高年轻工人的职业技能，保证了德国制造业的高质量生产。

（4）德国企业的保守性格导致德国未能形成以风险投资和互联网业务为基础的创新型企业群体，并最终导致 1997 年设立并有 300 多家公司上市的新市场（创业板）于 2003 年就彻底关闭了。向硅谷模式的"新经济"转型的尝试宣告失败，但以制造业为基础的"旧经济"却岿然不动，由此延续了德国的产业结构及其在国际分工中的地位。

（5）德国企业（尤其是汽车行业）适应国际分工的发展，外包越来越多的生产程序给供应商，把价值链日益扩展到东欧等低成本地区，增加白领工人尤其是研发环节的白领工人等措施，均有利于提高德国企业的绩效及其在国际分工中的地位。

除了上述微观的因素，我们认为，宏观的因素也发挥着不可替代的作用，这些因素主要包括经济战略目标、产业政策措施、各种经济和法律制度基础以及完备的公共基础设施。

总之，我们认为，德国的经济发展模式基本上是成功的，但是，德国也面临着出口市场过于集中在欧洲邻国、比较优势过于集中在制造业的中高技术产品、服务贸易长期逆差等问题。而且，各国国情不同，因此，新兴工业化国家学习德国模式是值得肯定的，但是，照搬德国模式却是值得商榷的。

第7章

后金融危机时代日本制造业的结构变化
——从"全套型"产业体系到核心零部件供应国

  自 20 世纪 80 年代以来，全球产业结构及其分工格局发生了重大变化。在第三次全球化浪潮中，发达国家把国内制造业及加工制造环节大量转移到新兴市场国家和发展中国家，美英等服务业强国在"去工业化"后国内经济日益金融化和虚拟化，成为全球的金融服务中心；德国、日本等制造业强国则进一步向产业链高端攀升，为全球制成品生产提供机器设备、核心零部件和生产性服务；以中国为首的一批新兴经济体崛起为"世界工厂"，从事通用零部件生产和制成品的加工组装，然后将最终产品大量向美、欧出口。于是，如果不考虑资源生产和出口国的话，一种可称为制造—服务的新型国际分工形态就初现雏形。关于这种分工形态的发生原因、运转机制和存在的问题，我们已经作过初步探讨。本章以日本为例，考察发达国家中重视实体经济、紧抓制造业不放的经济体，在新的国际分工格局中，在全球化浪潮和金融危机的冲击下，其制造业发生了哪些结构变化，面临着哪些新的问题，以及这些变化对东亚及中国的影响。

7.1　日本制造业产业组织的变化趋势

日本是世界上的制造业强国，同时又是一个资源贫乏的岛国。明治维新尤其是第二次世界大战结束以来，日本依靠进口能源和原材料，在国内加工生产为制成品，再出口获取外汇这样一种循环方式，迅速实现了国家的工业化和现代化。因此，"制造立国"和"贸易立国"一直以来都是日本的国家战略。第二次世界大战结束以来，随着经济发展阶段和国际环境的变化，日本制造业的产业组织也发生了巨大变化（见表 7-1）。20 世纪 60~80 年代，是日本经济高速增长时期，也是日本制造业由轻纺工业向重化工业转型升级的"黄金时代"。以日本的支柱产业汽车工业为例，这一时期日本的整车厂商均在国内进行研发和生产，形成了为整车配套的较为完整的供应链系列组织（Keiretsu）。凭借系列组织降低成本、提高质量的效能，日本生产的汽车不仅满足国内需求，而且大举进军美国和欧洲，占领了约 1/4 的美国汽车市场。80 年代中期，日本与美欧的贸易摩擦日趋激化，在美国的强大压力下被迫于 1985 年签订了"广场协议"。随后日元开始升值，日本对美国的汽车出口也实行了自主限额制度。在出口扩张受阻的情况下，日本的汽车产业开始通过对外直接投资进行海外生产，1986 年丰田在美国建成了第一间组装厂。进入 90 年代以后，随着国内"泡沫经济"的破裂，日本经济陷入了漫长的"平成萧条"（"失去的二十年"）。由于经济停滞和通货紧缩，国内汽车市场进入饱和状态，日本汽车厂商在扩大对新兴市场出口的同时，为了降低成本，进一步把生产线转移到新兴市场国家，从国内进口核心零部件在当地加工组装后再出口到美欧或者返销国内，部分产品在东道国销售。进入 21 世纪以来，日本汽车在国内生产和直接出口的比重进一步下降，整车在海外组装的比重上升。而且，随着追随整车厂商向海外转移的零部件厂商增多，海外生产基地的供应链日益本地化，使日本汽车零部件的出口也趋于减少。零部件厂商为了扭转不利局面，开始突破系列化的束缚，向本系列以外的日系乃至国外整车厂商提供通用性较强的零部件。至此，以供应链封闭完整著称的日本制造业的系列化产业组织开始走向解体。

表7-1　　　　第二次世界大战后不同发展时期日本制造业的变化

	日本经济增长率 （平均）	最终产品 （以汽车为例）	零部件、设备	
60年代	10.4%	国内研发和生产 +出口扩张	• 主要满足最终产品的国内生产需求	高竞争力时期
70年代	5.2%			
80年代	4.4%	【贸易摩擦】 内需扩大和出口扩张 +开始海外生产 （1986年丰田美国工厂投产）		
90年代	1.5%	内需饱和、出口增加 +海外生产扩大	• 随着最终产品生产向海外转移，从日本进口海外不能生产的零部件 • 零部件厂商追随最终产品厂商也逐渐向海外转移	
2000年代	0.6%	【日元升值】 国内生产减少 （内需和出口减少） +大量海外生产	• 从日本进口海外不能生产的产品，但随着海外生产的展开（供应链的本地化），日本出口的零部件趋于减少 • 出现向国外最终产品厂商提供某些零部件（如电子产品）的情况	
2010年代	1.9%			

资料来源：日本经济产业省，「ものづくり白書2013」。

　　由上可见，自20世纪80年代以来，虽然日本传统制造业与欧美国家一样也出现了去工业化的进程，但凭借独特的产业组织和精细的生产方式，这一进程进展得相对缓慢，代表制造业高端的核心原材料和关键零部件的生产基本上被保留在了国内。即使经历了"失去的二十年"的漫长经济停滞期，日本的制造业仍然在经济生活中发挥着重要作用（张捷，2007）。图 7-1 显示，1980~2006 年，日本制造业增加值占名义 GDP 的比重虽然有所下降，但制造业增加值占实际 GDP 的比重几乎没有发生太大的变化，始终保持在 22%~25% 之间，只是制造业的就业人数占比由约 25% 下降为 18.2%。[①] 从国际比较来看，1997~2006 年，日本制造业产值占名

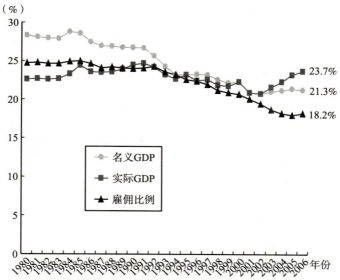

图 7-1 日本制造业产出和就业比重的变化（1980~2006 年）

资料来源：日本内阁府经济社会综合研究所编，《国民经济计算年报》；总务省，《劳动力年报》。

---

① 另据日本总务省的调查，2002 年日本的总就业人数为 6 330 万人，其中，制造业就业人数为 1 202 万人，占比为 19%；2012 年，总就业人数为 6 270 万人，其中，制造业为 1 032 万人，占比为 16.5%。

义 GDP 的比重仅从约 25% 略降至 23%，而除韩国和德国以外的其
他发达国家同期制造业占 GDP 的比重均下降至 20% 以下（英国从
25% 降至 17%，美国从 22% 降至 17%，法国从 18% 降至 14%）
（见图 7-2）。可以说，在发达国家的去工业化浪潮中，日本制造
业涉足不深，日本制造业的"空心化"问题也不像欧美国家那样
严重。

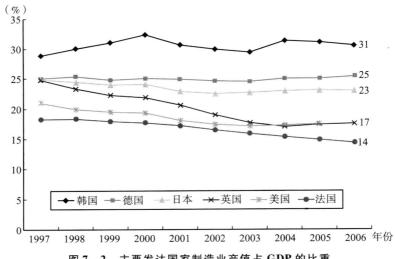

图 7-2 主要发达国家制造业产值占 GDP 的比重

资料来源：OECD。

日本制造业之所以避免了严重的空心化，大致有以下三方面
原因。

（1）在向国外实行产业转移时，日本没有把国内的加工制造环
节一股脑转出，而是根据自己的比较优势，保留了大多数需要精加
工和技术含量高的原材料及关键零部件的生产（如特殊钢材、化工
原料、液晶、半导体、集成电路和汽车核心零部件等）；转移到国
外的主要是劳动密集型的外围零配件生产和制成品组装环节。这

样，日本的制造业体系就从过去"全套型"（Full Set）的产业结构向一个专业化生产与出口高端原材料和核心零部件（主要是高技术材料、电子元器件和汽车零部件）的国家转变。其在国际分工中的地位既不是中国那样的最终产品提供国也不是美国那样的服务提供国，而是成为一个向制成品生产国提供高技术中间产品的国家。图7－3显示，1990～2009年，如果把进出口产品划分为中间产品和最终产品，日本的中间产品比较优势指数从 0.97 上升为 1.30（大于 1 表示存在比较优势，小于 1 表示存在比较劣势），同期最终产品的比较优势指数则从 1.34 下降为 1.0。图 7－3 列出的国家中，只有韩国比较优势的变化情况与日本类似。

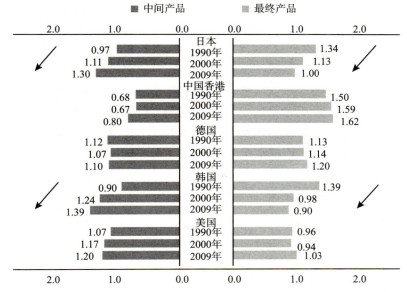

图 7 - 3　各国在中间产品和最终产品上的比较优势指数变化（1990～2009 年）

注：中间产品比较优势指数＝（中间产品出口额／该国出口总额）／（世界中间产品出口额／世界出口总额）。

资料来源：RIETI - TID2010。

这种国际竞争力从最终产品向中间产品转移的情况，不仅影响到日本的产业结构、经济增长动力和国际收支状况，也对东亚地区的国际分工体系产生了深刻影响。

（2）在日元升值等因素的影响下，日本企业的对外直接投资比重虽然不断增加，但日本制造业的对外直接投资属于全球价值链类型的投资，并不单纯是国内过剩产能的对外转移，因此，这类海外投资对于国内投资、生产和就业的影响从整体上看仍然起到了促进的作用。也就是说，总体上看，对外直接投资对日本国内产业和企业起到了正面的互补作用而非负面的替代作用，这是日本制造业在全球化时代得以防止产业"空心化"的另一个重要原因。图7－4显示，1993~2010年间，日本制造业海外投资企业的雇佣人数增长虽然远远大于国内就业人数的增长，但两者之间存在明显的正向关联，即海外直接投资创造的就业机会对国内就业有促进而非替代作用。这是因为，随着海外日资企业生产和销售的扩大，必然增加其对日本国内核心零部件的需求，从而带动国内零部件产业的生产和出口（见图7－5），增加国内的就业机会。不仅如此，日本海外制造业的生产扩张还通过价值链带动了日本国内员工培训、研发、咨询、营销、物流和售后服务等生产性服务环节的发展，服务功能的扩大促使日本制造企业日益服务化，有利于推动相对滞后的服务业的发展，而服务业的发展又创造了大量的就业机会，缓冲了国内制造业向海外转移造成的就业岗位的流失。表7－2显示，2000~2009年，日本国内制造业的就业人数减少了217万人，建筑业的就业人数减少了131万人，而服务业的就业人数却增加了373万人，抵销了前两个产业就业岗位的减少。2009年日本服务业的就业人数达到2 256万人，成为吸纳就业最多的产业。

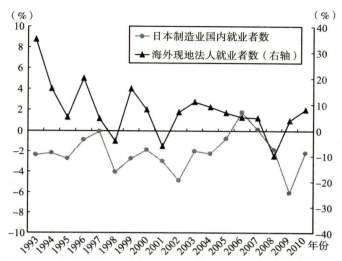

图 7 - 4　日本制造业国内就业人数与海外法人就业人数增长的变化

资料来源：日本总务省，《劳动力调查》；经济产业省，"海外事业活动基本调查"。

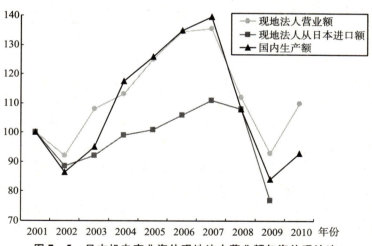

图 7 - 5　日本机电产业海外现地法人营业额与海外现地法
人从国内进口额及国内生产额变化

注：图中标出的是以 2001 年为 100 计算出的指数变化。
资料来源：日本经济产业省，《海外事业活动基本调查》；OECD STAN。

表 7 - 2   日本非农产业就业人数与平均工资（2009 年）

	就业人数（万人）	2000 年以来就业人数的增减（万人）	雇佣者人均报酬（万日元）
制造业	1 032	- 217	466
其中汽车业	120	14	581
建筑业	510	- 131	421
服务业	2 256	373	309

资料来源：日本内阁府，《国民经济计算（2009 年度）》。

（3）为了避免产业空心化，日本政府采取了各种政策措施，降低国内生产成本和营商成本，鼓励企业创新和创业，推动产业升级转型和提高产业的国际竞争力，这些政策措施也收到了一定的成效，使日本制造业在经济长期萧条中能够保持相对的强势。

7.2   后危机时代日本制造业面临的主要问题

在经济全球化时代，日本制造业通过解构"全套型"结构，保留研发设计和核心零部件及原材料的生产，把劳动密集的加工组装环节转移到新兴经济体，从而得以在保持一定竞争力的前提下避免了产业的过度"空心化"。但这种"弃卒保帅"的策略近年来面临着下列变得日益严峻的问题。

（1）自 20 世纪 90 年代以来，日本制造业形成了基于产品构造和要素禀赋差异的二元分工模式（张捷，2007）。这种模式将专用性强的整体型构造（Integral Architecture，又称为磨合型构造）产品和工序保留在国内，通过精益生产方式和系列化的供应链管理来保持其核心竞争力；将通用性强的模块型构造（Modular Architecture）产品和工序转移到东亚地区，利用该地区的廉价劳动力降低生产成本。但 21 世纪以来出现的数字化和模块化两大潮流，极大地改变了制造业尤其是电子信息产业的分工格局。产品模块化通过标准界面和统一的设计规则大大减少了上下游工序之间的相互依赖程度，使分工可以在更加分散和独立的生产者之间展开；数字化则通过信息编码推进着产品和工序的标准化，成为模块化的技术动力。数字化和模块化潮流有利于节约生产成本和交易成本，通过深化工序间的国际分工获得规模经济和"分工红利"。20 世纪 80 年代以来，美国在产业结构调整中逐步放弃了以大批量生产和垂直一体化为特征的传统产业组织结构，通过产业链的解构和外包，形成了共享供应商生产能力的模块化分工网络，在 IT 产业和服务业中形成了强大的竞争力（Sturgeon，2002）。而日本在机电产业中却固守专注于整体性构造产品的技术路线和分工模式，通过对专用高端产品（含零部件）的大量研发投资和系列化的交易模式来保持其核心竞争力。但未曾想到的是，这一路线在模块化和数字化推进迅速、产品生命周期日益短促的产业中（如信息通信、计算机、家电、半导体等）变得越来越难以持续。因为一旦产品被模块化和标准化以后，技术就会定型并迅速扩散，产品随即进入主要依赖成本竞争的成熟阶段，产业先行者的技术垄断优势会迅速消散。日本企业虽然一贯重视技术创新和投入，但这些创新和投入许多发生在易于推行模块化的电子电器产业中，随着模块化和标准化的推进，在这些产业中依靠技术垄断来保持竞争优势的时间变得越来越短促。据日本经济产业省的最新调查，认为模块化是导致依靠技术保持产品竞争优势的时间缩短的主要原因的企业中，信息通信机械产业占比达 29.4%，电子零部件产业为 26.4%，运输机械产业为 14.1%，精密机械产业为 8.7%，钢铁产业为 0。由此可见，越是模块化进展快的产业，技术优势能够保持的时间越短。日本的传统优势产业电子电器产业正是最适宜推行模块化的产业，模块化使得日本电子企业投入的大量研发费用成为难以回收的"沉淀成本"。图 7-6 显示，计算机、家电、半导体、液晶和信息产品等电子产业虽然研发费用投入水平较高，但盈利水平却相当低，为典型的高投入低收益产业。2011 年，日本的大型电子厂商（尤其是弱电厂商）出现了大面积亏损（索尼将原先预测的 2 200 亿日元的赤字调整为 5 200 亿日元，夏普将赤字预测从 2 900 亿日元调整为 3 800 亿日元，松下也将赤字预测调整为 7 800 亿日元，三家企业的赤字规模都达到了历史最高值）。2012 年，号称世界"液晶之父"的夏普在百年诞辰之际却陷入生死存亡之境，由于液晶主业巨幅亏损，股价暴跌濒临破产，最后竟然需要由其代工企业中国台湾鸿海公司以苛刻条件予以注资才能苟活下来。而就在两三年前，液晶面板还是夏普的"赚钱机器"，以至于夏普不惜举全公司之力发展液晶和液晶电视一体化事业。没想到随着模块化的推进，液晶技术迅速扩散，韩国企业在中高端领域后来居上，中国台湾及中国大陆企业挟成本优势在低端领域攻城略地，夏普耗巨资在国内建设的工厂尚未开工即已陷入可能亏损的境地。模块化导致的产业巨变令反应迟钝的日本企业根本来不及做出调整。目前，出于种种原因，汽车产业的模块化进

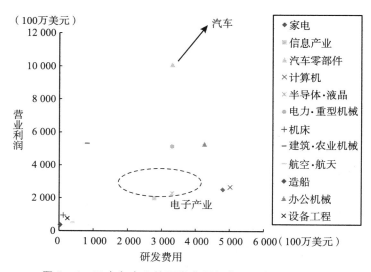

图 7 － 6　日本各产业的研发费用与营业利润（2007 年）

资料来源：日本机械出口联合会，《日美欧亚洲机械产业的国际竞争力现状》。

展迟缓，汽车及其零部件产业成为日本企业固守磨合型产品优势的最后重镇（藤本隆宏，2007），但是，一旦潮流有变，日本的汽车制造业依然前途堪忧。

（2）日本虽然通过进一步深化国际分工而使得高端制造业尤其是核心零部件生产者的地位得以保留，但由于服务业和服务环节发展滞后，以及国内需求长期低迷等原因，其经济发展模式依然未能摆脱出口导向型的窠臼，因而在本次全球金融危机中遭受重大冲击。2011 年日本的国际收支出现 2.6 万亿日元的逆差，这是 31 年来的首次贸易逆差；2012 年贸易逆差进一步扩大至 6.9 万亿日元。出现贸易逆差的原因，除了停运核电站造成进口化石燃料的大幅度增加外，日本的运输用机器（主要是汽车）和电器机器两大出口支柱产业受到金融危机的影响贸易顺差大幅下滑是另一重要原因。2007～2012 年，日本的运输用机器贸易顺差由 18.3 万亿日元减少为 12.7 万亿日元，下滑幅度为 30%；电器机器的贸易顺差则由 7.6 万亿日元降至 3 万亿日元，降幅达 60%。

而且，由于产业结构由"全套型"转向中间产品生产，产业关联路径及其波及效果发生了重大变化，致使日本经济的出口依存度不降反升。以汽车产业的产业关联和波及效果为例，图 7－7 显示，如果把关键零部件总成、外围加工品和原材料生产三个中间产业环节都放在国外，国内仅保留整车组装，那么对汽车的内需和外需（出口）的波及效果大部分将溢出到国外，国内受益的只有汽车总装一个产业；如果按照过去的"全套型"产业体制，除了原材料因日本资源短缺而不得不从国外进口以外，其他生产环节都放在国内，内外需求对产业的波及效果将最为充分，可惜这样的时代已经一去不复返；第三种类型是目前的情况，即除了原材料以外，外围加工品和整车总装也逐步转移到国外，国内仅保留关键零部件生产，然后通过贸易来实现产业关联。这种中间产品贸易型的产业体系虽然符合比较优势原理，但需求对产业链的波及效果仍然大量外溢，对国内经济增长和就业的拉动作用与"全套型"体制无法同日而语。在内需长期低迷且需求对经济增长的拉动作用减弱的情况下，要实现经济的持续增长，不得不比过去更多地依靠国外需求。1975～1985 年间，日本的出口依存度在 14% 左右，1985～2000 年出口依存度下降到 10% 左右，但 2000 年以来，日本的出口依存度再度急速上升，2007 年达到约 18%。这表明，由于经济增长需要更多的外需拉动，日本经济再度向出口导向型发展模式回归。而这种回归的根源之一，正是由于产业分工的进一步细化导致经济增长的动力机制发生了变化，在内需相对固定的情况下，同样速度的经济增长需要有比过去更多的外需拉动才能实现。安倍政权成立后，为了将日本经济拉出通货紧缩的泥潭，冒险采用了无限量宽松的货币政策（所谓"安倍经济学"），企图通过日元的大幅度贬值来重振出口。"安倍经济学"将导致日本经济进一步回归出口导向模式，其长期效果令人怀疑。日本经济如何通过结构调整实现由外需主导型向内外需平衡型转换，仍然是后金融危机时代一个任重而道远的重大课题。

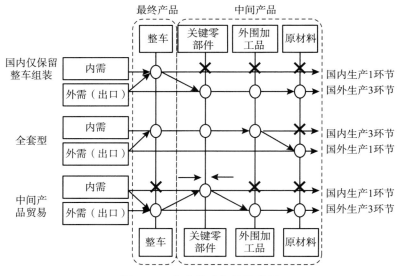

图 7 - 7　产业关联与波及效果

（3）经过"失去的20年"和2008年以来的金融危机，日本已经认识到，单靠国内需求和欧美国家的需求，日本经济很难重归复苏轨道。世界经济格局正在发生深刻变化，以中国为首的新兴经济体成为世界经济复苏的"火车头"。因此，日本把新兴经济体迅速成长的中产阶级作为振兴日本经济的主要外需来源，提出产品结构要由过去一味瞄准欧美高端市场的磨合型产品向适宜于新兴经济体中端市场的模块化产品转型的战略调整目标。但问题在于，磨合型产品正是日本企业的长处，而主要依赖价格竞争的模块型产品却是其短处，弃长就短不符合国际分工的基本原理，背离比较优势的战略调整未必能够取得成功。目前，在全球和东亚地区的国际生产分工体系中，日本制造业面临着美国在原创技术上的领先、德国在装备制造和高附加价值产品上的优势、韩国在核心零部件上的竞争和中国在模块型产品上的赶超，可谓"前有堵截后有追兵"。日本制造业的强项是基于协同文化的磨合型生产和基于关系型治理的供应链管理，但这两大优势近年来受到制造业数字化和模块化趋势的巨大冲击，导致其产业竞争力不断下降。今后如何在发挥原有优势的基础上建立起新的产业关联机制，实现制造环节与服务环节的有机融合，构筑起新的国际分工优势，对日本制造业来说是一个生死攸关的课题。

7.3　日本制造业结构变化对东亚及中国的影响

早在第二次世界大战后"雁行模式"阶段，日本就在东亚地区的国际分工体系中扮演着"领头雁"的角色。20世纪90年代以来，虽然雁行模式因中国经济的崛起而发生变化，日本的作用趋于下降，但其技术和资本仍是东亚国际分工体系中不可或缺的重要元素。日本制造业近年来的结构变化必然会对东亚国际分工体系乃至对中日经贸关系产生重要影响。

首先，日本放弃制造业的全套型结构，转向专业化于中间投入品的生产，促进了东亚地区产业分工的进一步细分化，东亚作为"世界工厂"的作用变得越来越突出。这一点可以从区域内贸易中零部件贸易所占的比重得到反映。2010 年，欧盟（EU）的零部件贸易占区内贸易的比重为 16.2%，北美自由贸易区（NAFTA）的该比重为 17.2%，而东亚的零部件贸易占区内贸易的比重高达 32.5%（1985 年该比重约为 10%）；相反，2010 年最终消费品（制成品）贸易占区内贸易的比重，欧盟为 30.1%，北美为 22.6%，东亚仅为 11.4%。当然，在"东亚生产、欧美消费"的格局得到进一步强化的同时，东亚地区尤其是中国和日本对欧美市场的需求依赖程度也进一步提升。

其次，日本制造业的结构变化使得东亚地区尤其是中日之间的经贸联系变得更加紧密和稳固。基于产业链（价值链）分工的相互依存关系到达水乳交融的程度。中日双边贸易额近十年稳步上升，2008 年受金融危机影响，两国的总贸易额均急剧下降，但两国双边贸易额却基本维持在前些年的水平（见图 7 - 8）。

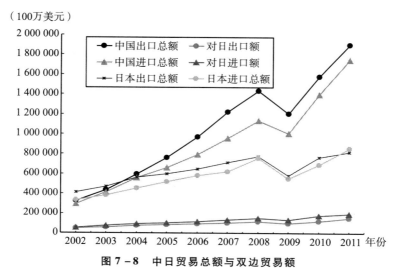

图 7 - 8　中日贸易总额与双边贸易额

资料来源：《中国统计年鉴》各年，日本财务省贸易统计。

由于中国经济的快速增长，发达国家和新兴经济体的产业资本大量涌入中国，使中国成为名副其实的"世界工厂"，中国的技术引进和中间产品进口的来源日益多元化；同时，随着国民收入水平的提高，中国作为"世界市场"的作用也日益突出。因此，在中日相互依赖的关系中，日本对中国的依赖程度越来越大于中国对日本的依赖程度。近年来，由于东盟（ASEAN）自由贸易区的利好因素，日本制造业的对外直接投资逐渐向东盟各国倾斜，但中国依然是吸纳日本制造业企业最多的国家（见表7－3）。

表7－3 日本海外投资企业（法人）数（2010年） 单位：家、%

	全球	北美	亚洲		ASEAN	欧洲
				中国		
合计	18 599	2 860	11 497	5 565	4 247	2 536
	(100.0)	(15.4)	(61.8)	(29.9)	(22.8)	(13.6)
制造业	8 412	1 063	6 189	3 078	2 326	762
	(100.0)	(12.6)	(73.6)	(36.6)	(27.7)	(9.1)
非制造业	10 187	1 797	5 308	2 487	1 921	1 774
	(100.0)	(17.6)	(52.1)	(24.4)	(18.9)	(17.4)

注：北美为美国、加拿大，中国包含香港地区，ASEAN包括印度尼西亚、马来西亚、泰国、新加坡、菲律宾、越南。

资料来源：日本经济产业省，《海外事业活动基本调查2011》。

最后，中日之间的互补关系仍然大于竞争关系，但随着中国的技术进步和产业升级，两国发生竞争的产业领域将越来越多。不过，这并非意味着两国的经贸合作乃至建立自由贸易区的实际需求将减少。相反，由于两国经济均面临转变发展方式、调整产业结构以及由出口导向型模式转向内外需平衡型模式的共同任务，两国未来的合作空间十分广阔。中日两国转换经济发展方式进展迟缓的经验表明，在东亚这样一个存在阶梯式的发展差距、产业链内部的垂直分工达到空前水平的地区，任何一个经济体仅仅依靠一己之力来实现经济转型升级都是十分困难的，只有通过区域经济一体化的贸易创造效应和益贫式增长效应，大力开拓区域性整体内部需求，各个经济体内部的转型升级才可能收到事半功倍之效。

第8章

后金融危机时代韩国制造业的
结构变化
——从追随者到创新者的演变

8.1 韩国制造业产业结构的变化趋势

韩国自 20 世纪 60 年代确立出口导向型的经济发展模式以来，制造业在国民经济中一直保持着举足轻重的地位。1970～2011 年，韩国制造业增加值占 GDP 的比重呈上升趋势，从 1970 年的 16.5%上升到 2011 年的 28.1%（见图 8-1），制造业的就业人数占比虽然有所下降，但 2011 年仍占总就业人口的 16.9%（见图 8-2）。图 8-3 表明，制造业增长率在大多数年份均高于 GDP 增长率，制造业成为推动韩国经济增长的重要力量。

在全球化浪潮和金融危机的冲击下，韩国制造业的产业结构变化主要表现在以下三个方面。

▶ 8.1.1 主导产业升级

在制造业整体迅速发展的同时，韩国制造业的主导产业也逐步

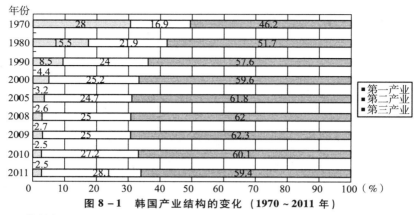

图 8 - 1　韩国产业结构的变化（1970 ~ 2011 年）

资料来源：The bank of Korea.

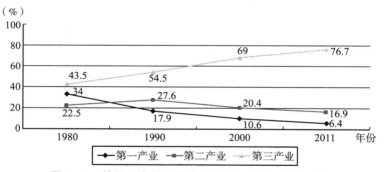

图 8 - 2　韩国三次产业的就业结构（1980 ~ 2011 年）

资料来源：韩国统计局网站。

升级，由劳动密集型和资本密集型产业为主逐步升级为以技术密集型和知识密集型产业为主。

　　韩国的工业化起步于 20 世纪 60 年代初，韩国确立并实施了由进口替代转向出口导向的外向型经济发展战略，充分利用在劳动密集型产业上的比较优势扩大出口能力。整个 60 年代，轻纺工业成为韩国经济中最重要的增长点，推动了韩国由农业社会向工业社会迈进。1973 年第一次石油危机爆发，韩国的劳动密集型产业遭遇出

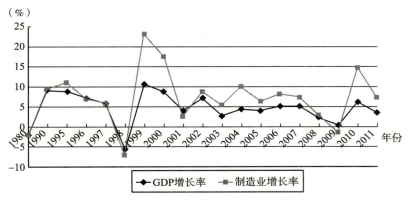

图 8 - 3 韩国国内生产总值和制造业增长率（1980 ~ 2011 年）
资料来源：The bank of Korea.

口困境。但这一时期，发达国家正从资本密集型产业转向技术密集型产业，把一般资本密集型产业向新兴工业化国家转移。韩国抓住世界产业结构调整所提供的机遇，促使主导产业从劳动密集型产业转向资本密集型产业，形成了以钢铁、石化、船舶、通信机械、家用电器等为主导的重化工业体系。为推动新兴产业快速发展，韩国成立了多所工科大学、韩国科学技术院和韩国开发研究院，以加强国家技术力量和制定产业转型升级的发展规划，并利用政府、银行和财阀集团的密切关系向大企业提供资金支持。1973 ~ 1980 年，韩国的经济实现了较快增长。

在随后到来的第二次石油危机中，韩国经济遭受重创。20 世纪80 年代，世界新技术革命日益深入，韩国发展技术产业的条件也逐步成熟。韩国政府再次制定和实施了调整产业结构的规划，明确提出产业升级的目标是大力发展汽车、造船、电子等资本和技术密集型的产业，汽车、电子产品和半导体成为韩国的主要出口商品。韩国企业一方面通过扩大规模经济来提高效率，通过技术进步来提高质量；另一方面，政府加大了对研发的支持，鼓励企业开发差异化产品，增强了制造业的出口竞争力。

进入 20 世纪 90 年代以后，遵循比较优势原理，韩国提出"科技立国"口号，选择信息产业作为新的突破口，积极发展电子、精密机械、精细化工、新材料、新能源等新产业体系，大力推动自主创新，促进产业结构向高技术化方向发展，迅速缩短了与发达国家的差距。

随着韩国外向型经济的高速发展，其对国外资源和外部市场的依赖度也逐渐增大。2008 年的国际金融危机迫使韩国转向追求更适合本国国情的产业政策。韩国政府从可持续发展角度，从三方面制定了产业结构调整政策。一是努力提高现有产业的附加值；二是大力推进产业技术融合，重点支持 IT 技术与既有产业的结合；三是瞄准未来产业加强技术开发和人才培养，以培育新的发展动力。2008 年，韩国政府重点在绿色产业、文化创意产业、尖端医疗保健产业三大领域选择了 17 个子产业作为新的增长点给予扶持。韩国政府有关绿色产业技术研发的预算规模由 2008 年的 1.4 万亿韩元（约合 78.4 亿元人民币）增加到 2011 年的 2.8 万亿韩元，2008 ~ 2011 年投资额累计超过 8 万亿韩元。在政府的鼓励下，民间部门的投资大幅增加，韩国的绿色产业技术水平与发达国家的差距大大缩小。据统计，2009 年韩国绿色产业技术水平为发达国家的 50.9%，到 2011 年已上升到 77.7%。韩国政府还将医疗保健产业视为后 IT 时代的新增长动力。过去 4 年里，韩国共开发新药 19 种，排名世界第十位，药品出口 2010 年达到 35 亿美元，年均增长 15.3%。为支持尖端医疗技术产业的发展，政府在 2011 年制定了医疗综合产业区发展计划，此后 3 年，政府和民间将投资 1.1 万亿韩元，打造两个尖端医疗产业区，产业区将建设新药开发支援中心、尖端医疗设备开发中心和新药临床实验生产中心等设施。

韩国在后危机时代通过产业政策调整，保持新兴产业与传统产业的均衡发展。目前，韩国已经从 1962 ~ 1971 年间的劳动密集型产业阶段，经过 1972 ~ 1981 年间的资本密集型产业阶段、1982 ~ 1991 年间的技术密集型产业阶段，开始进入知识密集型产业阶段。

韩国正在加速发展研究开发、高级组装、文化创意、流行设计等知识集约型产业。

产业结构升级带动了韩国贸易结构的优化，重工业产品出口占总出口的比重在1990年、1995年、2000年、2011年分别为56.6%、72.7%、81.0%和91%（见图8-4），船舶、汽车、半导体、石油制品、平面显示器等成为出口优势产品，与此对应的是，韩国进口结构中原材料占进口总额的比例由20世纪90年代的50%左右上升到2011年的62.5%，而资本品进口比例则从2000年的40.2%下降到2011年的27.4%（见图8-5）。

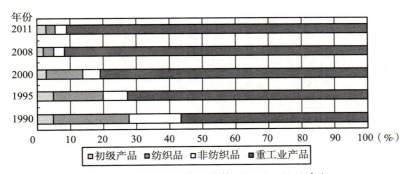

图8-4 韩国商品出口结构（1990~2011年）

资料来源：根据韩国贸易促进会数据整理。

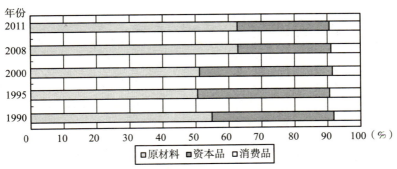

图8-5 韩国进口商品结构（1990~2011年）

资料来源：根据韩国贸易促进会数据整理。

▶ 8.1.2 在全球价值链中的地位提高

韩国在主导产业不断升级的同时，企业在全球价值链中的地位也得到了提高，由最初从事简单的加工组装逐渐上升到研发设计和品牌营销等利润率较高的环节。

多年来，韩国一直靠技术引进、消化和吸收来实现产业升级，虽然技术投入所占的比例也较高，但真正通过自身开发取得的技术成果很少，严重依赖美国、日本等国的技术。1992～1993 年，韩国对美国和日本技术的依赖度为 76%，1996 年上升到 85%。20 世纪 90 年代后期，由于全球钢铁、汽车、电子和化工产品产能过剩，国际市场需求萎缩，韩国企业出口下降，大量倒闭，1996 年共有 1.2 万家企业破产，截止到 1997 年年底，韩国 30 家大企业中共有 8 家宣告破产，韩国再次遭遇转型升级压力。对此，韩国举全国之力推动自主创新，企业强化研发活动，大力发展核心技术。1998 年亚洲金融危机之后，韩国 R&D 投入占 GDP 的比重突破 3%，就研发经费的增长率而言，韩国处于世界领先水平（见图 8-6）。其中，研发

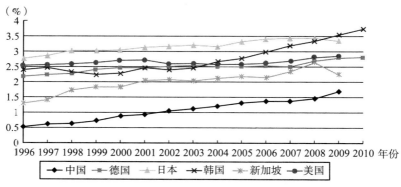

图 8-6 R&D 支出占 GDP 比重的国际比较（1996～2010 年）

资料来源：联合国数据库。

经费的 60% 来自企业，20% 来自科研院校，20% 来自政府投入。韩国专利申请量随之迅速增加，国际专利申请总数在 2001 年超过德国跃居世界第三，国内专利申请比例也不断提高，1978～1990 年该比例一直低于 31%，2000 年、2011 年该比例分别上升为 71.4% 和 77.10%，表明韩国的自主创新能力在不断提高。

在不断提升自主研发能力的同时，韩国政府鼓励企业从日本等发达国家购买高端技术与先进设备，在引进的基础上积极消化与吸收，有效推动了韩国企业的转型升级。韩国的造船、汽车、半导体、石油、化工、IT 等产业的国际竞争力不断增强，三星、LG、现代等一批跨国公司迅猛崛起，在微电子及半导体、汽车、造船等领域向日本、德国等传统制造业强国发起挑战，在这些领域，韩国逐渐从价值链的中低端攀升到中高端，出口产品的技术含量不断提高，韩国品牌开始在全球市场上与欧美日的知名品牌分庭抗礼。

以造船业为例，1975 年韩国船用设备国产化率只有 28%，船舶出口率为 14%，位于世界造船产业的中低端。为了改变船舶工业的落后状况，韩国采取在技术上全面引进、政策上大力扶植的措施，依靠低廉的劳动力和引进的先进技术，仅用 10 年左右的时间就一跃成为世界第二大造船国，出口船舶也名列世界第二。到 1985 年韩国船舶的国产率达到 60%，出口船占比达到 45%；1993 年国产率达到 75%～90%，出口船占比达到 50%～75%。20 世纪 90 年代以来，传统造船市场受到来自中国造船厂的竞争压力，作为应对措施，韩国船企依靠其在油船、LNG 船①和集装箱等大型船舶建造上的丰富经验与先进设施，从 90 年代中期开始加大了对高附加值船舶和海洋工程设备市场的培育力度。海洋工程作为船舶产业结构调整的催化剂，成为此后韩国垄断高附加值造船业、实现产业升级

---

① LNG（Liquefied Natural Gas），即液化天然气。天然气液化后可以大大节约储运空间，而且具有热值大、性能高等特点。LNG 船是在 -162℃ 低温下运输液化气的专用船舶，是一种"海上超级冷冻车"，被喻为世界造船"皇冠上的明珠"，是国际公认的高技术、高难度、高附加值的"三高"产品，目前只有美国、中国、日本、韩国和欧洲的少数几个国家共 13 家船厂能够建造。

的关键。

20世纪90年代以来，韩国船企依托其在大型船舶建造方面的优势，向"高技术、高质量、高附加值"的产品方向转型，大力开展对高附加值船舶及配套零部件的自主研发，并创新工艺流程和生产技术，极大地提高了生产率。1999年，韩国主要造船企业研发投资为787亿韩元，2009年增长到4 591亿韩元，年均复合增长率近20%。2011年造船业专利申请量同比增长65%，达4 315件。通过合作和自主研发，韩国船企逐步掌握了深海平台的关键技术，进入海洋工程承包领域，打破了欧美在海洋工程装备开发、设计、工程总承包以及关键配套设备供货等领域的市场垄断。2009年韩国船舶配套业产值约为180亿美元，占全球市场份额为22%，已超过日本，位居世界第二（见图8-7、图8-8）。

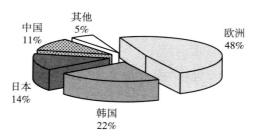

图8-7　2009年全球船舶配套产能分布情况

资料来源：国际船舶网，下同。

在此期间，韩国的电子通信设备产业也从产品加工组装阶段升级到核心产品的设计研发及品牌营销阶段。其中最成功的企业当属三星电子。1974年，三星进入半导体行业。20世纪80年代初为解决困扰三星的上游供应链——电子产品的核心部件短缺问题，摆脱受制于人的被动局面，三星进入DRAM业务。此后，三星通过技术购买、战略技术联盟和并购、高薪雇佣国际技术人员、制定大规模的技术人员培养计划等方式和创新战略，从技术积累、技术学习起

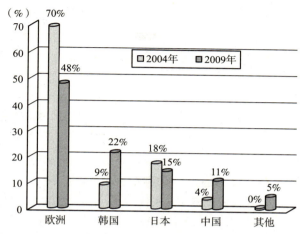

图 8 - 8　全球船舶配套产能分布演变情况（2004～2009 年）

步，用了大约 10 年时间，最后实现了技术反超。1983 年开始正式
生产半导体，到 1994 年成功开发 256M DRAM 产品，标志着三星确
立了其在国际半导体技术竞争中的领先地位。在液晶面板领域，三
星也实现了成功的跨越。1984 年，三星电子开始积累液晶面板技
术，同时还积极获取液晶面板制造的上游配件的技术和生产能力，
到 1999 年，三星电子的全球液晶显示市场占有率达 16%，排名世
界第一。在规模和技术上的大量投资使得三星的生产线跻身液晶生
产最高效的行列。通过给著名国际企业生产芯片和电子产品，三星
成为韩国成功的制造企业。此时，三星电子虽然掌握了核心零部件
的设计和生产技术，但主要通过"以量取胜"模式来扩大市场份
额，产品在国际市场上的知名度不高。

　　20 世纪 90 年代，三星电子预见到中国制造商将很快生产出比
韩国更便宜的产品，于是决定把"核心竞争力从大规模制造转向基
于数字技术的自有品牌建设"上来。1997 年亚洲金融危机以后，
三星抓住电子产品向数字时代转型的机遇，采取了严格的高价位
OBM（自主品牌）政策，摒弃了以产量取胜的低盈利扩张模式，转

向以高技术和尖端设计为核心的追求高利润率的品牌生产营销模式。① 三星用于设计的预算每年以 20% ~30% 的速度增加，并通过"设计革命"形成了全球认可的设计理念，以最时尚、最前沿的产品进入全球市场。由于设计领先，三星电子以比业界平均水平快 1 ~2 倍的速度推出新产品，常常给竞争对手造成强大的压力。② 除强大的工业设计和研发能力之外，三星电子还具有无可匹敌的垂直一体化优势，例如，三星智能手机的核心零配件从闪存、显示屏、CPU 到电池都处于市场领导地位，甚至具有控制市场的能力。iPhone 和 iPad 广泛使用的 NAND 闪存芯片，三星控制了四成左右的市场份额。苹果电脑采购的 Dram 存储器，三星控制了世界 50% 左右的产能。三星的高品质显示屏是高端智能手机的必需品，包括 HTC 在内的智能手机厂商都需要从三星采购。这些优势使三星电子产品的市场占有率不断提高，并在十多年的时间内迅速成为数码电子行业的领导者。根据市场调研机构 Com Score 发布的报告，2012 年第三季度三星手机在美国的市场占有率位居首位，达到 26%，而竞争对手苹果手机的市场份额则为 17.5%。在其他电子产品领域，三星产品也具有很强的市场竞争力，如液晶彩电、平板电脑等产品。2011 年三星营业收入达 1 486 亿美元，连续两年高居全球 IT 产业的首位。

电子工业从最上游的原料、中段的关键零组件制造、品牌设计、代工再到终端产品、渠道的大产业链中，三星横跨品牌与关键零组件制造两个环节，且都极为强势，由此形成了对上下游其他各环节的优势，成为价值链上最大的赢家。③ 韩国电子通讯产业除三星外，还有 LG、现代等品牌崛起，在全球市场上占有重要地位。2011 年全球薄膜晶体管液晶显示（TFT - LCD）面板市场的统计报

① 《三星全球如何铸就全球品牌?》，载《商业周刊》2004 年 11 月 23 日。
② 张正顺：《解密三星培训之道》，机械工业出版社 2008 年版。
③ 《家电及相关行业企业案例研究：向三星学习，数码电子行业的标杆》，中金公司，2012 年 8 月 7 日。

告显示，韩国面板厂商以高达48%的市场占有率，排名第一。在下一代显示技术 OLED 的产业化过程中，目前韩国企业处于绝对领先地位，2011 年三星在 OLED 手机市场中取得了超过 95% 的市场占有率，未来 LG 和三星还将实现 OLED 电视的大规模生产。一旦在OLED 领域构建起自主优势，韩国面板企业将在 OLED 材料、装备以及整机三个方面成为全球产业的主导者。由此可见，韩国电子通讯产业已经彻底摆脱中低端生产者的地位，成为价值链高端的领导者。

▶ 8.1.3 对外直接投资步伐加快

韩国产业结构调整是导致其对外直接投资快速增长的直接原因。20 世纪 90 年代，随着经济发展水平的提高和产业升级，韩国制造业已经相当成熟并具有很强的优势，开始逐步向东南亚、中国等地区转移。韩国企业对外直接投资的主要对象是中国、印度、越南等劳动力和自然资源成本低且市场需求大的地区，主要投资于石化、纺织、钢铁及电子产品加工组装等行业。东亚金融危机后，韩国大企业为降低成本、开拓海外市场，在亚洲、欧洲和北美等主要市场的投资迅速增长，如现代汽车在西欧、北美、东欧、中亚和大洋洲等地广泛建立生产基地，[①] 除了印度以外，其余 7 家工厂都设在美国、中国和欧洲，借此带动国内的零部件出口，并形成海外生产体系与全球化的营销网络。三星重工等船舶制造企业，一方面将较低附加值的项目转移到中国、菲律宾等土地和劳动力资源较丰富的国家，在国内集中力量开发液化天然气船等高附加值船型；另一方面把主要目标转向国内需求亟待释放的巴西、俄罗斯等海洋油气资源大国。电子产业的海外投资布局同样反映了其对低成本和市场的寻求，对欧美的投资以组装厂为主，选择发达国家周边工资比较低

---

① 李果仁：《韩国汽车工业成功经验之借鉴》，载《北京汽车》2010 年第 1 期。

的国家进行投资；对亚洲、发展中国家的投资则以零部件厂为主。

由于对外出口大幅增长，韩国国内对能源和矿产资源的需求也日渐增加，韩国采矿业的对外投资额从 2005 年的 4.83 亿美元上升到了 2011 年的 74.65 亿美元，增加了 14.45 倍，占韩国对外投资的比重则由 2005 年的 6.61% 上升到 2011 年的 28.96%。① 全球金融危机爆发后，韩国对外矿产资源开发投资活跃，资源丰富的发达国家和地区成为韩国对外投资的新宠。如对美国、澳大利亚、加拿大、英国等国的石油、天然气资源进行投资。另外，由于金融危机导致欧美市场低迷，新兴市场国家成为韩国制造业对外投资的重点。2011 年，韩国制造业对外投资比 2010 年增长 9.1% 至 100.8 亿美元，投资主要分布在新兴市场国家，其中中国占比达 37.2%（见表 8 - 1）。

表 8 - 1　　　1998 ~ 2011 年韩国分地区和产业对外直接投资额

单位：百万美元

年份	总量	地区						产业		
		亚洲	中东	北美	拉丁美洲	欧洲	非洲	制造业	采矿业	建筑业
1998	4 742	2 001	21	991	259	1243	97	2 276	114	102
1999	3 336	1 292	4	1 417	228	303	24	1 655	212	60
2000	5 144	1 643	31	1 427	1 506	291	156	1 639	95	115
2001	5 322	1 461	27	1 538	122	2 135	18	3 879	68	47
2002	4 032	1 904	49	622	299	1 057	23	1 850	212	62
2003	4 802	2 683	28	1 093	614	262	30	2 449	328	53
2004	6 773	3 800	39	1 458	614	738	48	3 771	315	83
2005	7 302	4 352	136	1 302	560	667	131	3 727	483	215
2006	11 820	6 393	401	2 302	1 087	1 237	208	5 578	1 459	494
2007	22 620	11 869	416	3 755	1 295	4 503	240	8 157	2 054	862
2008	23 970	11 816	290	5 265	2 103	3 404	321	7 090	4 092	850

---

① 根据中国商务部公布的数据计算得到。

续表

年份	总量	地区						产业		
		亚洲	中东	北美	拉丁美洲	欧洲	非洲	制造业	采矿业	建筑业
2009	20 395	6 714	370	6 004	1 041	5 339	378	4 570	5 441	465
2010	24 371	9 998	408	4 607	2 138	6 149	292	7 188	7 295	362
2011	25 773	10 526	391	7 200	2 258	3 580	372	8 054	7 465	429

资料来源：韩国进出口银行。

　　值得注意的是，韩国向中国转移的产业比过去更具有技术和知识密集型的特点，例如，2011 年三星电子在苏州投资建设 8.5 代液晶面板生产线，2012 年在西安投资 70 亿美元建设闪存芯片厂等。[①] 目前中国正处于由劳动密集型向资本技术密集型产业升级的阶段，具有完善的基础设施、配套能力和成本相对低廉的劳动力，同时，市场整体的成熟度快速提高，潜力巨大。韩国在中国投资建厂，除了可以降低贸易成本和物流费用外，更重要的是能贴近市场需求，获得更大的竞争优势。如果说以往的竞争是以产品和技术为主线的话，那么，在未来的竞争中，研发与制造能力在竞争中的地位将显得越来越重要，因此，越来越多的跨国公司把先进技术引入中国，大力推进本地化生产，对中国投资的技术和科技含量迅速增加。

　　总体来看，韩国正处于由资本和技术密集型产业向高新技术产业升级的阶段，国内工资上升很快，劳动力成本较高，同时，国内市场狭小，资源贫乏，经济发展对出口的依赖度很高，在全球竞争日趋激烈的形势下，通过对外直接投资，一方面，可以实现产业转移，保持产品的市场竞争力，获得更大的市场份额；另一方面，可以取得本国发展所需的自然资源、技术等要素，促使国内产业向附加值更高的领域发展。

---

　　① 《三星计划在西安投资 70 亿美元建闪存芯片工厂》，载《广州日报》2012 年 3 月 27 日。

8.2 存在的问题

▶ 8.2.1 出口产品和出口地区集中度过高，依赖于特定少数产业的现象严重

韩国的出口产业相对单一，重化工业的出口依存度过高。通过计算韩国出口产品和出口地区的赫芬达尔指数①可以发现，韩国前5种出口产品的出口集中度在1984年和1993年分别达到最高峰（0.060）和最低点（0.031）以后，整体呈现上升的趋势，2010年达到0.050（见图8-9）。其主力产品的结构也发生了变化，1984年船舶的出口比重达到16%，超过纺织品（14.7%）而居第一位，从20世纪80年代中期到1993年，出口产品呈现多样化趋势，没有一种产品的出口比重超过10%。20世纪90年代中期以后，半导体、汽车和船舶的出口比重剧增，出口集中度又开始提高，半导体、船舶、汽车出口所占的比重由1993年的19%提高到2010年的29.5%。金融危机后，半导体、船舶、汽车等5种主要出口产品的比重由2008年的39.6%提高到2010年的43.3%（见表8-2）。

从出口对象的国家和地区来看，20世纪80年代中期，韩国的出口市场主要依赖美国和日本，但从1987年起对美日的出口比重开始下降，而对中国等发展中国家的出口增加，1986年和1989年，对美国和日本的出口比重曾分别高达40.0%和20.6%，但其后持

---

① 赫芬达尔—赫希曼指数，简称赫芬达尔指数，是一种测算产业集中度的综合指数。运用在国际贸易领域中，表示一国各类商品对各地区的出口占该国商品总出口的比例，公式表示为 $HI = \sum_{i=1}^{N} (X_{ij}/X_{\cdot j})^2$，其中，$X_{ij}$ 表示 j 国 i 产品的出口总额，$X_{\cdot j}$ 表示 j 国的总出口额。该值越大，说明出口商品集中度越高；反之，则表明出口商品集中度越低。

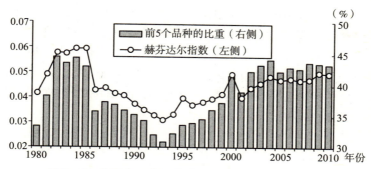

**图 8 - 9　韩国出口产品的赫芬达尔指数和前 5 种商品
占出口总额的比重（1980 ~ 2010 年）**

资料来源：李泰焕，《韩国经济的出口多元化现状及启示》，SERI 经济焦点，2010
年，下同。

表 8 - 2　　　　**出口产品的赫芬达尔指数和前 5 种商品的比重**　　　单位：%

1980 年		1984 年		1993 年		2010 年	
HHI = 0.042		HHI = 0.060		HHI = 0.031		HHI = 0.050	
品目	比重	品目	比重	品目	比重	品目	比重
服装	15.9	船舶	16	半导体	8.5	半导体	11.1
钢板	5.4	服装	14.7	服装	7.2	船舶	10.9
鞋类	5.2	鞋类	4.8	汽车	5.5	汽车	7.5
音响器械	3.5	钢板	4.6	船舶	5	平面显示器	7.2
船舶	3.4	半导体	4.3	影像器材	4.7	石油制品	6.5
前 5 个品种	33.4	前 5 个品种	44.3	前 5 个品种	30.9	前 5 个品种	43.3
前 10 个品种	47.3	前 10 个品种	57.8	前 10 个品种	49.6	前 10 个品种	62.2

资料来源：韩国进出口银行。

续下降，到 2010 年分别降到 10.7% 和 6% 。因此，韩国的出口对
象集中度在 1986 年达到顶点以后整体上出现了下降趋势（见图 3 -
10），1986 年前 5 个出口对象国的赫芬达尔指数为 0.193，1998 年
达到了最低水平 0.061。全球金融危机后，韩国对发达国家的出口

进一步减少，对中国等发展中国家的出口比重增加，其中，对中国
的出口比重由 2008 年的 21.7% 提高到 2010 年的 25%，比 2001 年
的 12.1% 提高 2 倍以上。同年，对中国、美国、日本、新加坡、中
国香港等 5 大出口国别和地区的出口比重达到 50.4%。因此，最近
几年韩国的出口赫芬达尔指数开始提高，由 2008 年的 0.074 提高
到 2010 年的 0.088。

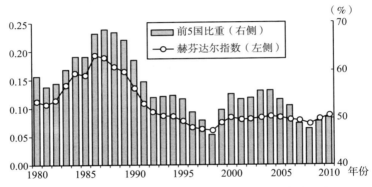

图 8 - 10 　韩国出口对象的赫芬达尔指数和前 5 个主要出口
对象的比重（1980 ~ 2010 年）

由上面的分析可知，在后危机时代的经济复苏过程中，韩国的出
口结构呈现出集中于特定国家和特定产品的趋势。如果特定国家或特
定产品市场发生变化，对韩国的出口及整个经济会产生不良影响。

▶ **8.2.2　零配件、原材料技术水平有待进一步提高，中小企业实
力弱**

现阶段，原材料和零部件（Materials & Components，MC）产业
已经越来越成为经济发展的支撑，MC 产业的尖端技术及其产品已
经成为新兴产业如基因技术、新能源技术、环境技术等发展的技术

和物质基础。MC 产业产品技术的提升通过产业波及效应影响下游的所有产业，因此，对于提升产业的整体竞争力具有举足轻重的作用。虽然韩国在船舶、汽车、半导体等制造业的竞争力不断提高，船舶和数字终端产品的市场占有率也已经超过了邻国日本，但在设计、核心技术、管理、品牌等方面，特别是在 MC 产业方面，与发达国家相比还存在较大的差距。

以电子产业为例，其产业链可以分为终端、IC 元器件、材料、精密设备等主要部分，韩国在终端和 IC 元器件领域占优势地位，但在材料和精密设备领域相对于日本则处于劣势。虽然在"失去的 20 年"中日本经济陷入长期低迷，日本电子产业还受困于日元升值等因素，但其在企业层面的研发能力却得到了强化，日本在电子元器件领域具备很强的竞争力，很多元器件目前通用的制造工艺都是日本发明定义的，例如 MLCC 电容。在材料领域也是如此，例如日本的稀土利用技术全球领先，而稀土材料几乎在所有的电子元器件的制造过程都会用到。① 在数字家电产业，日本企业占有的世界市场份额，成品只有 25%，而原材料则为 66%，零部件为 32%，制造装备为 49%。很多日本中小企业专注于自己的细分领域，有自己的独特技术，全球市场份额甚至占到 70%～80%。京瓷（综合电子零配件）、日本电产（硬盘驱动器）、村田制作所（陶瓷电容器）等都是具备全球顶尖技术的企业。以村田制作所为例，其生产的陶瓷电容器、滤波器和振荡子、振动传感器、蓝牙模块等广泛应用于电脑、手机、汽车导航、数字电视等领域，多个产品市场占有率稳居世界第一。②

目前韩国三星、LG 等大企业生产的最终消费品所用核心材料、核心零部件往往是从日本进口的。韩国的电子通信设备行业每年从日本企业进口 70%～80% 的芯片设备、50% 的显示器设备、30%～

① 《日本制造的时代已经过去?》，载《21 世纪经济报道》（广州）2012 年 10 月 29 日。
② 《中日韩电子工业新格局：后来者居上》，载《第一财经日报》2012 年 7 月 27 日。

40%的显示器零配件原材料。① 另外，尽管在染料、颜料、涂料、界面活化剂等通用化学制品领域韩国的制造技术已经与先进经济体不相上下，然而，凡是需要高度的技术以及庞大的研究投入的领域，比如精密化学产业核心的原料、中间体尤其是电子信息用化学材料，仍然依赖从包括日本在内的发达国家进口。韩国在零部件、原材料以及高科技制造设备方面的弱势造成对日本相关领域的长期依赖。近年来，由于韩国国内对汽车、钢铁以及精细化工产品的需求强劲，对日贸易逆差出现急剧扩大的势头（见图 8 - 11）。韩国贸易协会数据显示，2009 年韩国对日贸易逆差为 277 亿美元，其中 201 亿美元为零部件材料交易所产生的逆差，尤其 IT 产业核心零部件、材料方面的逆差规模高达 100 亿美元。2010 年韩国对日逆差为 361 亿美元，其大部分为零部件原材料与半导体生产设备，对日进口所占比重较高的产品为 LCD 生产设备，达到 80.8%。然后，依次是塑料 65.9%、玻璃 60.1%、光学设备 54.7%、化工产品 51.5%、钢板 51.2%、石化中间原料 50.3%。2011 年韩国对日逆差虽有所降低，但仍然高达 286 亿美元（见表 8 - 3）。

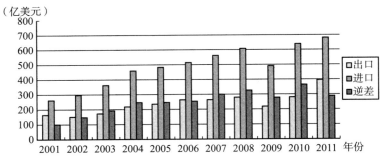

图 8 - 11　韩国对日本的进出口额及逆差值（2001～2011 年）

资料来源：韩国贸易促进会。

---

① 《韩中日制造业大决战　谁会取胜？》，朝鲜日报中文网，2012 年 9 月 29 日。

表 8 – 3　　　　　　2011 年韩国与日本的贸易商品结构　　单位：亿美元，%

出口			进口		
商品	金额	份额	商品	金额	份额
矿石燃料	86.72	21.9	钢铁产品	113.00	16.5
钢铁产品	51.46	13.0	电子元件	68.76	10.1
电子元件	39.28	9.9	石油化学产品	53.80	7.9
工业电子产品	37.59	9.5	精密机床	51.68	7.6
金属矿石	20.49	5.2	精密化学	50.83	7.4
石油化学产品	18.29	4.6	塑料或皮革物品	41.95	6.1
精密化学	16.93	4.3	普通机床	39.90	5.8
农产品	11.59	2.9	精密机床	31.70	4.6
大型运输车辆	10.69	2.7	工业电子产品	30.77	4.5
机械零部件、工具和金属模具	10.34	2.6	大型运输车辆	30.76	4.5
出口总额	396.8	100	进口总额	683.2	100

资料来源：在韩国贸易促进会 MIT2 位数贸易数据的基础上整理。

　　韩国在 MC 产业上的弱势地位，一方面是由于在出口导向型经济的发展过程中，韩国贸易协会每年给韩国各产业的企业制定出口目标，没有完成任务将遭到处罚，为避免处罚，韩国企业从日本进口高技术、高附加值的材料和零部件，加工组装后再出口，并由此形成固定模式。这种产业发展模式的结果是：韩国出口增加，则其从日本进口也随之增加，同时也促进了日本 MC 产业的成长。日本贸易振兴促进会（JETRO）的实证分析显示，韩国出口每增长 1%，其从日本的进口增加 1.05%，如此强的相关性显示了韩国产业结构存在着巨大缺陷。[①] 另一方面，韩国财阀主导的经济发展模式导致众多中小企业在财务健全性、研发实力等方面存在两极分化现象，与财阀大企业相比，普通 MC 企业发展受到制约，例如，现代汽车的大型零部件供应商与其他中小企业之间就存在着明显差距。两极

　　① 姚海天：《日韩材料、零部件（MC）产业的竞争力比较及产业发展》，载《海外投资与出口信贷》2012 年第 2 期。

分化导致韩国 MC 企业间难以形成技术溢出效应,无力在研发等领域与日本企业竞争。

韩国为了弥补产业结构上的缺陷,已经开始采取措施强化 MC 产业,通过政府引导大幅增加对 MC 产业的投入。早在 2005 年,韩国产业资源部就制定了《零部件、材料产业发展战略》,希望能培育出与日本 MC 产业相似的中小企业。2010 年前后,韩国政府先后设立了龟尾、浦项、"BJFEZ"和益山四个 MC 产业专用工业园,计划通过优惠政策专门吸引日本 MC 企业来韩国投资建厂。2011 年 3 月,日本大地震之后,日本 MC 企业开始向海外转移,而韩国政府和企业则尽最大努力招揽欲投资海外的日本 MC 产业。然而,MC 产业的"黑箱技术"特点对产业支撑、生态完整性的要求很高,别国难以模仿,只能通过自主研发获得,韩国在发展 MC 产业上仍面临重重障碍。

▷ 8.2.3 产业空心化问题

韩国近年来劳资纠纷不断,每次罢工大都以提高工资收场,韩国制造业平均薪资上涨率自 20 世纪 90 年代以来平均每年高达 19.5%,韩国工资的上涨率为新加坡的 2 倍,为德、日、美的 3~4 倍。现今韩国工资水准已经仅次于日本而成为亚洲第二高工资地区,① 这使韩国制造在面对东南亚及中国制造的竞争时居于劣势,导致韩国企业在全球市场的占有率下降,许多加工组装工厂被迫转移到海外。以手机制造业为例,近年来韩国手机制造巨头为降低原材料、人工、物流及关税等成本,相继启动海外工厂产能提升战略。其中,三星电子在中国、越南、印度、巴西,LG 电子在印度、巴西,Pantech 在中国,均建立了手机生产工厂,负责供应包括韩国在内的全球手机市场。根据韩国信息通信产业振兴院公布的数据,2009 年

---

① 《角逐新领袖 印尼的新出路》,载《中国经营报》2012 年 4 月 7 日。

韩国手机在全球市场上的份额保持大幅度上升的同时，国内出货量占总出货量的比例由 2007 年的 63% 减少为 41.6%，出口与 2008 年相比下降 14%，从 IT 出口排名第 1 位下降到第 2 位，韩国企业制造的智能手机海外产量所占比重则大幅增加，从 2010 年的 15.9% 剧增至 2011 第一季度的 79.7%。韩国手机出口额急速下降，主要原因是三星电子等企业将主力工厂转移到了越南和中国等地所致。

现代汽车集团也加大了海外生产比重，该公司海外生产比率 2006～2009 年分别为 27.2%、34.6%、39.9% 和 48.1%，呈迅速增长趋势。2010 年第一季度现代起亚汽车海外产销量占 52.7%，首次超过了国内产量。随着海外市场需求的稳步增长，现代集团在中国、巴西、土耳其等地不断扩大产能，随着 2012 年 11 月巴西工厂竣工，现代起亚集团整体海外生产能力达到了年 369 万台。① 除贴近市场扩大销量外，韩国国内工人罢工和生产效率问题也是促使现代集团海外扩产的重要原因。

在电子通信设备行业，曾经出现过中国大陆、中国台湾、日本三方联手对抗韩国的情况。韩国企业为了应对这种局面，需要将工厂转移到更有利于提高竞争力和市场开拓的地方。因此，未来韩国需要大力开发高附加值产品、提高产品的自动化生产以降低对人力的依赖，全力促进产业升级，以避免制造基地外迁后国内出现"产业空心化"现象。

8.3　韩国产业升级对东亚和中国的影响

▶ 8.3.1　促进东亚地区产业链融合和整体升级

首先，近年来韩国在全球价值链中的地位已经由中低端制造环

---

① 《现代起亚今年海外产量超过三百万》，韩国联合通讯社，2011 年 11 月 27 日。

节升至价值链中高端,具有了研发设计能力和国际知名品牌。韩国的主导产业如半导体、造船、通信设备等产业的核心竞争力已经在世界名列前茅,在汽车、化工等领域韩日之间的差距也日益缩小,但在 MC 产业上韩国与日本还有较大差距,韩国的系统芯片、汽车关键零部件等大部分仍需从日本进口。为减少对日本的贸易逆差和提高产业竞争力,韩国正在积极发展 MC 产业。日本为应对激烈竞争,不得不加大在 MC 产业和相关知识密集型产业上的研发投入,并转向发展新能源、混合动力汽车等新产品。这些因素客观上促进了日韩两国的产业升级。

其次,韩国企业在海外市场大规模投资,实行本土化战略,所转移产业的技术含量不断提高,企业在获得成本优势的同时,市场占有率也大幅上升。这促使日本企业转换思路,改变了以往高技术产品主要在国内生产的做法。特别是全球金融危机后,日元升值和"3.11"大地震使越来越多的日本制造企业为确保产业链安全、优化产能布局和提高产业竞争力而加速了供应链的海外转移,中国台湾和东南亚成为此次日本高技术产业链转移的主要受益者。[①] 在产业转移过程中,东亚其他国家和地区有更多机会接触到较高技术含量的生产环节,有利于企业获得技术溢出效应,提升本国或本地区在价值链上的地位,同时有利于东亚产业链的整体升级。

最后,韩国大企业在高科技产业的垂直整合优势、规模优势及技术创新优势促使日本、中国台湾和中国大陆企业更加重视在产业链不同环节的整合以应对激烈的竞争,促使东亚各经济体之间的联系更为紧密。总之,东亚地区产业链之间的深度竞争和合作有利于东亚地区整体的技术进步和经济增长。

---

① 《日本企业转型"分食儿","世界工厂"捞碗底》,载《中国贸易报》2011 年 8 月 11 日。

▶ 8.3.2　对中国的影响

中韩两国目前处于不同的产业发展阶段，产业结构具有一定的互补性，随着中国经济地位的提高，特别是全球经济危机后韩国越来越重视与中国的贸易、投资关系，韩国制造业对中国投资额大幅度增长，而且伴随韩国主导产业的升级及在价值链分工中的地位上升，韩国向中国转移的生产环节的技术含量也逐渐提高。一方面，中国有机会承接更高层次的技术转移，从中可以获取技术溢出效应；另一方面，由于在以市场换技术的过程中，中国企业自身的技术水平并没有得到大幅度提升，某些产业的自主创新能力与韩国的差距呈扩大化趋势，如汽车、半导体等行业，所以目前中国加工组装环节从韩国进口的高技术、高附加值零部件越来越多。此外，相对于日本，韩国在半导体、液晶面板、船舶等行业的竞争优势提高，以往中国需从日本进口的高技术高附加值原材料、零部件现在可以转向从韩国进口，上述这些原因造成中国对韩国的贸易逆差不断增加。更重要的是，韩国、日本等国将一些成熟的生产线转移到中国，本国集中研发更先进的技术，每一次都在升级换代之前，提前布局下一代产业，迅速抢占战略高地，并进行"专利"封锁，中国虽然获取了较成熟的技术，但是，当日、韩等国的新技术问世后，中国又只能采取跟随战略，从而使中国产业的升级面临巨大障碍。与这些行业中国的被动局面形成对比的是，中国吸取了韩国以往产业升级的经验，在政府的大力支持下，对太阳能、风能、电动汽车、医疗生物、通信设备等新兴产业领域进行果断的大规模投资，实现了跨越式发展，给韩国造成了巨大压力。

总之，目前中韩两国产业结构互补与竞争并存，而且两国都处于产业结构转型升级过程中，韩国正在向知识密集型产业演进，而中国在承接新兴工业化国家和发达国家产业转移的同时，也在构建以先进制造业和现代服务业为核心的现代产业体系。韩国后危机时代的产业结构中知识含量将大幅提升，而产业转型升级后的中国也有机会在新一轮全球产业转移中承接更多的服务内容，今后两国竞争合作关系也会从"世界工厂"转移到"世界办公室"、"世界实验室"、"世界设计室"的竞合上来，中国对韩贸易逆差格局的转换将不仅取决于其技术革新效率，更加取决于其产业升级的步伐。

8.4　补论：中日韩比较优势、贸易互补性与竞争性

中日韩三国均为全球和亚洲的重要经济体，三国的经济总量合计占全球经济的近20%，占亚洲经济的约七成。中日韩三国地理接近，互为重要的贸易投资伙伴，三国的贸易总额约占全球贸易的17%。根据中国外交部发表的《中日韩合作（1999～2012）》白皮书，三国间的贸易额已从1999年的1 300多亿美元跃升至2011年的6 900多亿美元。中国已连续多年成为日本、韩国最大的贸易伙伴。中日韩从宏观经济联系到微观企业往来层面都具备建立自由贸易区（FTA）的初步条件，三国拥有15亿人口的巨大市场，还有自20世纪八九十年代以来形成的成熟经贸关系。这一切都意味着三国如果建立自贸区可以迅速形成一个开发成本低、预期收益高的共同经济空间。尤其在全球金融危机导致欧美经济不景气的情况下，东北亚三个贸易大国之间的自由贸易协定能够弥补欧美市场的低迷，自贸区的建立对于拉动三国经济增长以及开辟新的市场空间都意义非凡。有测算显示，中日韩自贸区建成将使中国经济增速提高1.1～2.9个百分点，日本提高0.1～0.5个百分点，韩国提高2.5～3.1个百分点。更重要的是，迄今为止，在东亚地区的自贸区建设中，中日韩是最大的"空白地带"，要实现东亚地区的经济一体化，中日韩自贸区不可或缺。

正是在上述背景下，虽然中日韩之间处在云谲波诡的领土争端旋涡之中，但巨大的共同利益却驱使三国领导人做出了一个明智的决定：2013 年春如期启动了中日韩三国自贸区谈判。可以预料，由于地缘政治冲突、经济发展差距和对美国的贸易依存度差异等原因，中日韩自由贸易区的谈判将会一波三折，错综复杂，结局难料。我们试图通过考察中日韩三国的比较优势以及三方的贸易互补性和竞争性，进而分析东北亚的区域分工机制，为中日韩自贸区谈判的前景提供一些参考。

▶ 8.4.1　文献回顾

关于贸易伙伴间的互补性与竞争性的测算方法主要有三种：第一种是从进出口角度采用贸易互补指数来衡量贸易互补性与竞争性，如于津平（2003）、潘青友（2004）等；第二种从贸易模式的角度采用贸易特化系数来衡量贸易互补性，如王勤（2004）等；第三种是从国际环境的角度采用出口相似指数来衡量贸易互补性和竞争性。国内对于出口相似度指数的研究主要有史智宇（2004）、孙笑丹（2003）等。

从现有的研究成果来看，在测算中日韩三国分行业的比较优势时，对行业的分类过于笼统，尤其是对制造业的分类过于粗糙，这对于作为全球"制造中心"的中国以及"制造立国"的日韩来说是有缺陷的。此外，关于中国与东盟贸易互补性和竞争性的研究较多，而关于中国与日本、韩国的贸易互补性和竞争性的研究相对较少，且以测算农产品整体或制造业整体的贸易互补和竞争关系者居多，关于细分农业与制造业的贸易互补和竞争关系的测算较少。最后，按产品加工阶段分析中日韩进出口商品结构进而分析三者的区域分工机理的文献相对不足。

▶ **8.4.2 比较优势**

本节采用显性比较优势指数（RCA）来衡量中日韩三国的比较优势。关于产业分类，考虑到三国的产业特征，我们只对农业和制造业进行细分，共分为 21 个子产业：谷物、蔬菜水果、动物及动物制品、林业、渔业、采掘业、食品加工、饮料烟草制造、纺织、服装、皮革制品、木材加工、造纸及印刷业、石油加工及炼焦、化工及橡胶制品、建筑材料、金属冶炼及压延加工业、金属制品、交通工具制造、电子及通信设备制造、电气机械及器材制造。此外，为深入分析中日韩三国之间的区域分工机理，还根据联合国 BEC 分类法，按产品加工阶段测算了三国的比较优势。图 8 - 12 至图 8 - 17 分别显示了三国细分农业和制造业以及按产品加工阶段分类的比较优势。

中国（见图 8 - 12）比较优势最为明显的产业为服装，其次为皮革制品和纺织。中国在电子及通信设备制造方面的比较优势日益显

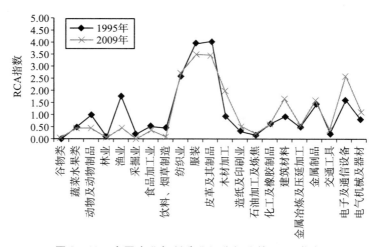

图 8 - 12　中国农业与制造业细分行业的 RCA 指数

资料来源：GTAP8 Database，RIETI - TID2011，下同。

著，从 1995 年的 1.62 上升到 2009 年的 2.59，增长势头强劲。比外，中国的木材加工、建筑材料、金属制品方面的比较优势也比较显著，RCA 指数呈上升趋势。从增长率来看，中国比较优势增长最快的行业为木材加工（1.02），其次是电子及通信设备制造和建筑材料（0.98），电气机械及器材制造的 RCA 指数也增加了 0.32；RCA 指数下降最多的是渔业（-1.34），其次为动物及动物制品（-0.55）。这充分说明中国的比较优势和贸易结构正经历由资源、劳动密集型向资本、技术密集型转变的过程中。但值得注意的是，与东亚其他国家和地区相比，中国的电子及通信设备制造和电气机械及器材制造的国际竞争力仍较弱。电子及通信设备制造业的 RCA 指数尽管已经超过了日本和韩国，但是低于马来西亚、菲律宾和新加坡；电气机械及器材制造业的 RCA 指数虽呈上升趋势，但总体上仍低于日本和韩国。可见，自由贸易区的形成将给中国的机电行业带来一定的竞争压力。从产品加工阶段来看（见图 8-13），进入 21 世纪以来，中国的消费品比较优势大幅下降，资本品比较优势大幅上升，2004 年资本品首次超过消费品成为中国最具比较优势的产品。零部件 RCA 指数呈上升趋势且自 2006 年以来首度超过半

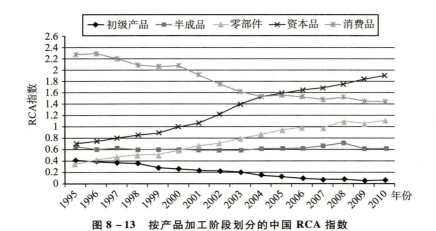

图 8-13　按产品加工阶段划分的中国 RCA 指数

成品。相反，半成品比较劣势趋于稳定。伴随着高污染、高能耗的粗放型经济增长方式带来的资源枯竭以及中国近年来对资源类产品的出口限制，初级产品的比较劣势日趋明显。

作为东亚曾经唯一的发达国家，日本（见图 8－14）的交通工具制造业具有很强的国际竞争力。随着日本企业海外直接投资的扩大、东亚各国竞争力的加强以及产品模块化分工的推进等，日本的电子及通信设备制造业和电气机械及器材制造业的 RCA 指数总体呈下降趋势，其中，电子及通信设备制造业下降幅度最大（－0.7），其在这两个行业的比较优势逐渐被东盟和中国取代。日本 RCA 指数上升幅度最大的行业为金属冶炼及压延加工业（0.56），这类产品大多属于高技术的特殊钢材。由于劳动力成本高、自然资源少，日本在劳动密集型产品及自然资源密集型产品上的比较劣势明显，其中比较劣势最为明显的为谷物、蔬菜水果、林业和采掘业。从产

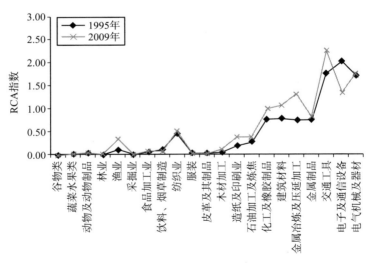

图 8－14　日本农业与制造业细分行业的 RCA 指数

品加工阶段来看（见图 8 - 15），关键零部件是日本最具比较优势的产品，其 RCA 指数维持在 1.7 左右。由于日本资本充裕，对外投资规模大，其资本货物在国际上具有较强的比较优势。此外，剥除经济危机的冲击，日本半成品、消费品和初级产品的 RCA 指数趋于稳定，其中初级产品的比较劣势最为明显。

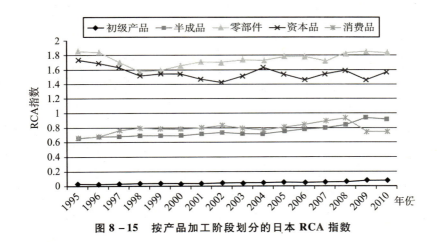

图 8 - 15　按产品加工阶段划分的日本 RCA 指数

韩国（见图 8 - 16）在电子及通信设备制造和交通工具制造上具有显著的比较优势，且 RCA 指数上升幅度较大。韩国在石油加工及炼焦业的比较优势变化也较为显著，1995 年韩国在此产业的 RCA 指数为 0.61，低于国际上该产业的平均水平，而 2009 年该指数上升到了 1.43。在过去 20 多年中，韩国资本、技术密集型产品的比较优势不断增强，而农业和纺织服装皮革业在出口中所占的比例越来越小。从 RCA 指数变化来看，交通工具制造业上升幅度最大，高达 0.96，而皮革制品、纺织和服装行业的降幅最大，分别下降了 1.81、1.68 和 1.02。从产品加工阶段来看（见图 8 - 17），韩国的零部件最具比较优势，其次是资本货物，半成品的比较优势相对较小且趋于稳定。随着韩国的产业结构逐渐转变为资本、技术密集型，消费品出口逐年减少，比较劣势趋于明显。此外，由于资源匮乏，韩国初级产品的比较劣势非常明显。

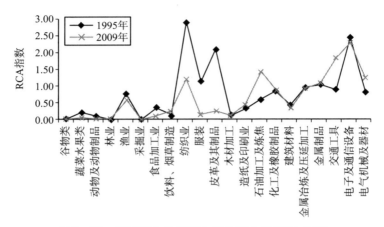

图 8 - 16　韩国农业与制造业细分行业的 RCA 指数

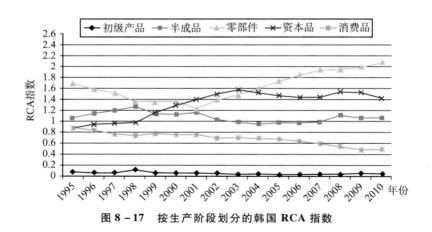

图 8 - 17　按生产阶段划分的韩国 RCA 指数

　　总体上，日本和韩国的比较优势集中在资本、技术密集型行业，关键零部件和资本品的比较优势明显。而中国在资源、劳动密集型行业上更具比较优势，最终消费品出口占比最大，其在资本、技术密集型行业上的 RCA 指数也呈上升趋势，资本品和零部件的比较优势大幅增加，表明中国的产业结构与贸易结构正处于优化升级过程中。具体见表 8 - 4。

表 8 - 4　　　　　　　　2009 年中日韩 RCA 归类

	具有极强比较优势的产业（RCA＞2.5）	具有较强比较优势的产业（1.25＜RCA＜2.5）	具有中等比较优势的产业（0.8＜RCA＜1.25）	具有明显比较劣势的产业（RCA＜0.3）
中国	服装、皮革制品、纺织、电子及通信设备制造	木材加工、建材、金属制品	电气机械及器材制造	谷物类、采掘业、林业、饮料及烟草制造业、石油加工及炼焦
日本		交通工具制造、电气机械及器材制造、电子及通信设备制造、金属冶炼及压延加工	金属制品、化工及橡胶制品、建材	谷物类、蔬菜水果类、采掘业、林业、服装、皮革制品、动物及动物制品、饮料烟草制造、食品加工、木材加工
韩国		电子及通信设备制造、交通工具制造、石油加工及炼焦	电气机械及器材制造、纺织、金属制品、金属冶炼及压延加工、化工及橡胶制品	谷物类、林业、采掘业、动物及动物制品、蔬菜水果类、木材加工、服装、食品加工、饮料及烟草制造、皮革及皮革制品

资料来源：依据 2009 年 RCA 指数整理而成。

▶ 8.4.3　贸易互补性与竞争性

从 RCA 指数可以看出，中日韩三国在比较优势上存在差异，其贸易关系的加强必然会加速各经济体的产业调整和升级。然而，产业调整和升级对经济一体化的影响将取决于各经济体在贸易上的互补性。为探讨东北亚自由贸易区建立的可能性以及自贸区建立后可能带来的福利分配效应，考察中日韩之间究竟是互补性大于竞争性还是竞争性大于互补性有着至关重要的意义。如果两国的贸易具有互补性，即一方的出口结构与另一方的进口结构相吻合，贸易关系的发展将使两国现有的生产模式得以维持，通过消除贸易壁垒和实现规模化生产可以给贸易双方带来利益。尽管具有互补性产业结构的国家在发展水平上通常具有较大差距，甚至在一些产业上贸易不平衡现象突出，但通过贸易不仅可以使各国达到取长补短、优势互补的目的，而且还可以避免同行业的过度竞争，降低结构调整的费用。相反，如果双方的贸易互补性较小，即一方集中出口的产品并非是另一方集中进口的产品，两国贸易发展的潜力将受到限制。

我们采用贸易互补性指数（Trade Complementarity Index）来衡量东亚各经济体之间的互补和竞争关系。该指数是评估一国的出口结构与其贸易伙伴国进口结构匹配程度的指标。国家 i 出口与国家 j 进口的贸易互补指数用 C_{ij} 表示：

$$C_{ijt} = RCA_{xit} \times RCA_{mjt}$$

$$C_{ij} = \sum_t (RCA_{xit} \times RCA_{mjt}) \times (W_t/W)$$

其中，RCA_{xit} 表示用出口衡量的 i 国 t 产品的显示性比较优势，$RCA_{xit} = (X_{it}/X_i)/(W_t/W)$。$RCA_{xit}$ 越大，表明 i 国在 t 产品上越具有比较优势。RCA_{mjt} 表示用进口衡量的 j 国 t 产品的显示性比较劣势，$RCA_{mjt} = (M_{jt}/M_j)/(W_t/W)$。$RCA_{mjt}$ 越大，表明 j 国在 t 产品上越具有比较劣势。W_t 表示世界上 t 产品的出口总额；W 表示世界总出口。贸易互补性指数有两种：单个产品的贸易互补指数 C_{ijt} 和综合贸易互补指数 C_{ij}。在存在多种产品的情况下，两国的贸易互补指数用各行业的贸易互补指数加权而得，权重为世界贸易中各产品所占份额。$0 \leqslant C_{ij} < 1$，表示两国的贸易互补性较弱；$C_{ij} \geqslant 1$，表明两国的贸易互补性较强，且数值越大说明两国之间互补程度越强。

　　就中日经贸关系（见图 8－18）来看，中国的服装、纺织、支革制品、木材加工、电子及通信设备制造的出口与日本这些行业的进口具有较强的互补性。其中，服装行业的互补性最强，贸易互补指数自 1995 以来一直维持在 5 以上。其次是纺织和皮革制品行业。从贸易互补指数的变化来看，服装业的互补性比较稳定；纺织、木材加工、电子及通信设备制造业的贸易互补指数呈上升的趋势。相反，渔业的贸易互补指数降幅最大，从 1995 年的 5.55 下降到 2009 年的 1.05。日本的金属冶炼及压延加工、交通工具制造、电子及通信设备制造、电气机械及器材制造业的出口与中国的进口具备较强的互补性。其中，金属冶炼及压延加工业的互补指数呈上升趋势，电子及通信设备制造业的互补指数则有所下降。值得注意的是，中日两国在电子及通信设备制造业出现重合，表明两国该行业的行业内贸易发展迅速，竞争激烈。中日两国 21 个行业中仅有一个行业重合，可见，从总体上看，中日两国的贸易互补性很强。

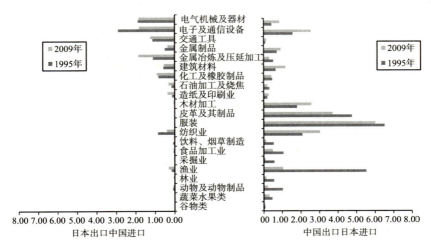

图 8－18　中国出口与日本进口的 TC 指数（右图）和

日本出口与中国进口的 TC 指数（左图）

　　资料来源：GTAP8 Database，经笔者整理而成，下同。

　　就中韩经贸关系（见图8-19）来看，中国的电子及通信设备制造、建材、皮革制品、纺织和服装、金属制品、电气机械及器材行业的出口与韩国这些行业的进口具备较强的互补性。其中，电子及通信设备制造业的互补性最强，贸易互补指数增幅最大。其次是建材业，贸易互补指数由1995年的0.99上升到了2009年的2.15，增长势头强劲。相反，纺织、服装、皮革制品业的互补性有所下降。韩国的电子及通信设备制造业出口与中国的进口具备很强的互补性，贸易互补指数历年维持在3以上。此外，韩国的石油加工及炼焦业、金属冶炼及压延加工业、电气机械及器材制造业、交通工具制造业的出口与中国的进口吻合度也比较高。就韩国出口与中国进口而言，纺织业的互补性降幅最大，从1995年的5.26下降到2009年的0.93。中韩两国在电子及通信设备制造业和电气机械及器材制造业也出现了重合，表明未来两国在这两个行业的竞争将趋于激化。21个行业中仅有两个行业重合，意味着中韩两国之间的贸易整体上互补性大于竞争性。

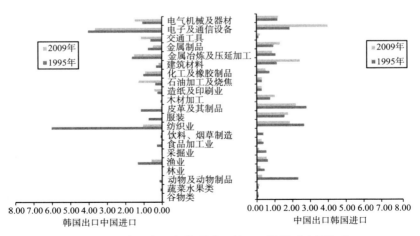

图8-19　中国出口与韩国进口的 TC 指数（右图）和
韩国出口与中国进口的 TC 指数（左图）

就日韩经贸关系（见图8-20）来看，日本的电子及通信设备制造、金属冶炼及压延加工、电气机械及器材制造、建材等行业的出口与韩国的进口结构吻合性较高。其中电子及通信设备制造业和电气机械及器材制造业的贸易互补指数有所下降。韩国电子及通信设备制造、渔业、纺织、石油加工及炼焦业的出口与日本的进口具备较强的互补性。从贸易互补指数的变化来看，渔业、纺织和服装、皮革制品业的贸易互补指数降幅较大。1995年在服装和皮革制品业方面韩国出口和日本进口具备较强的互补性，而到2009年两国在该行业上的互补性显得非常微弱，主要原因在于，随着韩国劳动力成本的上涨，这些劳动密集型产业的比较优势逐渐转移到了劳动力资源充裕的中国和东南亚国家。

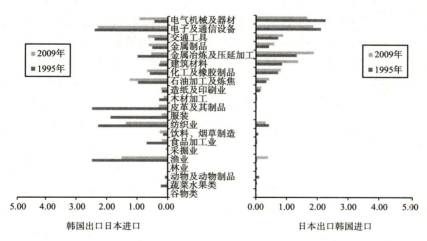

图8-20 日本出口与韩国进口的 TC 指数（右图）和韩国出口与日本进口的 TC 指数（左图）

从综合性贸易互补指数及其变化来看（见表8-5和表8-6），自20世纪90年代以来，随着日本经济的低迷以及中国经济的崛起，中国出口与日本进口的互补性有所下降，竞争性有增强的趋势；相反，日本出口与中国进口总体上仍呈互补关系，且互补指数基本维持在 1 附近，主要原因在于日本资本充裕、技术先进，中国对其机电产品和高技术中间产品存在很强的需求。由此可见，中日贸易总体呈互补关系，但是，日本对中国的依赖程度大于中国对日本的依赖程度，而且随着日本制造业体系由过去"全套型"（Full Set）的产业结构向专业化生产与出口核心零部件（主要是高级钢材、电子元器件和汽车零部件）转变，日本对中国的依赖程度将越来越大于中国对日本的依赖程度。中国出口与韩国进口的贸易互补指数总体呈上升趋势，但是受 2008 年全球金融危机的影响，2009年的贸易互补指数略微有些下降。如果剔除经济危机的影响，中国出口与韩国进口总体上存在互补关系，虽然不是很明显；韩国出口与中国进口总体呈互补关系，互补指数基本维持在 1 以上，受 2008年金融危机的影响该指数略有下降，韩国对中国的依赖程度总体上大于中国对韩国的依赖程度。由于日本经济的低迷以及韩国经济的赶超，日韩两国的产业结构正在趋同，两国之间的竞争日趋激烈，贸易互补指数位于 1 以下，且呈下降趋势。由此可见，两国之间总体呈竞争关系且竞争日趋激烈。

表 8 - 5   **中日韩之间的综合贸易互补指数**

年份	中国—日本	日本—中国	中国—韩国	韩国—中国	日本—韩国	韩国—日本
1995	0.90	1.08	0.83	1.16	0.96	0.82
2000	0.88	1.01	0.86	1.10	0.91	0.86
2005	0.92	1.08	0.95	1.20	0.89	0.81
2009	0.87	0.93	0.87	0.96	0.85	0.73

注：国家组别中前一个国家为出口国，后一个国家为进口国。
资料来源：GTAP8 Data Base，并经笔者整理而成。

表 8 - 6 中日韩之间的贸易互补性与竞争性

出口＼进口	中国	日本	韩国
中国	—	竞争	竞争
日本	互补	—	竞争
韩国	互补	竞争	—

▶ 8.4.4 贸易结构

为了进一步厘清中日韩之间的区域分工机理，笔者根据联合国 Broad Economic Catalogue（BEC）分类法对三国的进出口商品结构进行了计算。我们将产品分为初级产品、半成品、零部件、资本品和消费品。初级产品包括 BEC 分类法中的 111、21 和 31 三个基本类型；半成品包括 121、22 和 322 三个基本类型；零部件包括 42 和 53 两个基本类型；资本品包括 41 和 521 两个基本类型；消费品包括 112、122、51、522、61、62 和 63 七个基本类型。中间产品由半成品和零部件构成，最终产品由资本品和消费品构成。

图 8 - 21 显示了中日之间的进出口商品结构变动趋势。日本对中国出口（中国从日本进口）的主要是半成品和零部件，且自 2001 年以来增长势头强劲。尽管受 2008 年全球金融危机的冲击，2009 年半成品和零部件贸易额大幅下降，但是，在接下来的两年迅速恢复并以超出往常的速度增长。日本对中国出口的资本品占比也较大，且自 2009 年以来资本品出口大幅增加。日本对中国出口的初级产品和消费品则非常少。日本对中国出口以中间产品和资本品为主的贸易结构反映了大量日资企业在中国投资和生产的现状。中国对日本出口（日本从中国进口）的主要是最终消费品，初级产品的出口非常少，而近年来资本品、半成品和零部件的出口额呈上升趋势。从中日贸易商品结构变动来看，中国仍然扮演着最终产品提供国的角色，而日本已从过去"全套型"的产业结构向一个核心零

部件出口国转变，成为向制成品生产国提供高技术中间产品的国家。最终产品与高技术中间产品的分工格局符合中日两国的比较优势，有利于发挥规模经济，但需警惕"比较优势陷阱"。

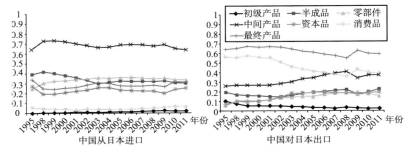

图 8 – 21　按产品加工阶段分类中日进出口商品结构变动

资料来源：UN comtrade，下同。

图 8 – 22 显示了中韩之间的进出口商品结构变动趋势。韩国向中国的出口一直以中间产品为主，但其比重呈现逐年下降的趋势。具体而言，以半成品为主的中间产品出口结构逐渐转变为以零部件为主的出口结构。最终产品出口比重的增加主要是由资本品出口增长引起的。随着韩国企业对中国投资的增加，资本品的出口也逐年增加，相反，最终产品中消费品的出口比重呈持续下降的趋势。中国对韩国出口的产品以半成品居多，其次是零部件、资本品和最终消费品。由于中国采取对原材料出口的抑制政策，初级产品的出口比重逐年下降，而最终产品的出口比重逐年提高。在中间产品中，零部件的出口比重大幅提高，这主要是由两国电子通信等产业的产业内分工深化所引起的。在最终产品中，资本品的增长相对较快，表明近年来中国企业对韩国投资逐渐增加。引起中韩进出口贸易结构变动的主要原因在于，中国产业结构优化升级带来的中间产品进口代替、中国政府对出口企业的加工贸易限制措施等对外贸易政策的变化以及美国和日本的主要生产基地向中国转移。

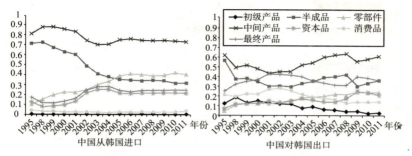

图 8 - 22　按产品加工阶段分类中韩进出口商品结构变动

图 8 - 23 显示了日韩之间的进出口商品结构变动趋势。日本向韩国出口的中间产品占比最大，且基本稳定在 70% 左右。其中，半成品出口占比呈上升趋势，而零部件出口占比逐年下降。截至 2011 年，日本对韩国出口的半成品占比为 44.25%，零部件占比为 24.91%。此外，资本品出口占比逐年下降，主要原因在于日本对外直接投资逐渐转移到中国和东盟等新兴经济体，对韩资本输出呈下降趋势。由于日本产业结构以生产和出口核心零部件为主，日本对韩国出口的消费品和初级产品占比非常低。韩国对日本的出口也以中间产品居多，自 2008 年以来，半成品超过零部件成为出口占比最大的产品。相反，随着韩国产业结构逐渐向资本、技术密集型转变，消费品出口占比大幅下降，对日投资小幅增加，使得整体上最终产品出口占比呈下降趋势。由于日韩两国均属资源匮乏型国家，初级产品贸易占比极小。从日韩进出口商品结构变动趋势来看，随着日本经济增长放缓以及韩国产业结构逐渐转变为以资本、技术密集型产品为主，日韩两国的产品结构趋于雷同，竞争日趋激烈。

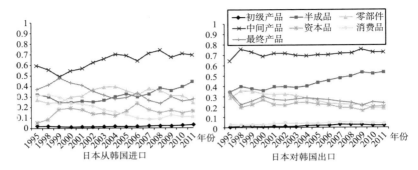

图 8-23　按产品加工阶段分类日韩进出口商品结构变动

▶ 8.4.5　结论及启示

从细分农业和制造业的 RCA 指数可以发现，中日韩的贸易与各国的要素禀赋密切相关。日本和韩国在交通工具制造、电子及通信设备制造、电气机械及器材制造等产业上的比较优势来源于其资本丰富和技术雄厚；中国在纺织、服装、皮革制品等行业的比较优势取决于中国具有丰富廉价的劳动力。然而，近 20 年来，随着亚洲经济高速发展以及更加开放的贸易政策带来的技术进步、要素禀赋和产业结构变化，中日韩三国的比较优势也发生了深刻的变化。尽管与东亚其他经济体相比，中国在电子及通信设备制造、电气机械及器材制造行业的比较优势并不是很明显，但是，这两个行业的RCA 指数呈上升趋势，尤其是电子及通信设备制造业的 RCA 指数已经超过了 2，这意味着中国的产业结构与贸易结构正经历由劳动密集型向资本、技术密集型产业的转变。与中韩两国形成鲜明对比的是，近年来，随着日元升值和模块化分工的推进，日本逐渐在电子及通信设备制造业丧失其比较优势，而在资本技术含量高的电气机械及器材制造业的比较优势则比较稳定。伴随着 20 世纪 90 年代以来劳动力价格的上涨以及由此带来的劳动密集型行业比较优势的丧失，韩国调整产业结构，重点发展高技术的交通工具制造、电子及通信设备制造、电气机械及器材制造等产业，目前韩国在这些产业中已具备较强的比较优势。

从分产品加工阶段的 RCA 指数来看，日韩的零部件出口最具比较优势，且日本的零部件比韩国更具竞争力。近年来两国资本货物的比较优势均呈上升趋势，而初级产品比较劣势日趋明显。中国的消费品比较优势大幅下降，资本品比较优势增长势头强劲，且于 2004 年资本品首次超过消费品成为中国最具比较优势的产品。

从贸易互补指数及其演进来看，首先，中国与日本和韩国之间的互补关系仍然大于竞争关系，这意味着，通过组建自由贸易区，各方都能获得"分工红利"，且协调成本较小，通过消除贸易壁垒与实现规模化生产可以给各方带来较大的利益。值得注意的是，近年来，随着中国经济的快速增长，发达国家和新兴经济体的产业资本大量涌入中国，使中国成为名副其实的"世界工厂"，中国的技术引进和中间产品进口的来源日益多元化，中国作为"世界市场"的作用也日益突出，使得在中日与中韩的相互依赖关系中，日本和韩国对中国的依赖程度越来越大于中国对日本和韩国的依赖程度。不过，这并非意味着三国的经贸合作乃至建立自由贸易区的实际需求将减少。相反，由于三国经济均面临转变发展方式、调整产业结构、由出口导向型模式转向内外需平衡型模式的共同任务，三国未来的合作空间十分广阔。其次，日本和韩国贸易总体上呈竞争趋势，且两国发生竞争的产业将越来越多，这意味着组建自由贸易区的协调成本较高，两国贸易的发展潜力有可能受到限制。但是，日韩两国可以通过自贸区的贸易创造和贸易转移效应发展产业内分工。此外，鉴于日韩两国服务业发展相对滞后，双方应该摆脱过去以产品为主的贸易，积极发展服务贸易，尤其是扩大金融、服务外包、文化娱乐等具有地区特色的服务贸易，以降低组建自由贸易区的协调成本。

从进出口商品结构变动趋势来看，首先，日本对中国出口的主要是半成品和零部件，中国对日本出口的主要是最终消费品，中国仍然扮演着最终产品提供国的角色,而日本已从过去"全套型"的产业结构转变为一个专业化生产核心零部件的国家;其次,随着中国产业结构优化升级带来的中间产品进口代替、中国对外贸易政策的变化以及美国和日本的主要生产基地向中国转移,韩国向中国的出口也逐渐由以半成品为主转变为以零部件为主,消费品出口占比持续下降,中国向韩国出口的中间产品呈上升趋势,其中零部件占比增幅最大,产业竞争领域的不断拓宽使得中韩两国的竞争关系逐渐凸显;最后,日韩两国之间的中间产品贸易占比最大,且由于日本和韩国对外投资对象逐渐转移到中国和东盟等新兴经济体,两国间的资本货物贸易份额呈下降趋势。随着韩国产业结构逐渐向资本、技术密集型转变,日韩两国的产业竞争领域将越来越多。

综上所述,目前中日韩三国在比较优势上仍存在较大差异,其贸易关系的加强必然会加速三方产业结构的调整和升级。尽管日韩两国总体呈竞争关系,且中日韩三国产业竞争领域越来越多,但通过大力发展服务贸易,尤其是发展知识技术密集型服务贸易,深化产业内分工与价值链分工,可大大降低建立自由贸易区的协调成本,获得巨大的规模经济效益。

III　中国篇

第9章

开放经济条件下中国产业结构的
演进特征与经济增长

本章结合中国改革开放以来的经济发展实际，针对国内要素禀赋结构变化和国际金融危机以来的外需减弱等问题，在宏观经济数据的基础上，初步研究中国产业结构向后工业化的演进及其对未来经济持续增长的意义，并进行相关的实证分析。

9.1 改革开放以来中国的外向型工业化进程与产业结构的演进特点

▶ 9.1.1 改革开放以来中国的外向型工业化进程

从新中国成立到改革开放前，中国主要实行的是重工业优先发展的赶超战略，投资向重工业倾斜，通过价格剪刀差让农业为重工业提供资本积累。虽然打下了比较坚实的工业基础，但却形成了"重工业太重、轻工业太轻，农业落后"的畸形产业结构，导致短缺经济的形成，人民生活水平也未得到应有的提高。

自 1978 年改革开放以来，中国根据本国国情和国际环境，依赖本国充裕而廉价的劳动力资源，采取了建立在比较优势基础上的对外开放战略，通过吸收外商直接投资和发展劳动密集型的产品出口，开创了外向型工业化的新局面。根据中国对外开放的特点，我们将改革开放以来工业化的进程分为两个阶段[①]（古惠冬，2004；李欣广等，2007）。第一个阶段是 1978～2001 年在单边自主和梯度推进的对外开放格局下，工业化以发挥劳动力比较优势、扩大劳动密集型产品的世界市场份额为主要内容。这一时期，外商对华投资多半是转移劳动密集型产业，大量外资企业和乡镇企业开展了劳动密集型的对外加工业务，国有企业则以技术含量不高的加工组装方式进入以耐用消费品为主的新产业领域。农业经济体制改革释放出来大量剩余劳动力，为劳动密集型产业的扩张提供了有利条件。至20 世纪 90 年代初期，国家提出的发展消费品工业的任务得以圆满完成，中国成为劳动密集型产品的出口大国。但是，我国的装备制造工业却滞后于整个国民经济的发展，对进口的依赖度提高。90 年代中期以后，我国加强了对引进外资的产业指导，增大了对机电产品发展与出口的扶持力度。中国在继续发挥劳动密集型产业优势的同时，开始向资本技术密集型产业迈进。第二个阶段是 2001 年"入世"至今，在多边框架的多领域对外开放背景下，技术水平已经有所提高的中国深深嵌入到全球价值链的分工体系中。这一时期中国劳动力充裕的比较优势延伸到资本、技术密集型产业以至高新技术产业之中。跨国公司进入中国的速度加快，外商直接投资的结构改进，中国成为跨国公司全球分工体系中的重要环节。另外，提高中国产业领域的科技创新与制度创新的要求被提出。与此同时，中国开始注重利用外资与对外投资的相互平衡提出了"走出去"的战略，一些竞争力强的企业开始尝试对外直接投资。

对比改革开放前后我国工业化的变化（见表 9－1），出口导向

[①] 另有陈佳贵等（2007）按照产业结构特别是工业结构的发展标准，将改革开放以后中国工业化历程以 1999 年为界划分为两个阶段。

战略加速了工业化的进程，使得改革开放三十多年来工业化取得了显著成就。

表 9 - 1　　　　　　　　　改革开放前后中国工业化比较

比较内容	改革开放前	改革开放后
指导理论与思想	受苏联的工业化理论的影响较多	开始摆脱东西方旧的工业化理论的束缚，代之以新型工业化理论
体制背景	计划经济	向市场经济转轨
发展战略	进口替代	出口导向
发展道路	优先发展重工业，忽视轻工业	按产业演进规律推移
动力、主体	工业化动力来自政府，主体为国有企业	以市场规律为基础，经济体制改革和创新成为工业化新的动力，主体多元化（国企、民营、外企）
主要任务、成效及问题	初步奠定工业化的基础，建立较完整的工业经济体系，二元经济结构明显，工农关系严重失衡	告别短缺经济，工业化进入中期阶段；产业结构趋向优化，城乡二元结构继续存在；就业结构和产值结构变动趋于一致；城镇化与工业化开始同步发展
市场条件	国内市场	国内国际两个市场，走向市场一体化
国际资源配置	国内外资源配置处于分隔状态	发挥国际分工比较优势，获取比较利益
增长方式	粗放型，片面追求高速度和数量，拼资源求速度	由粗放型向集约型过渡，由资源速度型向效益速度型转变
外贸结构	出口商品以初级产品为主，进口商品以工业制成品为主	进出口商品以工业制成品为主
开放度	开放度低，处于封闭半封闭状态，内生型的工业化模式，实行高关税壁垒	对外开放，外向型的工业化模式，逐步降低关税壁垒，对少数产业实行适度的贸易保护

资料来源：古惠冬，《中国的对外经贸关系与工业化的发展》，载《改革与战略》2004 年第 12 期；李欣广等，《国际产业转移与中国工业化新路》，中国时代经济出版社 2007 年版，第 42 页。

从经济发展水平来看，我国已从一个农业经济大国转变为工业经济大国，2010 年中国的 GDP 达到了 397 983 亿元，超过日本成为世界第二大经济体。从经济发展速度来看，按照不变价格计算，1978 年以来，除少数年份外我国经济年增长率都高于 8%，平均增速高达 9.95%。国际经验表明，在工业化进程中，会出现相当长的一段时间的经济高速增长，这段时间大多数国家一般持续 20 多年，韩国、中国香港和新加坡在长达 40 年的时间里取得了年均 7% 的经济增长（陈佳贵等，2007）。

在对外开放方面，我国成为世界上对外贸易和吸收外商直接投资的大国。从进出口贸易来看，1978 年我国的货物进出口总额仅有206.4 亿美元，到 2011 年已达 36 418.6 亿美元，位列世界第二。在出口产品结构中，1980 年初级产品出口金额占出口商品总额的50.30%，而 2001 年以后，工业制成品的比重却已超过 90%，2011年初级产品仅占出口总额的 5.30%。初级产品和工业制成品的贸易竞争指数[①]也发生了很大的变化（见图 9 - 1），工业制成品指数逐年上升，而初级产品指数却呈现下降趋势；从 1995 年以后，工业制成品的贸易竞争指数变为正值，且不断提升。从外商直接投资来看，自改革开放以来，外商直接投资额不断增加，实际利用外资额从 1985 年的 19.56 亿美元增长到 1997 年亚洲金融危机前的 452.57亿美元，此后略有下降；"入世"以来，外商直接投资又开始大幅增加，从 2001 年的 468.78 亿美元增加到 2011 年的 1 176.98 亿美元；尽管受到 2008 年以来国际金融危机的影响，"入世"以来 FDI的年均增长率仍高达 9%。[②] 据世界银行统计，中国 FDI 净流入占世界 FDI 净流入的比重从 1982 年 0.76% 上升到 2010 年的 13.90%（见图 9 - 2）。

---

① 贸易竞争指数（Trade Competitiveness），是对国际竞争力进行分析时常用的指标之一。TC 指数 =（出口额 - 进口额）/（出口额 + 进口额）。该指标的值在 - 1 与 1 之间，越接近 0 表示竞争力越接近平均水平，越接近 1 表示竞争力越大。

② 根据《中国统计年鉴》（2012）数据计算得出。

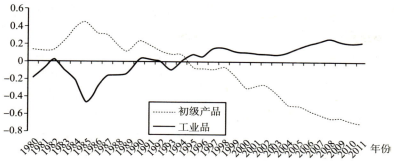

图 9 − 1　初级产品和工业制成品的贸易竞争指数 （1980 ~ 2011 年）

资料来源：根据《中国统计年鉴》（2012）计算得出。

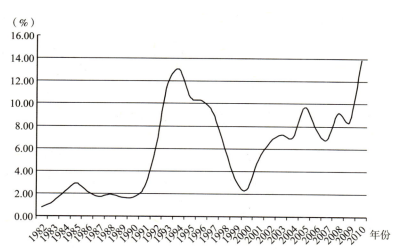

图 9 − 2　中国 FDI 净流入占世界 FDI 净流入的比重 （1982 ~ 2010 年）

资料来源：根据世界银行统计数据计算得出。

从人民生活水平来看，我国人均收入水平和消费结构都有了很大的提升。城镇居民家庭人均可支配收入从 1978 年的 343.4 元增加到 2011 年的 21 809.8 元，农村居民家庭人均纯收入从 1978 年的 133.6 元上升到 2011 年的 6 977.3 元，分别增加了 62.5 倍和 51.2

倍。与此同时，城镇和农村的恩格尔系数也分别从 57.5% 下降到 36.3% 和从 67.7% 下降到 40.4%。居民总体消费水平从改革开放初期的不足两百元增加到如今的 1 万多元人民币，城乡消费水平都增长了 40 多倍；而且居民对医疗、交通、教育、文化娱乐等服务方面的消费支出也在逐年增加，其占生活消费支出的比例已从 1985 年的 11.35% 上升到 2011 年的 35.19%。[①]

可以说，改革开放以来出口导向型的发展战略成果丰硕，加速了我国工业化的进程。迄今为止，学界一致认同中国已经进入了工业化中后期阶段。根据工业化理论和国际经验，中国沿海地区今后将向工业化后期进而后工业化阶段演进。在这一演进过程中经济发展不再像过去那样注重总量的增加，而是更为重视经济质量的提高和经济结构的转型升级。经济结构的核心是产业结构，可以说，未来经济发展的一个核心问题便是如何促进产业结构的优化。那么，当今中国的产业结构及其演进过程有哪些主要特点呢？

▶ 9.1.2 改革开放以来中国产业结构的演进特点

产业结构是一个复杂的体系，既包括三次产业的比重变化，也囊括了各产业子部门的结构变动。这里，我们将主要的着眼点放在分析三次产业结构的变化上。

改革开放以来，中国的产业结构发生了很大的变化，三次产业之间的比例关系有了明显改善。从产值结构来看（见图 9 – 3），我国三次产业比例已经由改革开放初期的"二、一、三"结构转变为"二、三、一"结构，其中，第一产业比重持续下降至目前的 10% 左右，第二产业比重稳中有升，一直保持在接近 50% 的比例，第三产业比重持续上升至 40% 左右。从就业结构来看（见图 9 – 4），三次产业的就业比例由改革开放之初的"一、二、三"结构转变为

---

① 根据《中国统计年鉴》（1996～2012 年各年）的数据计算得出。

"一、三、二"结构,其中,第一产业的就业比重持续下降,第二与第三产业的就业比重提升,且第三产业比重的提升速度更快。比较产值结构与就业结构,得知就业结构实际上较为滞后,第一产业仍在就业结构中占据主导地位,这一情况与我国农业人口基数大以及户籍制度等体制性问题密切相关。为了更好地反映出产业结构变化的自然过程,笔者以三次产业的产值结构为主来分析产业结构的演变过程。

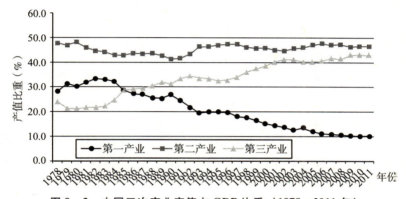

图 9 - 3 中国三次产业产值占 GDP 比重(1978～2011 年)

资料来源:根据《中国统计年鉴》(2012)计算,下同。

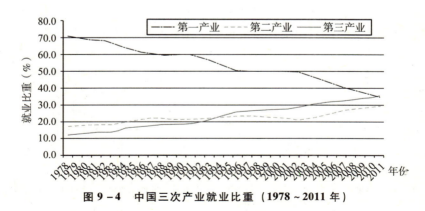

图 9 - 4 中国三次产业就业比重(1978～2011 年)

从三次产业结构的动态变化来看，第一产业的产值比重从 1978 年的 28.2% 下降到 2011 年的 10% 左右，初期降幅较大，2000 年以来降幅逐渐趋缓，2006 年以后产值比重稳定在 10% 的水平上；第二产业的比重维持在 40% ~50% 的水平上，虽然在 20 世纪 80 年代和 90 年代后半期出现过下降趋势，但在随后的 90 年代前期和 2002 年以来两次出现反弹，致使第二产业的比重经过 U 型变化后，至今仍保持在 50% 左右的高位；第三产业比重持续上升，在 80 年代中期超过第一产业比重，随后在 90 年代初和 21 世纪初两个时段出现下降，2008 年国际金融危机之后再出现上升势头，但目前尚未超过第二产业产值比重。综合三次产业结构的变动来看，第二产业的比重居高不下，第三产业的比重上升更多地来自于第一产业的比重下降。1985 年第三产业比重超过第一产业，21 世纪初逼近第二产业，但第三产业终究未能延续赶超第二产业的势头，与第二产业之间的差距呈现胶着状态，迄今"二、三、一"的产业结构已保持了 1/4 多世纪。为进一步反映出产业结构变动情况，我们计算了 1979 ~2011 年我国三次产业的结构转型系数[①]（见图 9 - 5）。从转型系数的变动趋势来看，20 世纪 80 年代产业结构的变动幅度最大，90 年代次之，21 世纪以来产业结构的变动幅度进一步下降；由图 9 - 5 中趋势线可见，我国产业结构的变动随时间推移而存在着明显的收敛趋势。

从静态结构来看，我国产业结构中第三产业的比重明显偏低。从世界各国一般规律来看，人均收入在 3 500 美元的阶段，第三产业增加值占 GDP 的比例为 60% 左右，就业比例为 65% 左右。中国 2010 年人均收入为 4 270 美元，第三产业增加值比例却只有 43.1%，

---

① 产业结构转型系数（ITC）的计算公式为（ITC = θ）：

$$\theta = \arccos\left(\sum_{i=1}^{n} S_i(t_1) \times S_i(t_2) \bigg/ \sqrt{\sum_{i=1}^{n} S_i(t_1)^2 \times \sum_{i=1}^{n} S_i(t_2)^2} \right)$$

其中，$S_i(t_k)$ 表示在 t_k 年第 i 产业产值占 GDP 的比重，对应于 t_1 和 t_2 年（$t_1 < t_2$）的两个空间向量 $S(t_1)$ 和 $S(t_2)$ 之间的夹角 θ 即为在时间区间 $[t_1, t_2]$ 内的产业转型系数，θ 的最大值为 90°（邓伟根，2006）。

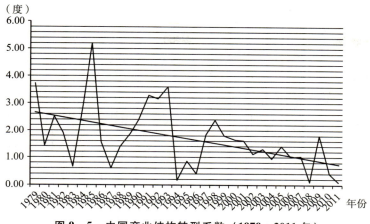

图 9 – 5　中国产业结构转型系数（1979～2011 年）

就业比例仅为 34.6%，与均值分别相差约 20 个和 30 个百分点。从数据①的国际比较来看（见图 9 – 6），从 20 世纪 80 年代起，我国服务业增加值比重就一直低于 OECD 国家和世界平均水平，甚至低于低收入国家的水平；作为进入上中等收入的国家而言，我国与上中等收入国家的服务业比重仍有不小差距。因此，不少学者（江小涓、李辉，2004；程大中，2004、2008；李勇坚、夏杰长，2009）认为，无论与经济发展阶段还是与国际标准模式相比，中国服务业均发展滞后，服务业比重长期在低水平上徘徊不前，这有悖于一般规律。

从产业结构的变动与经济增长的关系来看，一般而言，结构变动对经济增长产生很强的"结构效应"。结构变动的速度越快，经济增长的空间越大，直至经济结构趋于合理和稳定，经济增长将会在某个时期形成相对的稳态。而中国产业结构变动的特点恰恰与此一般规律相悖。因为中国尚处于工业化中期向后期过渡的阶段，经济在高速增长的同时，产业结构演变却陷入停滞，而这种停滞状态

---

①　数据来源于世界银行 WDI 数据库。

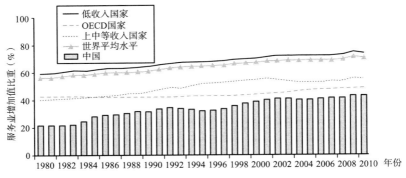

图 9 – 6 中国服务业增加值占 GDP 比重与
世界平均水平的比较 (1980 ~ 2010 年)

显然与人均收入达到 1 万 ~ 2 万美元以上的高收入国家产业结构的相对稳定有着本质区别。根据张捷和周雷 (2002) 对新兴工业经济体的跨国研究，在人均收入达到约 6 000 美元的工业化成熟期,[①]产业结构会发生向服务经济转变的明显趋势。如果中国目前这种产业结构在低水平上被"锁定"的状态得不到及时矫正，未来中国可能陷入"中等收入陷阱"。产业结构的停滞和扭曲往往是不合理的经济发展方式所带来的后果，跟随结构停滞而来的很可能将是经济增长动力的逐步衰竭，因为没有结构优化的经济增长是不可能长期持续的。

综上可知，改革开放以来中国的产业结构演进表现出以下三个主要特点：一是产业结构的演变在形成"二、三、一"的三次产业产值结构之后逐渐趋于收敛和停滞，致使第二产业长期居于高位，产业结构呈现出"锁定"倾向；二是产业结构在工业化基础上得到优化与升级，但是与国际经验和经济发展阶段相比，第三产业的发展相对不足和滞后；三是产业结构变动停滞与经济快速发展之间存

———————

① 这里的人均收入采用世界银行经过购买力平价调整后的 2005 年美元计算，根据该方法的计算，中国已经在 2009 年进入工业化成熟期。

在的潜在的不可持续性矛盾逐渐显露出来，对未来经济增长的影响令人担忧。在此我们提出两个问题：一是中国产业结构演进的特殊性与日趋明显的"锁定"趋势形成的原因究竟是什么？二是产业结构向后工业化演进的迟滞现象对经济的持续增长会产生怎样的影响？

9.2 中国产业结构演进的"悖论"及其对经济持续增长的影响

▶ 9.2.1 中国产业结构演进"悖论"的原因解析

关于中国产业结构演变背离国际经验与一般规律的原因，国内学者大致有以下解释：计划经济时代的历史遗留问题（郭克莎，1999）；统计和核算方面的问题（许宪春，2000、2004）；服务业的"成本病"问题（程大中，2008）；低消费率和低城市化率的影响；行业行政垄断等体制和政策问题；服务业对外开放不足问题（江小涓、李辉，2004）；内部化现象严重、专业化分工不足问题（高传胜等，2008）；等等。这些理论探讨和实证研究不乏真知灼见，不过也留下了一些疑惑，其中最大的疑惑就是它们没有能够清晰地解释为何在服务业发展滞后的情况下我国经济却依然保持了快速增长。

我们在上述研究分析的基础上提出另一种解释——国际分工与国际贸易的视角。这一视角与立足于国内原因的解释是一种互补关系，它不仅能够解释服务业滞后的原因，也可以说明服务业滞后与经济快速增长之间的逻辑关系，因而对我国产业结构演变的'悖论"有着很强的解释力。

在当今国际产品内分工体系下，我国依据要素禀赋的比较优势嵌入全球价值链，扮演着产品生产中的低端加工制造的角色。根据开放经济条件下产业结构演进的理论，可以将国际分工对产业结构演进的影响大致分为两类。

一类是直接影响。即通过参与国际分工，开展国际贸易，依赖国外需求促进本国具有比较优势的工业部门的发展，通过规模经济效应加快工业部门的扩张，从而促进工业在国民经济中的比重上升。

另一类是复杂的间接影响，包含收入效应、关联效应和挤出效应三种间接效应。首先是收入效应（最终需求效应）。即一国通过国际贸易带动经济高速增长和国民收入提高，在恩格尔定律的作用下，消费需求结构发生变化。伴随着国民收入的提高，人们对于生活必需品的消费比例下降，对于非物质的服务消费增多。由于工业品和服务品在需求收入弹性上的差异，随着国民收入提高，服务部门因收入需求弹性高而获得较工业部门更快的增长，从而加快产业结构向后工业化（服务化）的转型（Fisher，1933、1939；Clark，1940；Fuchs，1968）。其次是关联效应（中间需求效应）。即一国在国际分工中得到迅速发展的比较优势产业会通过前后向的产业关联带动其他产业的发展。最常见的是出口导向型制造业在经济起飞过程中产生的强大中间需求，带动生产性服务业的发展（Francois，1990；Rowthom and Ramaswamy，1999；Koldt，2000）。最后是挤出效应。根据斯托尔珀—萨缪尔森定理（The Stolper-Samuelson Theorem），国际贸易会提高一国丰裕要素所有者的实际收入，降低稀缺要素所有者的实际收入。在一国内部，当经济实现了潜在增长率（充分就业）时，国际贸易会推动本国具有比较优势的产业的发展，引起要素收入的差距扩大，进而引起要素在产业间的流动（资源再配置），导致本国优势产业挤占劣势产业的资源。在国家之间，随着产品内分工的深化，"制造—服务"分工初步形成，挤出效应也可能发生在不同国家的不同部门之间。在专业化于制造业的国家与擅长于服务业的国家之间发生国际分工时，专业化于制造国家的制造业产出将大于国内需求水平，挤占对方国家的制造业需求；其服务业产出则会小于本国需求水平，部分服务需求被对方国家所挤占。专业化于服务的国家的情况则相反。而且，由于服务品的可贸易性较制造品差，专业化于制造的国家的服务需求得不到有效满足，长期下去将导致消费不足，经济增长过度依赖制造业的外需拉动的格局。专业化于服务的国家的情况则相反。

所以，国际分工与国际贸易对产业结构演进方向的影响取决于这些直接效应与间接效应的力量对比。那么中国的具体情况如何呢？

中国在当今国际分工体系中处于低端制造的位置，国际贸易在工业化过程中促进了经济发展和工业化进程的加速，使得国民收入水平和消费水平得到提升。但随着贸易依存度的提高，挤出效应也在日益增大，并开始抑制我国消费结构的升级。如图 9 - 7 所示，在城乡居民消费中，服务消费支出所占比例①在 2002 年以前呈现上升趋势，但其后就停滞下来，徘徊在 30% ~35% 的水平上。在关联效应上，虽然具有比较优势的制造业扩张可以带动生产性服务业的发展，但由于制造—服务分工的典型形态加工贸易的前后向产业关联弱，技术含量低，无法带动研发设计、品牌营销等高端服务环节的发展。加之低端制造的利润率低，难以为技术创新提供物质基础，发展高端服务业所需的人力资本也难以得到积累。因此，在价值链分工体系下，低端制造的关联效应所带动的大多是交通、物流、批发零售等传统服务业。2010 年，中国的科研、信息技术等知识含量较高的服务业增加值仅占经济总增加值的 1.4% 和 2.2%，大大低于批发零售、交通运输等传统生产性服务业 8.9% 和 4.8% 的比例。②

---

① 服务消费支出所占比例是指包括医疗保健、交通通信、文教娱乐、金融服务等服务产品的消费在城乡居民总消费中所占的比重。

② 根据国家统计局《中国统计年鉴》（2012）计算得知。

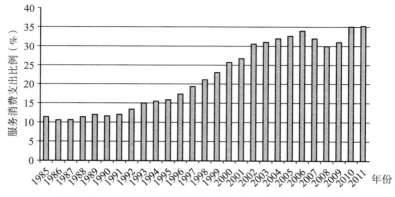

图 9 - 7　中国居民服务消费支出比例（1985 ~ 2011 年）

资料来源：根据《中国统计年鉴》（1996 ~ 2012 年各年）计算。

　　为了测量总体的挤出效应，我们设计了第三产业与第二产业的产值对比敏感系数。该系数的经济含义是，随着人均收入每增长 1 个百分点，第三产业比重变动率与第二产业比重变动率的比值，它反映经济增长过程中产业结构服务化的趋势。如图 9 - 8 所示，改革开放初期，相对于单位人均收入增长，第三产业对第二产业的产

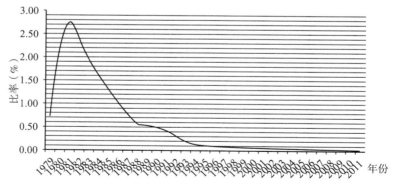

图 9 - 8　中国第三产业对第二产业的产值对比敏感系数（1979 ~ 2011 年）

资料来源：根据《中国统计年鉴》（2012）计算。

值对比敏感系数急速上升，这是对计划经济时期人为压制第三产业发展的一种反弹。但该系数在 1982 年达到峰值以后即开始下行，90 年代中期进入低水平变动阶段，2003 年至今进一步陷入几乎无变化的胶着状态，表明第三产业在第二产业扩张的挤压下未能得到较快发展，在第一产业比重进入约 10% 的谷底的同时，第三产业挤占第二产业比重的变化也滞缓下来，后者未能顺利实现对前者的超越。

综上所述，国际贸易在改革开放初期加速了中国工业化的进程，促使产业结构的重心迅速由农业转向工业和服务业，但贸易在产业结构进一步高度化（由工业转向服务化）的过程中却未能发挥有力的推动作用，反而导致产业结构的演进出现停滞趋势。我们把这种由于参与国际分工而导致国内产业结构演变陷入停滞的现象称为"分工锁定"。

除了"分工锁定"的影响之外，从动态的角度讲，我国产业结构演进的停滞还与国内要素禀赋的结构变化难以自发影响产业结构转型升级的体制有关。在工业化加速过程中，我国的要素禀赋如劳动力、土地、资源环境等都在发生着变化。首先，充裕而廉价的劳动力优势已逐渐消散。改革开放以来，工业化促使大批农村剩余劳动力转移出来进行非农生产，成为我国发展外向型经济所依赖的劳动力要素禀赋优势。近年来，随着工业化进程的推进和"刘易斯拐点"的到来，我国的"人口红利"正在逐渐减弱。适龄劳动人口的减少和工资水平的上升，使我国长期倚重的低技能廉价劳动力的优势越来越难以为继。其次，沿海地区土地稀缺、资源紧张、环境污染等压力日益沉重，导致企业的生产成本节节攀升。要素禀赋的这些结构变化对于我国产业结构的变化产生着重大影响，但是，这些影响并不一定会自发地导致产业结构的高级化。① 一个关键原因

① 笔者这一观点与林毅夫（2002）所提出的观点有些不同，他认为，随着要素禀赋结构和比较优势的动态变化，一国的产业结构也会自然而然地转型升级。

在于，随着产业结构的演进，市场结构及其体制机制具有刚性，不能很好反映要素禀赋结构的变化，从而阻碍资源在产业间的自由流动和重新配置，使得结构调整过程受阻。例如，在工业化前期，产业结构以劳动密集型的轻纺工业为主，产业组织以中小企业为主，投入要素主要是非熟练的劳动力，因此，这一阶段的产品市场和要素（劳动力）市场都接近于完全竞争市场，价格能够充分反映要素禀赋的结构。进入工业化中后期，形成了以重化工业为主的产业结构，重化工业（如汽车制造、造船、钢铁、石化等）的市场结构大多属于寡头垄断型，投入要素主要是资本和技术，核心要素市场由劳动力市场转向金融资本市场、资源品市场和技术市场，而这些产品市场和要素市场在发展中国家往往发育不健全，价格受到不同程度的管制，难以真实反映要素禀赋的变化。而到了产业结构以现代服务业为主的后工业化阶段，金融、电信、电力、铁路、民航、教育、文化、科技、医疗等产业属于知识技术密集型和人力资本密集型的产业，其发展不仅要求有更加高端的要素市场（如风险资本市场、知识产权交易市场和高级人才市场等），而且要求有更加完善的制度安排去降低交易成本。更加重要的是，由于以上现代服务业大多属于关系到国计民生的命脉产业，大多数又同时属于网络型产业，具有很强的自然垄断性。以中国为首的新兴经济体为了维护本国的经济安全和社会稳定，对这些产业实施了行政垄断，进一步提高了这些产业的准入门槛。在这些双重垄断的产业中，价格信号往往是扭曲的，无法真实反映要素的稀缺性，引导企业做出正确决策。若要使价格信号真实反映要素禀赋结构的变化，需要打破双重垄断，引入竞争机制。但是，新兴经济体垄断行业的开放将面临被发达国家跨国公司控制的风险，使得本国政府有理由进一步向巩固本国垄断企业的政策方向倾斜。在中国，这类垄断企业往往是国有企业，其垄断地位的巩固使得体制外企业根据要素禀赋的变化沿着产业阶梯拾级而上的希冀成为镜花水月。于是，市场制度的不完善与围绕垄断产业所形成的政企粘连的利益集团的阻挠，使得我国要素禀赋的结构变化难以有效地通过市场机制和资源再配置自发地实现产业结构的转型升级。越是靠近后工业化阶段，这种阻力就越明显。

简言之，我国产业结构演进停滞的主要原因，既有国际分工深化和"制造—服务"分工对我国低端制造业产生的"分工锁定"效应，也有现有体制和制度无法有效应对要素禀赋结构变化而产生的"制度锁定"效应。这两种"锁定"效应导致中国的产业结构向后工业化阶段演进的动力机制出现问题，进而引起产业结构演进的停滞不前。

▶ 9.2.2　中国产业结构演进与经济持续增长

中国产业结构演进的停滞虽然与经济高速增长的一般规律相悖，不过，在一定内外部条件的影响下仍然是可以理解的。首先，经济学家普遍认为，制造业的劳动生产率增长率高于服务业，与制造业相比，服务业是容易患上"成本病"的"停滞部门"（Baumol，1967、1985）。由此推理，在国际分工中，专业化于制造业的国家的经济增长速度应当高于专业化于服务业的国家。况且，中国在改革开放之初，工业化进程处于起步阶段，经济总量低，外贸依存度不高，通过贸易带动制造业的扩张，服务业在关联效应和收入效应的作用下同样得到了较快的发展，这一阶段经济的快速增长是健康的。"入世"以来，虽然外贸依存度的迅速提高导致了低端制造业的过度扩张，对服务业的增长产生了挤出效应，但在"制造—服务"的国际分工形态下，经济仍然能够实现高速增长。在封闭经济条件下，受需求和产业关联的约束，一个服务业滞后的国家不可能通过"过度制造业化"来实现经济的高速增长。但在制造—服务的国际分工形态下，"过度制造业化"的国家在一定时期内实现经济高速增长却是可能的，因为其日益增大的服务需求与服务供给的缺口可以由外国服务提供商来填补。同时，外国对制成品的消费需求正好可以消化该国制造业的过剩产能。"入世"以来，我国正是通过向发达国家输出过剩产能的方式维持低端制造业的扩张，拉动经济的快速增长。

然而，令人担忧的是，我国经济过高的外需依存度会令经济发展遭受国际经济波动的影响，每当外需萎缩时经济增长就会下滑。更重要的是，在要素禀赋结构已经发生变化的情况下，产业结构演进的呆滞与低水平的过度工业化能否维系未来经济的持续增长？

从我国三次产业对经济增长的拉动作用来看（见图9－9），第一产业的拉动作用不断下降，并逐渐稳定在0.4个百分点左右；第三产业对GDP增长的拉动作用一直在增强，除了在2008年金融危机之后略有下降外，自2001年以来均维持在4个百分点左右；第二产业对GDP增长的拉动总体上呈现出下降趋势。自20世纪90年代中期以来，第二产业对GDP的拉动作用不断下降，2001年"入世"以来虽然出现反弹，但是其拉动力量已明显不及90年代前期，其中工业对GDP增长的拉动效应在90年代中后期持续下降，2002年以后才逐渐回稳，保持在4～5个百分点。由此可见，第二产业作为我国经济发展的"发动机"，已经明显出现了动力不足的症状。那么，未来经济持续增长的新动力又是什么呢？

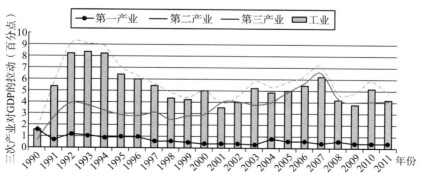

图9－9　中国三次产业对GDP增长的拉动（1990～2011年）

从工业化的进程来看，我国沿海地区正处于向工业化后期乃至后工业化过渡的时期，按照产业结构演进的一般规律，在这一阶段服务业将会逐渐取代工业在经济中发挥主导作用。服务业的扩张将成为下一阶段经济持续增长的主要动力。不过，服务业生产率相对较低以致可能拉低社会总生产率的隐忧，使人们对主要依靠服务业来保持经济的持续增长心存疑虑。以下我们从三个方面来讨论中国产业结构后工业化对于经济持续发展的意义。

首先，我们对经济发展的含义应当有一个新的认识，即从单纯的 GDP 总量增长转变为融合经济、社会与环境因素的经济发展质量的提升。在后工业化时期，经济总量的增加已不再是衡量经济发展的主要指标，经济结构的合理化与高级化、经济增长带动社会进步和资源环境的改善等都将成为衡量经济发展质量的重要标准。从这个意义上讲，尽管服务业的关联效应不及工业，对 GDP 的直接拉动作用也不及工业，但是，它促进了经济社会结构的优化和消费需求的升级，有利于生态环境的改善和人的全面发展，从而对经济增长的质量有着显著而积极的影响。

其次，对产业结构向后工业化转型过程中经济增长速度下降的认识应当进一步深化。根据历史经验，发达国家在产业结构向后工业化转型的过程中，经济增速也普遍出现下降。其主要原因在于经济增长动力的转换以及由于经济总量基数增大和人均收入提高而导致经济增长率的自然下降。不过，我国当前经济增长下滑的压力主要不是来自转型过程中经济增速的自然变化，而是源于产业结构扭曲所带来的动力衰竭。在现有的产业结构下，低端制造业普遍产能过剩，对经济增长的拉动力锐减；而服务业发展不足，尤其是许多现代服务业的进入门槛过高，导致部门间的资源再配置过程受阻，生产要素的参与率下降，增长动力切换的"空档"期过长。因此，对经济增长持续性的关注应当更多地放在如何促进产业结构转型升级、强化经济增长的结构效应上。

最后，产业结构向后工业化演进并不否定工业的重要作用。对一个 13 亿人口的大国而言，没有工业的强力支撑，经济发展将基础不牢。后工业化的一个重要目标就是，用服务业来补强制造业，促使链条短促、技术落后的低端制造业向链条完整、技术先进的高端制造业转型升级，与研发设计和品牌营销融为一体的"中国制造"方能成为后工业化时期经济增长的重要动力。

9.3　国际分工体系下中国产业结构演进与经济增长的实证分析

▷ 9.3.1　实证模型的建立与变量选取

本节尝试使用宏观经济数据检验中国参与国际分工、产业结构变动与经济增长之间的深层关系。目前有关国际分工、产业结构和经济发展的实证研究，大多数或者以贸易结构与产业结构的研究为主，或者以产业结构与经济增长的关系为对象，实证检验方法也多以单方程多元回归分析为主，未能有效地将三者关系统一起来进行综合分析。在本书的理论框架下，国际分工对产业结构演进的间接效应（收入效应、关联效应和挤出效应），主要是通过对外贸易拉动经济增长、经济增长再影响产业结构这一路径来实现的。封闭经济条件下，经济增长会改变不同产业的需求弹性，导致服务业的需求增长快于制造业，促使产业结构自然趋于服务化；但是，在开放经济中，特定的国际分工模式会减弱经济增长导致的服务化趋势。反过来，产业结构演进也会影响经济增长和对外贸易。鉴于这种多因变量（经济增长、对外贸易和产业结构演进）之间的因果循环关系，笔者拟采用联立结构方程进行实证分析，以提取经济增长、对外贸易等经济变量对服务业发展的独立影响。联立结构方程的基本模型构建如下：

$$
\begin{cases}
EG = \alpha_0 + \alpha_1 TD + \alpha_2 IS + \alpha_3 INV + \alpha_4 CG + \alpha_5 GE + \alpha_6 UR + v_1 & (9.1) \\
TD = \beta_0 + \beta_1 EG + \beta_2 IS + \beta_3 ER + \beta_4 FDI + v_2 & (9.2) \\
IS = \gamma_0 + \gamma_1 TD + \gamma_2 EG + \gamma_3 TD^2 + \gamma_4 CS + \gamma_5 PT + \gamma_6 UR + v_3 & (9.3)
\end{cases}
$$

其中，EG、TD、IS 分别表示经济增长、对外贸易和产业结构，其余变量说明见表 9 - 2。这里我们采用第三产业增加值与第二产业增加值的比率（IS）来反映产业结构向后工业化演进的趋势（设第一产业比率不变），当 $0 < IS \leqslant 1$ 时，说明第三产业增加值未能超过第二产业，而当 $IS > 1$ 时，则说明第三产业增加值超过了第二产业，成为经济中的主导产业，由此可知，这一比例大小的变化体现出了产业结构的高级化演进过程。

表 9 - 2   **联立方程模型变量和数据说明**

变量		定义	数据选取
被解释变量	EG	经济增长	GDP 年增长率
	TD	对外贸易	出口依存度（出口额/GDP）
	IS	产业结构	第三产业与第二产业产值之比
解释变量	INV	投资	全社会固定资产投资年增长率
	CG	消费水平	居民消费年增长率
	GE	政府支出	政府支出年增长率
	ER	汇率	人民币汇率年平均价（美元）
	FDI	外商直接投资	外商直接投资实际利用额占 GDP 比重
	CS	消费结构	服务性消费支出占居民消费的比重
	PT	贸易结构	加工贸易与一般贸易进出口额之比
	UR	城市化率	城镇人口占全国总人口的比重

联立方程模型中方程（9.1）的被解释变量为经济增长。该方程主要体现的是对外贸易和产业结构变动对经济增长的影响，投资、消费和城镇化等变量为方程的控制变量。方程（9.2）中对外贸易为被解释变量，说明经济增长与产业结构变动对贸易（主要是出口额）的影响，方程（9.2）把汇率和外商投资作为控制变量。

方程（9.3）以产业结构变动为被解释变量，反映对外贸易和经济增长对产业结构高级化的影响，其中，我们引入了对外贸易的二次项，意在检验贸易对产业结构高级化的非线性影响，即对外贸易在一段时期内可能促进产业结构的高级化进程，当贸易依存度达到某一临界值以后，其对产业结构服务化的演进可能起到延缓作用。我们预测出口贸易对我国产业结构演进的影响将表现为一种倒"U"型的趋势。

我们选取国家统计局《中国统计年鉴》（1996～2010年各年）的各类数据进行模型估计，考虑到数据可获得性与统计口径等问题，数据选择的时间范围是1985～2009年。在进行模型估计之前，我们需要先对联立方程模型设定的合理性进行检验。

▶ 9.3.2　联立方程模型设定的估计与检验

联立方程模型包括三个方程，有三个内生变量（EG、TD、IS），因而是完整的联立方程模型。模型各变量选取的是平稳的比例数据，避免了虚假回归的问题。在进行模型估计之前，我们首先要对联立方程模型的可识别性进行验证。识别性问题实际是对某个特定的模型而言，判断是否可以找出有意义的结构参数值。如果模型中的结构方程可以求出结构参数的估计值，那么该方程就是可识别的，否则便是不可识别的。在可识别的方程中，如果可以得到结构参数的唯一值，那么这个方程就是恰好识别的，如果可获得的结构参数值不止一组，那么该方程就称作过度识别。通常我们采用秩条件和阶条件来判别方程的可识别性，其中，秩条件用来判定结构方程是否可识别，而阶条件则用来说明结构方程是恰好识别还是过度识别的。秩条件的标准是：在一个含 M 个内生变量的 M 个方程的模型中，一个方程可识别的充要条件是该方程不包含而其他方程所包含的那些变量（包括内生变量和前定变量）的系数矩阵的秩等于 $M-1$。观察联立方程模型中的三个结构方程，可以得出三个方程中被斥变量的系数矩阵的秩均为 2，即方程个数 −1，满足秩条件，说明三个方程均是可识别的。阶条件的内容是：方程所不包含的变量（包括内生变量和前定变量）总数不小于模型中的方程数（或内生变量数）减 1，若取等号，则表明恰好识别，若取大于号，则表明过度识别。模型中各方程的被斥变量的数目均大于 2（方程个数 −1 = 2），说明各方程都是过度识别的。同时，EG、TD 和 IS 互为解释变量，这样造成了解释变量与随机扰动项的相关，并使方程之间的随机扰动项相关，很可能产生联立性偏误（Simultaneity Bias）。当联立方程模型各方程的随机误差项同期相关时，两阶段最小二乘法（2SLS）将不再有效。实际上，2SLS 忽视了模型结构对其他方程的参数值所施加的全部约束条件，必然会损失模型的部分信息，因此，用三阶段最小二乘法（3SLS）和似不相关回归（SUR）估计参数，以克服联立性偏误。另外，联立性的存在反过来可以说明设置联立方程进行回归是必要的，否则，完全可以对单个方程进行回归以获得更好的结果。

本节的联立方程由多个多元回归模型组成，且单一方程存在至少两个内生变量，因此，必须为每一个内生变量选择独立的工具变量，才能保证回归参数具有一致性。工具变量的选择容易出现随意性，使用不同工具变量得到的估计结果差别较大。多元线性回归的本质是一种工具变量法，不用工具变量的多元回归其实是用解释变量自身作为其工具变量，但如果已经知道一些解释变量是内生变量，则应当为每个内生变量指定单独的工具变量。

联立方程的 Hausman 检验在国内被普遍认为是对方程组的联立性的检验，这属于一种误解。设工具变量的辅助回归方程为 $X = \Psi Z + V$，代入多元线性回归系数的 OLS 估计量 $\widehat{B}'_{OLS} = (XX)^{-1}(X'Y)$，得到 $\overline{B}'_{OLS} = (XX)^{-1}(Z'\Psi'Y) + (XX)^{-1}(V'Y)$，取期望值后得到 $E\widehat{B}'_{OLS} = B_{IV} + E[(XX)^{-1}(V'Y)]$，如果 $\widehat{B}_{IV}$ 是 $\widehat{B}_{OLS}$ 的一致估计量，必然要求 $E[(XX)^{-1}(V'Y)] = 0$ 成立。$E[(XX)^{-1}(V'Y)] = 0$ 在国内文献中被

视为联立方程不存在联立性偏误的条件，具体做法是，用 Y 对工具变量辅助回归方程的残差 V 进行回归，V 的 OLS 参数不应当显著区别于 0。但实际上，当 $E[(XX)^{-1}(V'Y)]=0$ 满足时，仅仅能够说明多元线性回归的工具变量估计量有一致性，亦即所选的工具变量是恰当的，而不是对方程组联立性的统计检验。

方程（9.1）中 TD 和 IS 均是内生变量，通过 OLS 辅助回归分别确定各自的工具变量，建立如表 9-3 所示的辅助回归方程。为满足工具变量必须与被替代的解释变量高度相关的要求，需要剔除所有与 TD 或 IS 的回归系数不显著的外生变量。

表 9-3　　　　　　内生变量 TD 和 IS 的工具变量选择（方程 9.1）

IV test of TD			
Variable	Coefficient	t-Statistic	Prob.
CG	− 0.426541	− 2.428972	0.0252
GE	0.805012	4.786876	0.0001
ER	4.079244	4.841895	0.0001
FDI	− 3.489151	− 4.281413	0.0004
UR	0.453930	3.874887	0.0010
C	− 19.96717	− 8.096457	0.0000
IV test of IS			
Variable	Coefficient	t-Statistic	Prob.
C	0.879383	27.38084	0.0000
CG	− 0.006109	− 3.028350	0.0060

从回归结果来看，与 TD 对应的工具变量为 CG、GE、ER、FDI、UR 与常数 C，与 IS 对应的工具变量为 CG 与常数 C。通过 Hausman 检验确定选择的工具变量向量是否恰当，检验过程分为两步：第一步，用 OLS 方法生成内生变量 TD 和 IS 的拟合值和残差序列，回归结果如表 9-3 所示；第二步，把回归的拟合值和残差序列代入原方程替代内生变量进行回归，如果残差项不显著，则说明

工具变量的选择是恰当的，回归结果如表 9 - 4 所示。

表 9 - 4　　　　　工具变量的 Hausman 检验（方程 9.1）

Variable	Coefficient	Std. Error	t-Statistic	Prob.
TDFIT	0. 231555	0. 151276	1. 530675	0. 1415
ISFIT	- 162. 1247	11. 34679	- 14. 28815	0. 0000
RES - TD	- 0. 174691	0. 363116	- 0. 481088	0. 6357
RES - IS	- 12. 41624	16. 16116	- 0. 768277	0. 4513
C	140. 8025	8. 348349	16. 86591	0. 0000

表 9 - 4 中的检验结果显示，残差项的系数均不能显著区别于 0，说明为方程（9.1）选定的工具变量是恰当的。依据相同步骤选择方程（9.2）和方程（9.3）的工具变量，确定内生变量 EG 的工具变量为 INV、CG 和常数 C，IS 的工具变量为 CG 和常数 C，TD^2 的工具变量为 FDI、CS、CG 和常数。

▶ 9.3.3　模型估计结果与经济含义

这里运用三阶段最小二乘法（3SLS）和似不相关回归法（SUR）来估计联立方程模型的结构参数，通过 GAUSS9.0 编程实现，SUR 回归结果明显好于 3SLS，为节约篇幅，这里仅仅列出 SUR 的回归结果（见表 9 - 5）。

表 9 - 5　　　　联立方程模型的似不相关回归（SUR）

估计结果（1985 ~ 2009 年）

	被解释变量		
	EG	TD	IS
C	- 0. 54 （ - 0. 11）	- 7. 09 （ - 1. 38）	0. 7195 *** （4. 80）

续表

	被解释变量		
	EG	*TD*	*IS*
EG		0.29 *** （4.43）	- 0.00339 *** （- 3.86）
			- 0.0046 *** （- 6.90）
TD	0.368 *** （3.67）		0.0320 *** （5.17）
TD（- 1）		0.4521 *** （5.37）	
TD（- 2）			0.0065 （2.15）
TD^2			- 0.0006 *** （- 5.20）
IS	14.90 * （1.79）	- 7.71 （- 0.986）	
INV	0.0775 *** （2.68）		
CG	0.8704 *** （13.55）		
GE	- 0.0268 （- 0.41）		
ER		4.64 *** （6.21）	
FDI		- 4.07 *** （- 5.56）	
CS（- 1）			0.008 （1.35）
PT			- 0.1046 *** （- 4.27）

	被解释变量		
	EG	*TD*	*IS*
UR			-0.0102 (-1.08)
R²	0.95	0.94	0.95
D. W.	2.17	1.61	2.15
JB 统计量（残差）	0.653638	2.250824	0.489577

注：括号内为 t 统计量数值，***、**、* 分别表示 1%、5%、10% 的显著性水平。

根据残差诊断检验，三个方程残差项的 R² 均很高，拟合度很好；D. W. 统计量的数值接近 2，不存在明显的一阶自相关；JB 统计量数值小，说明残差服从正态分布。综合来看，实证结果是稳健的。下面我们对三个方程检验结果的经济含义逐一进行解释。

9.3.3.1 经济增长与产业结构演进

从经济增长的回归方程来看（方程 9.1），对外贸易（*TD*）对经济增长的影响为正（估计系数 0.368）并在 1% 的显著性水平上通过检验，符合预期和现实。产业结构演进（*IS*）对经济增长的影响也为正（14.9），但显著性水平却高达 10%，表明产业结构后工业化促进经济增长的原假设的置信度较低，这与长期以来中国服务业的发展滞后于工业、经济增长主要依靠工业来驱动不无关系。而且，在制造—服务的国际分工形态下，工业增长对服务产生的部分中间需求可以通过服务进口来解决，因此，国内服务业比重的高低对经济增长的影响并不显著，这也验证了产业结构演进与经济增长关系的"中国悖论"。进一步地，我们对服务业内部结构变动对经济增长的关系也作了一个简单的回归分析，结果如表 9 - 6 所示。其中，被解释变量是 1990 ~ 2010 年经济年增长率，X_1、X_2、X_3 分别表示服务业增加值中生产性服务业[①]、生活性服务业和公共服务业的比重。生产性服务业是促进经济增长的重要力量，可惜的是，交通运输等传统服务业在生产性服务业中占据较大比重，反映出我国以低端制造业为主导的产业结构并没有带动知识技术密集的高端服务业发展，从而未能有效地拓展经济增长空间；生活性服务业对经济增长的系数虽然为正，但是并不显著，这说明，我国产业结构的演进过程中，国内居民服务消费仍不足以支持经济增长，从侧面反映出产业结构的演进停滞事实上不利于国内需求扩张，进而服务业无法取代工业成为经济增长的强劲动力；公共服务业对经济增长呈现出不显著的负向影响，这表明，由于服务业中具有支持和保障功能的公共服务发展不足，对于消除居民消费的后顾之忧以促进经济增长未发挥应有作用。

表 9 - 6   服务业内部结构变动对经济增长的影响（1990 ~ 2010 年）

Variable	Coefficient	Std. Error	t-Statistic	Prob.
X_1	3. 3255	1. 8067	1. 8406	0. 0886
X_2	1. 7413	1. 5207	1. 1451	0. 2728
X_3	- 1. 2083	1. 21871	- 0. 9915	0. 3395
C	- 12. 2865	7. 4118	- 1. 6577	0. 1213
AR（1）	0. 8281	0. 3587	2. 3087	0. 0380
AR（2）	- 0. 4697	0. 1967	- 2. 3878	0. 0328
$R^2 = 0. 6416$	F-statistic = 4. 6549	D. W. = 1. 8948		

从产业结构方程的回归结果来看（方程 9. 3），经济增长对产业结构的演进有着系数微小的负向影响（ - 0. 00339），并在 1% 的

---

① 实际上，生产性服务业与生活性服务业的划分并没有严格的界限，许多行业既为生产服务又为生活服务，例如，批发多为生产服务，零售多为生活服务，但是批发和零售又往往紧密连在一起。通常将批发零售划归生产性服务业，但是这里由于《中国统计年鉴》1990 ~ 2003 年的数据中将批发零售与餐饮业放在一起统计，因而为便于分析，这里姑且将批发零售归入生活性服务业中。

水平上通过了检验。按照国际经验与配第—克拉克法则，经济增长带来国民收入增加，引起需求结构的变化，应当促进产业结构向服务化方向演进。然而，我国的经济增长迄今为止并未对产业结构向服务经济转变产生显著的促进作用。这意味着，由于过分依赖出口贸易和工业发展，我国经济增长对服务业的收入效应和关联效应被挤出效应所抵消，出口导向型的发展模式虽然加速了工业化进程，但却使得低水平的制造业发展过度，服务业的发展受到挤压（赵永亮、张捷，2011）。若不转变经济发展方式，即使经济保持较快增长，也难以自发实现经济结构向服务经济的转型升级。

9.3.3.2 出口贸易与产业结构演进

从出口贸易的回归方程可以看出（方程9.2），产业结构演进（IS）对出口依存度（TD）的影响为负（-7.71），但未通过检验。我国出口贸易的约90%为工业制成品，产业结构的服务化会降低制造业产出的比重，进而将导致出口依存度下降、国内消费比重上升（服务业可贸易性低，属于内需型产业），因此，IS 与 TD 的关系为负符合预期。但由于我国产业结构的服务化进程曲折反复，迟迟难获进展，出口依存度却居高不下，此项回归未能通过检验也符合中国的现实。

从对外贸易对产业结构演进的影响来看，出口依存度对产业结构演进的影响为正（0.0320），并在1%的显著性水平上通过了检验。为了进一步考察出口对产业结构演进是否存在非线性的影响，在此我们加入了出口依存度的二次方（TD^2）进行回归。结果表明，TD^2 对产业结构演进的影响为负（-0.0006），同样在1%的显著性水平上通过了检验。这一结果有力地证明了出口依存度对产业结构演进存在一种倒 U 型的动态影响，亦即存在一个临界值，在未达到临界值之前，出口促进产业结构的服务化，达到临界值以后，出口依存度的继续提高会转而阻碍产业结构的服务化。这为我们关于适度出口有利于服务业发展而过度出口不利于产业结构服务化的理论假说提供了经验证据。通过计算，我们发现出口依存度的适度临界值为 26.67%（ $=0.0320/(2\times0.0006)$ ）。根据出口贸易的年度数据，出口依存度跨越临界值的时间大约在 2003 年，即中国加入 WTO 后第二个年头，该年中国的出口贸易出现了 34.7% 的大幅度增长。

对于中国产业结构的演进历程来说，"入世"是一个重大的转折点。"入世"使中国更加彻底地贯彻了符合本国比较优势的出口导向型发展战略，拥有比较优势的制造业获得了充分参与国际分工的机会，其结果是，工业制成品的出口和外商直接投资大幅度增长，出口依存度由 2001 年的 20.09% 猛增至 2007 年的 36.32%，由此在拉动第二产业产值比重上升的同时，导致了第三产业的产值比重受到压制，从而改变了 20 世纪 90 年代中期以来第三产业赶超第二产业的结构演变趋势。

9.3.3.3　贸易结构等变量对产业结构演进的影响

从贸易结构（ PT ）来看，作为制造—服务分工典型形态的加工贸易的比重对产业结构演进有着显著的负向影响（ -0.1046 ）。加工贸易"两头在外"，与国内服务业的产业关联度极低，同时其劳动密集型特征又占用了大量劳动力资源，是典型的挤出效应大于关联效应的贸易形态。进入 21 世纪以来加工贸易快速增长以致出现了占据我国外贸半壁江山的局面，必然强化对外贸易对服务业的挤出效应，由此也可以进一步解释出口贸易对产业结构演进先促进后抑制的倒 U 型影响。

另外，两个工具变量消费结构（ CS ，医疗保健类支出、交通和通信类支出、文教娱乐用品及服务类支出、银行中介服务消费支出、保险服务消费支出等服务性消费在居民消费支出中所占比重）和城市化（ UR ）对产业结构演进的影响均未通过检验。这也许与我国的服务业发展水平和城市化进程严重滞后以及居民的服务性消费需求未能得到很好满足有关。

综上分析，初步的经验证据表明，中国作为制造—服务国际分工形态的主角之一，以制成品和加工贸易为主的出口增长虽然促进了国内的工业化进程，但对于产业结构向以第三产业为主的服务经济演进却产生了阻滞影响，这种影响在进入 21 世纪尤其是中国"入世"以来变得尤其显著。可以说，中国的出口导向型发展模式对于加速实现工业化是一种有效的战略，但在国内工业化进入成熟期、世界经济格局也由于金融危机而发生了巨大变化的形势下，出口导向型发展模式需要逐步淡出历史舞台，如果不能及时调整发展战略，中国的产业结构可能被锁入"低水平过度工业化"的陷阱，难以启动由工业经济向服务经济转型升级的进程。

9.4 补论：后危机时代中国经济对外开放的战略转换

改革开放以来，中国根据本国国情和国际环境，采取了建立在比较优势理论基础上的对外开放战略，通过吸收外商直接投资和发展劳动密集型的产品出口，带动了经济的持续高速增长，创造了举世瞩目的"中国奇迹"。但是，30 多年过去了，中国的国内经济结构和国际经济环境都发生了深刻而复杂的变化，在一场百年一遇的全球金融危机的冲击下，调整经济结构、转变经济发展方式已经成为中国的当务之急。面对这项艰巨的任务，中国实施多年的对外开放战略是否需要做出重大调整？调整的方向和政策又应该如何选择？

▶ 9.4.1 基于比较优势的出口导向型发展战略的"功"与"过"

改革开放以来，对外开放成为中国的基本国策，而实施这一国策的基本战略是基于比较优势理论的出口导向型发展战略。众所周知，比较优势理论是国际分工和国际贸易的经典理论，它揭示了国际贸易发生和发展的一般原则与规律，被萨缪尔森称为"国际贸易不可动摇的基础"。中国学者林毅夫等人（林毅夫，2002；林毅夫、李永军，2003；林毅夫、孙希芳，2003）从对赶超战略的批判入手，提出了经济发展的比较优势战略理论。该理论认为，落后国家与发达国家之间的根本差别在于要素禀赋结构的差别。一国最具竞争力的产业、技术结构是由其要素禀赋结构决定的。一个经济系统中产业结构和技术结构总体水平的升级，从根本上说，依赖于该经济中要素禀赋结构的变化。因此，发展中国家要赶上发达国家，经济发展的目标应该定位于尽快地提升本国的要素禀赋结构。而提升本国的要素禀赋结构在一定程度上取决于该国所遵循的经济发展战略。遵循比较优势的发展战略，会增强经济的竞争力，加快经济发展速度，导致资本积累速度快于劳动力和自然资源增加的速度，要素禀赋结构会得到较快的提升。随着要素禀赋结构和比较优势的动态变化，一国经济的产业和技术结构也会自然而然地升级。

改革开放以来，中国遵循基于比较优势原理的出口导向型发展战略，利用外商直接投资和丰沛的廉价劳动力，在沿海地区形成了一个面向全球市场的"世界工厂"。2010 年中国的 GDP 超越日本，成为世界第二大经济体。在充分肯定基于比较优势的出口导向战略所取得的巨大成就的同时，我们也要清醒地看到，随着我国的工业化进程向后期推进，随着国际环境的变化，出口导向发展战略的局限性乃至负面影响正在日益显露。

首先，该战略驱动下的经济增长是一种主要依赖初级要素外延式投入的粗放增长，缺乏创新激励。随着经济发展，虽然要素禀赋结构有所提升，但我国的出口制造业依然停留在全球产业价值链的低端，企业主要是依靠"汗水"而非智慧在挣钱。其次，随着要素禀赋结构的变化，劳动力、土地等要素成本和原材料价格在不断攀升，加上本币升值，导致出口产业的利润日趋微薄，缺乏技术进步的经济增长所必然产生的收益递减规律正在日益凸显。再次，在出口导向发展战略下，经济增长过度依赖投资和出口，国内消费占GDP 的比重日趋萎缩，这不仅造成工业产能普遍过剩，而且产生了我国以大量透支生态环境去"补贴"发达国家消费者的扭曲现象。而且，全球金融危机以后，发达国家的政府、企业和消费者都在被迫"去杠杆化"，进口需求将长期委靡不振。最后，由于我国的出口产品中工业品占据绝对比重（约 90%），服务贸易的比重极低，出口贸易的强劲增长自然有力地拉动了制造业的发展。虽然制造业的发展也会通过中间需求带动服务业的发展，但在我国的外贸结构中，"两头在外"的加工贸易占据了出口贸易 1/2 的比重，这就极大地削弱了出口导向型制造业与本土服务业之间的关联。当"刘易斯拐点"到来、农业的剩余劳动力被工业和服务业吸纳得差不多时，制造业在出口拉动下的过度发展就会挤占服务业的资源，阻得产业结构由工业向服务业转型升级。中国加入 WTO 以后，国内服务业比重由上升转入下降轨道，与 2002 年以来的出口猛增有着内在关联（张捷、张媛媛、莫扬，2013）。

那么，究竟是什么原因使得中国遵从比较优势原理，通过出口导向发展战略实现了经济的高速增长，要素禀赋结构也在发生巨大变化，但产业升级却依然步履蹒跚，经济结构转型并未像比较优势战略理论所预期的那样如期而至呢？

其实，对于比较优势战略理论，国内有不少学者始终持批评态度。郎永清（2004）认为，由于规模经济和集聚经济的存在，一国的产业结构并非仅由要素禀赋结构先天决定。一国的经济能否实现持续增长主要取决于其在国际分工格局中的位置。如果一国的要素禀赋在较为落后的产业方面具有比较优势，那么，根据比较优势战略理论，该国在国际分工中将一直处于不利位置。胡汉昌、郭熙保（2002）认为，比较优势战略存在的问题表现在：第一，就现实而言，比较优势产品特别是劳动密集型产品出口的收益不可能长期化。第二，就长期而言，比较优势产品特别是劳动密集型产品的出口不能自动、自发地向资本密集型和技术密集型转变。第三，就整个国民经济而言，比较优势战略不能作为经济发展的主体战略。理由在于，一是大国对外贸易作用的局限性和复杂性；二是劳动密集型产业无力带动产业结构升级；三是对外贸易的引擎作用是有条件的。第四，比较优势战略忽略了制度和文化对一国经济发展的重要影响。郭克莎（2003）认为，中国的对外贸易战略虽然要重视发挥比较优势，但不能以比较优势战略作为基本的战略模式，而需要突破以比较优势理论为基础的传统国际分工模式的束缚。中国对外贸易战略的理论依据是，以动态比较优势为基础，以比较优势的转换为导向，同时有选择地利用静态比较优势，有重点地推行逆比较优势战略。廖国民、王永钦（2003）认为，一国即使具有资源禀赋的比较优势，如果存在技术劣势和竞争劣势，该国的产业也必将缺乏国际竞争力，不可能从专业化分工和国际贸易中获得持久的好处。

笔者认为，比较优势战略在发展中国家实现经济起飞的过程中是有效的。从东亚国家的经验来看，基于比较优势的出口导向战略的确比进口替代的赶超战略更快地促进了后发国家在工业化初期的发展进程。但是，当一国的工业化进入成熟期，产业结构需要从轻工业转向重工业和高科技产业以及进一步由工业经济转向服务经济时，单纯依靠比较优势的自发演进来实现结构转型，就会变得十分困难。这是因为，根据比较优势战略，一个国家的比较优势要得到发挥，需要有一个能够反映生产要素相对稀缺程度的要素价格和产品价格体系，使要素禀赋的结构变化能够充分反映到要素和产品的价格上，以便引导企业根据要素和产品的价格变化来调整资源配置和选择产品结构。但发展中国家由于市场机制不成熟，这一条件很难实现。在工业化前期，产业结构以轻纺工业为主，轻纺工业的组织结构往往以中小企业为主，市场竞争较为充分（接近于完全竞争市场），也较容易满足比较优势战略所要求的市场条件。当经济发展进入需要以重化工业乃至于以服务业为主导产业的阶段，许多重要产业的组织结构要么属于寡头垄断（如汽车制造、造船、钢铁、石化等），要么属于自然垄断（如基础电信、电力、交通、民航等），要么属于关系到国家经济和文化安全的行政性垄断（如金融、教育、科技、出版、医疗等），而在这些垄断产业中，价格信号往往失真，难以真实反映要素的稀缺程度而引导企业做出正确决策。①要使这些垄断产业的价格信号真实反映要素禀赋的结构变化，必须放开产业的准入限制，引入竞争机制。但在开放经济条件下，发展中国家推行垄断产业的自由化，这些产业很可能被发达国家实力雄厚的跨国公司所控制。只有在封闭经济的条件下，政府才可以放心开放垄断产业，让市场机制发挥作用，本国企业才有可能根据要素禀赋的结构变化沿着产业阶梯拾级而上。但问题是，比较优势的原理只有在开放经济条件下才可能成立，封闭经济中不存在国际分工和国际贸易，比较优势也就不复存在。在这里，我们所面临的矛盾一目了然。

　　正是基于比较优势战略的上述局限，许多劳动力丰裕的后发国家，在经济起飞的前期阶段，一方面，大力推行基于比较优势的出口导向战略，迅速开放了本国具有比较优势的竞争性产业（包括在这些产业中大量引进外资）；另一方面，对于那些不具有比较优势同时又事关国计民生的重要产业，却采取了关税和非关税的保护措施，长期实行行政垄断和商业惯例垄断等制度安排。笔者把这种镶嵌在比较优势框架中的、带有某种重商主义色彩的奖出（比较优势产业）和限入（比较劣势产业）的政策组合，称为单向度的、非均衡的比较优势战略。实际上，所有的东亚经济体（除了中国香港和新加坡）在工业化前期所采用的无不是这样一种混合型的战略，中国当然也不例外。可以说，对于 20 世纪的东亚奇迹来说，比较优势只是一个必要条件而非充分条件，仅靠比较优势并不能保证产业升级的自发实现，政府干预和民间的制度安排也是经济发展不可或缺的条件。

---

　　① 例如，由于垄断利润，不少垄断部门的普通员工（如抄表员、收费员等）的工资比其他行业高出很多，但这并非由于这些垄断部门缺乏劳动力所致。

虽然比较优势战略适合于后发国家工业化初期到中期的发展要求，但当这些国家进入工业化成熟期以后，随着国内经济结构和国际经济环境的变化，这种发展战略的效率就会急速下降。以中国为例，在全球价值链分工体系中，外围零部件已经被模块化，生产技术较容易掌握，高技术的关键零部件可以从跨国公司购买，因此，劳动力富裕但研发能力薄弱的中国制造业凭借成本优势迅速完成了规模扩张，但同时却在很大程度上被"锁定"在低附加值的加工制造环节。长期依赖成本竞争使得中国制造业的设计、研发和品牌营销能力趋于退化，并诱发了依赖这种分工模式的高消耗、高污染和过度竞争。一旦经济发展导致要素禀赋发生逆转，廉价劳动力的优势逐渐丧失，资源环境的成本开始变得昂贵时，出口制造业的比较优势就会走向衰落（张捷、张媛媛，2009）。而当出口制造企业打算转入利润丰厚的先进制造业和现代服务业时，除了面临自身人才和技术的制约外，更大的障碍是难以突破这些垄断产业中所存在的"高门槛"和"玻璃墙"。因此，在非均衡的比较优势战略下，传统制造业转型困难，不得不继续拥挤在产能严重过剩的低端制造环节进行价格竞争，产业结构调整的腾挪余地变得越来越小。

在这种情况下，新兴工业化国家需要对经济发展战略和国际分工模式重新加以审视与调整，使经济发展战略和发展方式符合新的时代要求。如果中国在所剩不多的战略机遇期不能及时完成发展战略的调整和经济结构转型，经济发展就可能陷入停滞乃至于爆发各种危机。1997年的亚洲金融危机和最近20年日本经济的慢性衰退，就是我们的前车之鉴。

▶ 9.4.2　经济国际化战略——后危机时代中国对外开放的战略转换

如前所述，中国经济发展战略转换的主要背景如下：

（1）要素禀赋结构逆转，比较优势弱化，以价格竞争为武器的出口导向战略即将走到尽头；经济结构的各种失衡加剧，增长动力衰减，转变经济发展方式的压力日益增大。

（2）国际经济环境发生了重大变化，发达国家的经济陷入慢性衰退，其进口需求将长期低迷；世界经济再平衡和发达国家的再工业化战略意味着贸易摩擦的常态化；许多发展中国家也要求中国承担更大的国际责任；中国对外开放面临的国际环境变得空前复杂。

（3）在人均资源严重匮乏的情况下，出口导向型发展模式的资源消耗和资源对外依存度却日益提高，生态环境恶化已经逼近不可逆的临界点。为了控制全球气候变化，中国向国际社会做出了减排承诺，生态环境对经济发展的约束日趋紧迫。

在上述背景下，改革开放以来实行的单向度的、非均衡的比较优势战略已经难以适应中国作为世界经济大国的现实，中国的对外开放战略、政策乃至外经贸体制都需要做出相应的重大调整，重新进行顶层设计。笔者不揣浅陋，在此提出几点思路。

（1）以建立在竞争优势基础上的经济国际化战略来代替建立在比较优势基础上的对外开放战略。始于改革开放初期的对外开放战略是单向度的、非均衡的国际分工战略。为了推动制成品出口，中国主要在具有比较优势的制造业中大量引进外资，服务业的引资不仅数量少，而且对一些重要产业实行了严格的准入限制，金融资本市场至今仍处于半封闭状态。同时，由于资本项目管制等原因，国内企业的对外投资也受到了限制。可以说，中国的对外开放仍然停留在以商品国际化（贸易自由化）为主的初级阶段。与此相比，经济国际化是对外开放的高级发展阶段，它是一国经济与国际经济的主动融合而非被动适应，是对经济全球化的全方位参与和积极管理。从领域上看，经济国际化不仅局限于商品国际化，还包括要素国际化（资本、技术和人才的自由流动）、生产国际化、研发国际化和服务国际化，以至于区域经济一体化等领域，可以视为高层次、全方位、制度性的对外开放。因此，经济国际化仅仅依靠基于要素禀赋的比较优势已经远远不够，它必须建立在竞争优势的基础上。而竞争优势不仅包含比较优势，它还包含人力资本优势、制度和文化禀赋优势、资源整合能力等，可以看做是一种超越了要素禀赋的综合性比较优势。

基于竞争优势的经济国际化战略是进入工业化成熟期阶段的经济体要实现经济结构向后工业化转变的必然要求。① 后工业化社会的主导产业是高科技产业和服务业，它们都是知识技术密集型和制度敏感型的产业，其发展主要依赖高素质的人力资本、富于弹性的消费需求和开放有序的市场规则。而这些条件在奖出限入、内外有别、规制繁多的对外开放战略下是难以得到满足的，只有通过内外一体、有机融合、商品和要素自由流动的经济国际化战略，才有可能使资本、知识和人才等高级要素实现跨国自由流动及优化配置，为经济结构向后工业化转型提供适宜的制度条件。

（2）经济国际化战略包括宏观、中观和微观三个层面。宏观层面主要是货币和金融资本的国际化以及区域经济一体化。其推动主体是政府和国际组织，战略目标是增强经济增长的内外均衡性、国际协调性与可持续性。中观层面的国际化主要是制造业和服务业等产业的国际化、自由化，包括放松行业准入规制、与国际规则接轨。其推动主体是政府和行业组织，战略目标是促进产业结构高级化和产业组织优化，提高产业国际竞争力。微观层面的国际化是企业国际化，除贸易以外，还包括投资、研发和经营管理的国际化，主要以促进企业对外直接投资和培育跨国公司为重点，战略目标是提高企业的创新能力和组织能力，形成企业在新的国际分工格局中的核心竞争力。

---

① 一些国内学者根据中国服务业发展滞后的事实，认为中国经济向服务经济转型的时机尚未成熟，并提出只有待工业化基本完成、制造业已经完全成熟以后才有可能出现服务化的趋势。其实这是一种对产业结构变迁规律的误解。从发达国家的经验来看，由于在工业革命前几乎都经历过商业革命，因此，它们在经济起飞前以商业为主的服务业的产出在三次产业中已经占有最大比重，它们在工业化过程中发生的结构演进主要是就业人口从农业向工业和服务业转移，而且这种转移往往不是贯序式的而是扩散式的，即劳动力和资本由农业同时向工业和服务业转移，且时间越往后劳动力和资本向服务业转移的数量也越多。

以上三个层面的国际化联系紧密、互为条件，构成一个有机的战略互补系统。微观层级的国际化主要依赖市场机制驱动，宏观层级的国际化则更多需要政府干预和国际协调。如何处理好市场机制与政府干预、国际竞争与国际协调、国际化与本土产业发展之间的关系，是各层次国际化战略及其各种战略之间能否有效运作、相得益彰的关键。

（3）制定经济国际化战略应把握好三个基本原则。第一，以市场机制为基础、以国家引导为手段的原则。必须认识到，经济全球化与经济国际化反映的是同一趋势，它们都是市场经济在全球范围扩展的产物，但经济全球化与经济国际化之间又存在重要区别：前者是一个自发的、客观的进程，其推动力量是市场机制；而后者则带有人为设计的色彩，其推动主体主要是国家。如何实现两者的有机结合，是国际化战略取得成功的关键。第二，互利共赢与主体性原则。我国在设计和推行经济国际化战略时，既要顺应经济全球化的大趋势，与国际规则接轨，在战略互补的框架下力争实现互利共赢，又要坚持国家利益优先的原则，把握好推行国际化进程的自主性、渐进性和可控性等主体性原则。第三，统筹兼顾、进退有度、适度管理的原则。应该清醒地认识到，由于市场机制的盲目性，经济全球化是一个曲折反复、起落无序的过程，在带来机遇的同时也会产生各种失衡和风险。因此，经济国际化战略既要推动全球化又要对全球化加以有效管理，做到防范风险、趋利避害（Stiglitz，2006）。具体在微观层面，经济国际化并不等于一味奖励出口，推行企业的专业化、片断化和标准化战略，它也包括鼓励进口，引导企业必要时实行垂直一体化、产业链延伸和非标准化等措施。因此，在国际化战略中不排除某种程度上的"脱全球化"、"脱模块化"和强化内需等策略。只有审时度势、机动灵活，保持动态均衡，才能实现国际化战略的长远利益。

▶ 9.4.3 经济国际化战略的重点领域选择

推行经济国际化战略需要分清轻重缓急，通盘规划，循序渐进。经济国际化战略既要促进经济结构的转型升级又要有助于保持经济的平稳增长和充分就业。综合考虑，其战略重点领域主要包括以下几个方面。

9.4.3.1 企业对外直接投资和跨国公司培育

30多年来，中国吸收了上万亿美元的外资，促进了出口和经济的高速增长。但中国现在已经是一个资本过剩的经济体，由于储蓄率过高和国内制造业部门产能严重过剩，国内大量产业资本和民间游资难以找到出路，通过购买海外房地产和投资移民等各种渠道发生的"资本外逃"现象越演越烈。中国已经到了把企业"走出去"作为国家大战略来实施的时候。大力推动企业对外直接投资可以获得如下好处：（1）出清国内的过剩产能，以对外投资部分替代出口，有利于降低出口依存度，减少贸易摩擦，绕开贸易壁垒；（2）为3万多亿美元的外汇储备和国内过剩资本寻求具有更高回报的股权投资机会；（3）获得供给稳定、价格低廉的国际资源，同时保护本国的环境和自然资源储备；（4）利用东道国的技术和人才提升企业的核心竞争力；（5）贴近国外消费者，直接掌握市场需求，真正了解和适应国际规则，有利于企业创出自己的国际品牌；（6）为国内发展服务业、实现产业升级腾出资源和空间。

实际上，中国企业实施"走出去"战略已经约10年，但除了华为等少数优秀民营企业外，迄今为止走出去的依然是以资源投资为目标的国有大企业，制造业企业和中小企业大规模走出去的时代尚未到来。以国有企业为中心的"走出去"模式不具有可持续性。除了国有企业的对外投资容易引起东道国的警惕和抵制外，更在于这类资源型企业的产业链短促，缺少核心技术和品牌，几乎不可能形成拥有完整价值链的跨国公司。中国要形成自己的跨国公司并占据价值链的核心位置，必须鼓励具有竞争优势的制造业民营大企业走出去投资办厂，并带动一批为之配套的中小企业抱团出海，在海外形成以中国跨国公司为核心的产业网络。

9.4.3.2　服务业的对外开放

中国的服务业发展长期滞后，这与中国所扮演的"世界工厂"的角色有直接关系。而服务业的落后，又使中国在以服务环节为主的产业链的两端缺乏话语权，进一步被锁定在低端制造环节。因此，做大做强服务业，是中国优化产业结构、摆脱产业劣势的必然要求。同时，大量制造业通过对外投资转移出去后，国内会面临大量工人失业的难题。而服务业种类繁多，从劳动密集型到知识密集型一应俱全，总体上看，服务业的就业弹性高于制造业，大力发展服务业，可以解决从农民工到大学生的就业问题。

此外，由于服务品的可贸易性比制成品差，在一国产业结构向服务经济转型的过程中，其贸易依存度将逐步下降。随着出口贸易对经济增长的重要性下降，国内的消费需求会变得更加重要，而国内消费需求与服务业之间的互动关系比同制造业的关系更为紧密。这是因为：（1）服务业的收入需求弹性高于制造业，国内消费的扩大更能促进服务业的发展；（2）许多服务业本身就是促进市场运转的润滑装置（如金融、商业、物流、信息和法律服务等），服务业的充分发展及其就业创造功能将比制造业更能起到减少储蓄、刺激消费的作用。因此，在一国向后工业化社会过渡的进程中，服务业和消费需求会逐渐取代制造业与出口贸易在工业化时代的地位，成为拉动经济持续增长的发动机。

我国服务业落后的原因之一是行业垄断程度高，对外开放度低，缺少竞争和技术溢出效应。因此，大力发展服务业首先需要开放服务业（包括对内开放和对外开放），引入竞争机制，引进先进技术和管理。更重要的是，推动服务业开放和服务企业走出去，不仅可以提高服务业的发展水平和支撑制造业的国际化，而且也是使国内的经济体制和要素市场与国际市场深度融合的必然要求，它必将促使中国经济由"流通锁国"时代转向"流通开国"时代。

9.4.3.3 人民币国际化和金融资本市场的国际化

人民币国际化和金融资本市场国际化，既是服务业国际化的重要组成部分，同时也是经济体制国际化不可或缺的核心要件。只有人民币实现了自由兑换，金融和资本市场对外开放，资本要素才可能真正实现自由流动，中国企业的"走出去"也才可能真正畅通无阻。因此，虽然有一定风险，但推进人民币国际化和金融资本市场国际化符合中国的长远利益，是中国成为世界经济强国的必要条件。人民币国际化和金融资本市场国际化是相辅相成、互为表里的关系。人民币国际化，必然要求国内金融市场对外开放，在银行、证券公司、金融机构仍处于国有垄断的情况下，人民币很难真正成为国际货币。而国内金融市场的全方位开放，首先要对国内民营资本开放，其次才允许外资进入。总之，没有有效的资本市场、债券市场和衍生工具市场，没有成熟的金融机构，任何货币都不可能成为真正的国际货币。

9.4.3.4 人力资本的国际化

要顺利实现我国经济的结构转型和战略转变，实现由基于比较优势的对外开放转为基于竞争优势的经济国际化，关键是如何把我国数量庞大的人力资源转化为高素质的人力资本。因此，人力资本优先战略是经济国际化战略的核心。而人力资本优先战略的基础是教育体制改革和教育国际化。国民教育水平虽然受到经济发展水平的制约，但两者关系并非完全正相关。以印度为例，虽然人均国民收入只有中国的1/2，但却靠着成功的理工科教育和英语优势，成为全世界最大的服务外包东道国和软件生产基地。中国目前虽然基础教育和高等教育的规模在全球名列前茅，但由于体制等原因，教育质量尤其是创新性人才的培养乏善可陈。中国教育体制目前培养出来的依然是工业化时代循规蹈矩的产业大军，这种教育可以适应以协同性为主的传统制造业的发展要求，但却难以适应以创新性为主的现代服务业的发展要求。由于教育与国民文化密不可分，路径依赖很强，教育体制的改革，除了放松管制、增强学校办学自主权以外，推行教育国际化，通过引进国外优质教育资源与异质文化实行"杂交"，培养具有全球视野和创新能力的国际化人才，是经济国际化取得成功的基本保障。

▶ 9.4.4　实施经济国际化战略需要注意的若干问题

实施经济国际化战略是一项复杂的系统工程，对仍属于发展中国家和转型经济体的我国来说，虽然实施该战略是从新兴市场经济走向发达经济的必由之路，但也存在很大的风险，如果缺乏缜密的战略规划和循序渐进的实施程序，经济国际化也可能失败甚至引发国内国际的经济危机。我们在此仅提出制定战略规划时应当注意的若干重大问题。

9.4.4.1　处理好改革与开放的关系

经济国际化并非仅仅是一个处理外部关系的战略，它实际上是一个通过全面开放彻底实行市场经济的战略，其最终目标是实现内外经济体制的一体化。因此，实施经济国际化战略，必然要求进一步深入推动国内相关体制的改革，以改革促进开放，同时以开放带动改革。不过，在不同的层次和领域，改革与开放的作用和次序可能不同，不可一概而论。一般来说，国内的体制和制度改革应当是对外开放的基础和前提，而不是相反。例如，人民币的国际化就应当排在国内利率市场化和汇率制度改革之后。但在一些利益集团盘根错节、改革难以推进的领域，通过开放来促进改革，也未免不是一种好的选择。例如，对于许多垄断行业，通过开放民营企业和外

资进入，可以推动管理体制和市场结构的改革。总之，改革与开放
是经济国际化的两个轮子，应该使两者互为动力、协调推进。

9.4.4.2   处理好内部均衡与外部均衡的关系

一种经济发展战略，只有同时实现内部均衡和外部均衡，才具
有可持续性。迄今为止的出口导向战略，虽然带动了国内就业和经
济增长，但却导致国际收支盈余的大量积累（外部失衡），显然不
具有可持续性。实施经济国际化战略，就是要让开发主义的经济体
制回归市场经济体制。但一国融入国际体系后，国内经济更容易受
到外部冲击的影响，更容易出现内部失衡，政府对经济的控制能力
会下降，宏观调控的机制会变得更加复杂。因此，经济国际化要求
政府更多地采用市场化的间接手段来调控经济，对经济失衡乃至社
会不满具有更强的忍耐力，这就必然要求积极推进政府职能的改革
乃至政治体制的改革。

9.4.4.3   处理好鼓励创新与防范风险的关系

从微观上看，经济国际化就是要解除过多的制度束缚，建立鼓
励企业（含金融机构）创新的多种激励机制。但也要清醒地看到，
由于经济全球化的盲目性，发展中国家的企业国际化进程必然面临
种种风险，甚至可能诱发或者被卷入国际金融危机。对此，企业、
行业组织和政府必须分工协作，建立起有效的风险防范机制和市场
监管体制。经济主体尤其是政府切忌剑走偏锋，要么因噎废食、过
度管制，要么放任自流，重蹈美国次贷危机的覆辙。

9.4.4.4   处理好维护国家利益与国际协调的关系

经济国际化在某种意义上是对经济全球化的主动参与。但经济
全球化给参与国带来的收益和风险是不对等的。全球化的"红利分
配"往往有利于发达国家，发展中国家却可能承担更多的全球化风
险。对此，发展中国家在实施经济国际化战略中必须以维护国家利

益为底线，同时积极参与对全球化的国际治理。这种治理主要包括：（1）在国内体制与国际规则接轨的过程中，建立完善的监管体制和有效的"防火墙"；（2）主动参与国际协同治理，增强发展中国家在国际治理机构（联合国、G20、IMF、WTO 等）中的地位和作用，改革过时的国际经济秩序，重建民主化的国际治理结构；（3）积极推动区域经济一体化进程，通过经济一体化的贸易创造效应和金融合作机制来增强经济增长的稳定性、缩小经济发展差距。

第 **10** 章

后危机时代中国经济结构调整的
方向与路径

10.1　中国经济向何处去

改革开放以来，中国通过参与以价值链分工为主的国际分工体系，发挥劳动力充沛的比较优势，专注于加工制造环节，以大量投资和大量出口带动经济高速增长，创造了仅用短短 30 多年时间就由一个半农业国一跃成为"世界工厂"的"中国奇迹"。然而，时过境迁，一场全球经济危机以后，"中国奇迹"的内部和外部条件都已经发生了巨大变化。内部条件方面，国内的要素禀赋结构优势不再，人口老龄化进展迅猛，劳动力成本迅速攀升，"人口红利"流失严重，原本就不宽裕的土地、自然资源和环境承载力更是到了难以为继的地步。外部条件方面，作为中国主要出口市场的发达国家透支消费、寅吃卯粮的痼疾在经济危机中悉数爆发，迫使它们转换发展模式，开始节衣缩食、削减债务，这使得中国的出口减少了出手阔绰的"大主顾"；而过量的制造又令中国日益严重依赖的进口能源和原材料的价格不断攀升，使"中国制造"与国际大宗商品市场的"中国需求"连为一体；大量消耗化石能源的粗放式"中国制造"，还令温室气体排放导致全球气候变暖的威胁骤然增大，引起国际社会的极大不安。由此可见，"中国奇迹"就与当年的"日本奇迹"和"四小龙奇迹"一样，其产生和延续都是受历史条件限制的，一旦历史条件发生变化，经济高速增长的"奇迹"就会终结，而经济高速增长本身又是历史条件发生变化的催化因素之一（张捷，1999）。当高增长的奇迹终结时，该经济体面临着两种前景：一是及时改变传统的发展模式，由高速的、非均衡的、粗放的发展模式转为匀速的、更加平衡的、可持续的发展模式，转变发展方式主要依赖经济结构调整与制度变革；二是继续维持原有发展模式，最多做一些无关宏旨的微调，从而导致经济逐渐失去活力，人均收入增长停滞，社会矛盾加剧，陷入"中等收入陷阱"。

　　中国经济目前正站在这样一个历史的十字路口。传统发展模式已经来日不多，经济增长的内生动力日趋衰竭，但发展方式的转型和经济结构的调整却又异常艰难、进展迟缓。所有的人对问题都看得十分清楚，中国经济必须由粗放发展转向集约发展，由投资和出口主导转为由创新和消费驱动，由过度依赖外需转向内外需平衡发展。为实现经济的再平衡，必须调整经济结构，促使产业结构转型升级。但每当中央政府要把工作重心转移到转方式调结构上时，都会遇到强大的阻力。阻力主要来自两个方面：一是地方政府和利益集团的抵制；二是经济增长趋缓时产生的就业压力和社会稳定的需求。调结构意味着增长动力的切换和削减过剩产能，经济增速放缓是不可避免的。在现行体制内，地方政府和利益集团天生具有强烈的投资和扩张冲动，调结构所带来的去产能化的紧缩效应将使其利益严重受损。而中国以低端制造业为主的产业结构吸纳了大量的非技能劳动力，这些劳动力的产业转移能力较差，在调结构过程中容易产生结构性失业。因此，无论是体制内的利益集团还是体制外的弱势群体，加上国际市场上的利益相关方（如大宗商品生产国），都希望中国经济始终保持高速增长，它们从不考虑高速行驶的列车是否会在转弯时脱轨。一旦经济增长放缓，就会产生各种喧嚣，回主政者施加强大压力。在这些压力前，加上主政者确实担心经济失速带来系统性崩溃，于是政策的重心可能再度由调结构移向保增长，刺激措施和信贷闸门重新打开，开始了由投资主导的新一轮人造"繁荣"。由政府主导的投资大多数集中在基础设施和大项目上，这些投资给中国经济带来以下影响：（1）产业结构进一步重化工业化，钢铁、水泥等过剩产能不仅未能消除，反而借每一次"投资型繁荣"变本加厉地反弹，达到积重难返的地步。（2）重化工业的过度发展不仅吞噬掉日趋短缺的能源和自然资源，而且带来日趋严重的环境污染，许多地区大范围的灰霾灾害居然成为常态。（3）产业结构的重化工业化降低了经济增长的就业弹性，经济增长创造的边际就业递减，并导致居民的收入增长赶不上 GDP 增长，进一步影响到内需（消费）的扩大。（4）"投资型繁荣"带来的好处大部分被大型国有企业所攫取，中小企业和民营经济难以分到一杯羹，出现所谓"国进民退"现象，导致经济生活的市场化程度下降。（5）"投资型繁荣"导致流动性过剩，吹大了经济泡沫，加剧了地方政府的潜在债务危机，助长了土地财政和房地产热，增大了财政和金融的系统性风险。

由此可见，"投资型繁荣"虽然能够暂时遏制经济下滑，但却使经济结构的扭曲变本加厉，使经济发展的不可持续性变得更加突出。它就像鸦片一样，虽然可以带来短暂的安慰，但却使病毒深入膏肓，一旦吸食上瘾，必将无可救药。如果中国经济不能戒除"投资依赖症"，发生经济危机以及陷入中等收入陷阱将是大概率事件。

既然如此，为何中国调整经济结构的努力总是难以避开"投资依赖症"的干扰呢？除了政治和经济体制的深层因素外，这种饮鸩止渴的现象与经济结构调整的方向不明确也有很大关系。即：从经济结构和产业结构上来看，中国的结构调整和产业转型升级的大方向究竟是什么？未来中国究竟应当以什么产业作为主导产业？新的经济增长点究竟在哪里？

10.2　服务业是虚拟产业和停滞部门吗

近年来，人们在提到中国经济的结构调整时，都有一个隐含前提，即：在发展阶段和产业结构上，中国仍处在工业化中后期阶段，因而结构调整主要应集中在工业内部。各种文件在论及中国的发展任务时，只是提出新型工业化、信息化和城镇化（近来加上了农业现代化），但却绝口不提服务化（或者后工业化）。因此，继续加大对硬件基础设施和重化工业的投资似乎是必不可少的。

中国目前正处于工业化的中后期阶段的基本判断是正确的，需要补充的是，中西部较落后地区仍处于工业化中期阶段，而一些经济较发达的沿海地区则已经处于工业化的后期阶段。但我们的问题是：下一阶段中国经济将进入什么发展时期？亦即中国经济转型升级的中长期目标究竟是什么？从经济发展的普遍规律来看，毫无疑问，中国经济转型升级的中长期目标应该是后工业化和大力发展服务经济。理由如下：

（1）从发达国家的经验来看，服务经济的迅速发展与工业经济的高端化是发生在同一时期的同一进程，因为现代服务业与先进制造业是紧密互补、难舍难分的（道理无须赘述），历史上没有一个发达国家是等工业化走到尽头（这个尽头可能本身就不存在）之后再开始服务化进程的，这样做的国家肯定会陷入中等收入陷阱。换言之，一个服务业落后的国家，制造业向高端化升级一定无法实现。想想在产业微笑曲线两端的研发设计和品牌营销离开了现代服务业能存在吗？因此，发展服务业与发展高端制造业就如一枚钱币的两面，缺一不可。那种认为我国的制造业整体上尚处于较低层次、应实现了制造业的高端化以后再发展服务经济的观点是难以成立的。

（2）中国是一个地区差距较大、发展水平多元化的经济体，内陆地区还处于工业化中期，有些地区甚至尚处于前期阶段，但长三角、珠三角和环渤海等沿海经济发达地区已经到达工业化的后期阶段，人均收入上万美元，向服务经济转型的时机早已成熟。在京、沪、广、深等大城市，服务业的比重均已名列榜首，成为当地的支柱产业。因此，在中国这样的大国，经济结构的转型升级不应当"一刀切"，而应该先后有序、错落有致地展开。当中西部地区仍然以新型工业化为发展目标时，沿海发达地区完全可以率先向后工业化和服务经济转型升级。

（3）结构调整意味着经济发展动力的切换，在动力转换过程中，经济增长减速难以避免，关键是不要由此引起大面积的失业。由于我国的工业化已经进入重化工业主导阶段，工业的有机构成大幅提高，就业带动率日趋下降，而大部分服务业属于劳动密集型产业，就业弹性远远高于制造业。自2011年以来，受欧债危机和产能过剩的影响，我国工业增长疲软无力，但失业率并未攀升，关键就在于服务业逆势增长，吸纳了大部分新增劳动力。因此，大力发展服务业将为经济结构调整提供减少失业的缓冲器。

（4）由于可贸易性弱，服务业属于内需型产业，发展服务业对于提升我国日趋低下的居民消费率有十分重要的作用。第一，满足居民日益增加的服务需求，提高其消费层次；第二，通过物流、信息、批发零售、广告等服务，减低交易成本，促进市场流通，增加居民对工业品和农产品的消费；第三，通过提供优质的医疗保健、教育等社会公共服务，增强居民的稳定预期，从而减少其预防性储蓄动机，扩大当期消费倾向。我们采用1992～2011年的分省数据，实证检验了我国第三产业产值比重对居民消费率的影响，发现前者对后者存在显著的正向影响，第三产业产值比重每增加1个百分点，居民消费率将提高0.24个百分点（参见本章补论）。可以断定，发展服务业是扩内需稳增长的主要抓手。

（5）发展服务业与新型城镇化可以相互促进，相得益彰。一方面，城镇化带来对服务业新的需求，奠定服务业发展的市场基础；另一方面，传统服务业可以为进城农民提供就业机会，现代服务业则将为大学毕业生创造就业机会，成为以人为本的新型城镇化的产业基础。

（6）产业结构的服务化是减少资源消耗和环境污染，发展低碳经济和绿色经济，建立"两型社会"的必然要求。2010 年，中国的 GDP（59 515 亿美元）约占世界 GDP（635 808 亿美元）的 9%，二氧化碳排放量（72 亿吨）却占世界（303 亿吨）的 24%，以不到世界 1/10 的产出排放了世界近 1/4 的二氧化碳。中国每创造 1 美元的二氧化碳排放量为 1.21 千克，世界平均水平为 0.48 千克，中国是世界平均水平的近 2.5 倍，是经济合作与发展组织平均水平的 3 倍，美国的 3.3 倍，德国的 5 倍，巴西和日本的 7 倍，法国的 9 倍（于左、孔宪丽，2013）。中国之所以有如此高的碳排放强度，除了以煤炭为主的能源结构外，与中国过度偏向工业尤其是重化工业的产业结构有着莫大的关系。2011 年，中国工业增加值占 GDP 的 40%，重化工业占工业总产值的 71%，均远高于世界平均水平。中国要实现低碳发展，必须调整产业结构，大力发展低能耗、低排放的服务业。

既然向服务经济转型升级，既是经济发展的客观规律，又有利于在现实中解决结构调整期扩大就业、释放消费、低碳转型和消化过剩产能等诸多棘手问题，那么政府为何不把经济服务化明确列为结构调整的目标之一呢？笔者认为，原因大致有三：

其一，欧美国家过度发展服务经济尤其是其中的金融、房地产等虚拟经济，成为本次全球金融危机的根源之一。危机之后，欧美国家在反思发展模式的基础上，提出要回归实体经济，重建制造业（参见本书美国"再工业化"一节的内容）。这一教训也被一些中国人"引以为戒"。他们担心发展服务业可能导致经济的"虚拟化"，甚至有人把服务业视同为虚拟经济，避之唯恐不及。

其实这种观念是一种误解乃至谬误。首先，实体经济是指物质的和精神的产品及服务的生产、流通等经济活动，包括农业、工业、交通通信业、商业服务业、建筑业等物质生产和服务部门，也包括教育、医疗、文化、科技、信息、艺术、体育等非物质产品的生产和服务部门。无可置疑，服务业整体上属于实体经济而非虚拟经济。虚拟经济的定义五花八门，它大致是指独立于实体经济的虚拟资本的经济活动。虚拟资本包括有价证券、金融衍生商品和专门用于投资增值的房地产等。虚拟资本的特点简单说就是以钱生钱，可以不进入实体经济。由此可见，即便在服务业中的金融、房地产等部门，也非全都属于虚拟经济，只不过含有虚拟经济的成分而已。况且，虚拟经济是市场经济高度发展的产物，它虽然有易产生经济泡沫和扰动实体经济稳定等负面影响，但也有动员沉淀资本、分散投资风险、传递经济信息、改进资源配置效率等积极作用。对虚拟经济不能简单加以排斥，而应善加利用，处理好其与实体经济的关系。其次，在全球化时代，西方国家之所以能够大力发展服务经济，乃至在去工业化过程中虚拟经济发展过头，正是以中国的服务业发展滞后、低水平的工业化发展过度为前提条件的，这一现象正是全球价值链分工乃至服务—制造分工造成的全球结构性失衡。过犹不及，对于中国来说，西方国家的经济结构调整，重新发展制造业和减少制造品进口，正是中国压缩体量过大的低端制造业、大力发展羸弱的服务业的机遇。在制造—服务的国际分工形态下，中国的结构调整只有与西方国家的结构调整相向而行，才能实现世界经济和自身经济的再平衡。中国发展服务业实际上是为了矫正结构失衡的"进补"和"强身"，绝不是什么经济的"虚拟化"。

其二，中国也有不少人把服务业视为"停滞部门"，担心由工业化向服务化的结构转型将带来一种"结构负担"而非"结构红利"，影响经济增长。[①] 20 世纪六七十年代，西方对服务经济的经

---

① 最新的研究文献（Szirmai，2011）指出，发展中国家在由农业经济转向工业经济（工业化）的过程中，制造业起着增长引擎的作用，使发展中国家获得了"结构转型红利"（Structural Change Bonus）；根据鲍莫尔法则（Baumol's Law），由于服务业的生产率增长慢于制造业，因此，随着人均收入提高，在新兴工业化国家的经济结构开始向服务经济转型时，可能产生经济增长放缓等"结构转型负担"（Structural Change Burden），这也许是一些新兴经济体对发展服务业态度谨慎的原因之一。不过，结构转型负担的假说至今未得到经验研究的支持。随着信息技术的普及，服务业的生产率正在快速提高，产生于 20 世纪 60 年代的鲍莫尔法则是否具有普适性，仍然是一个值得研究的重大课题。

典研究——鲍莫尔—富克斯假说，提出了"服务业劳动生产率增长滞后论"和"成本病"等理论，质疑服务业发展对经济增长的作用，认为服务业的不断扩张最终将导致整体经济的停滞。但近二十年来，随着服务业中发生的信息革命和服务全球化的进程，学者们对于服务业对经济增长作用的看法发生了很大变化，有学者（De Vincenti，2000）指出，服务业对制造业的劳动生产率存在正外部性和溢出效应，服务业是促使经济长期增长的"稳定器"；还有学者（Wolfl，2003；Wolff，2007）指出，服务业各部门之间存在很强的异质性，金融、交通、通信等新兴服务业与传统服务业在生产率上存在较大差异，服务业的总体生产率水平取决于服务业的内部结构及其综合。因此，不宜简单地把服务业归为停滞部门。经济结构的调整是有代价的，它可能降低要素参与率（就业率和产能利用率），导致经济增速下滑。要素参与率取决于市场结构的完善程度。竞争性越强的市场，要素参与率越高；反之，则越低。目前中国工业的 80% 以上是制造业，市场竞争性很强；而服务业的 1/2 以上属于垄断行业，缺乏竞争。结构调整导致工业的比重下降，服务业比重上升，这意味着，经济整体的市场化程度降低，生产要素利用程度下降，经济增长速度也将随之下降。但不能因噎废食，为保增长而放弃调结构。

在中国，由于传统发展模式下 GDP 至上的政绩观和考核目标，地方政府热衷于上大型工业项目，而对于发展服务业热情不高。这是由于服务业对 GDP 的短期拉动效应不如工业明显，税收增长效应也比不上工业和房地产开发。尤其是社会公共服务业，其社会效益远远大于经济效益，往往被地方政府所忽略。因此，如果我国各级政府不转变职能，不从开发型政府转为服务型政府，资源仍将更多地流向工业，服务业的发展必将受到排挤和压抑。

其三，政府未把服务业列为发展重点，与服务业的基本特征所要求的市场环境也有很大关系。如果说制造业是"人对物"的生产活动的话，服务业则是"人对人"的生产活动，产品的无形性、异质性、难以储存性以及生产与消费的同时性等是服务业区别于制造业的基本特征（黄少军，2000）。因此，服务业的生产和交易过程需要比制造业更复杂的契约设计和更健全的制度环境，如果将制度也看做一种要素投入的话，则服务业具有很强的"制度密集型"（Institution-intensive）特征（Clague 等，1999；邵骏、张捷，2013）。因此，相对于工业化对硬件基础设施建设的需求，服务化进程更强调以制度建设为核心的软性基础设施的投入。如果像知识产权保护、社会信用体系等制度建设投入不足和制度质量长期处于低水平，服务业发展将由于缺乏必需的制度保障而陷入低效困境，构成服务业发展的阻碍因素。此外，像金融、电信、文化、教育等现代服务业，受到经济安全、意识形态等非经济因素的强烈干扰，往往由政府严加管制，实行垄断经营，严重缺乏竞争和效率。在此情况下，如果政府要把服务化列为发展目标，必须对重要服务部门实行改革开放政策，并下大力气进行各项制度建设，这必将触动既得利益集团和现行体制，遭遇强大的阻力。

综上所述，虽然有很强的必要性，但由于认识的偏差和实践的困难，国家目前尚难把经济结构服务化列为发展目标之一。但在现实中，新型工业化、信息化、城镇化和农业现代化，又有哪一个离得开服务化？因此，对于条件已经成熟的沿海地区来说，不妨大胆先行先试，通过政策引导和制度建设大力推动经济结构服务化的进程，通过服务业的大发展来刺激消费和拓展内需，抵消出口衰减对经济发展的不利影响。

10.3 如何才能推动服务业发展

既然发展服务业有如此重要的意义，那么怎样才能推动服务化的进程呢？是否还像当年政府主导搞工业化那样，由地方政府出面招商引资，直接投资大建基础设施，用财政和金融资源扶持大项目和大企业？如果这样做，非但服务业发展不起来，反而会进一步加重地方的债务负担和金融风险，更别说转变发展方式了。前面提到，服务业与制造业有很大区别，其发展主要不是依靠资本、劳动力、土地和资源等初级要素，而是依靠人力资本、知识、技术和制度规则等高级要素。其中，人力资本和制度环境特别重要，而这些方面恰恰是我们的"短板"，这也是我国服务业发展长期滞后的重要原因。因此，在服务化发展初期需要由政府提供必要的政策导向和开展放开管制的试验（如目前国家在上海搞的自贸区实验，广东在前海、横琴和南沙搞的服务新区试点等），而大规模推动服务业发展则应当主要依赖市场机制和制度规则，为服务化营造一个自由宽松的市场环境，同时努力降低服务业的营运成本和税负。

具体来说，在沿海地区推动服务化进程需要采取以下措施：

（1）以上海自贸区为突破口，有序开放对金融、保险、电信、民航、交通、医疗、教育、广电等行业的管制，在这些部门中引入民营资本和外资；在限制垄断、引入市场竞争机制的同时加强合规性监管，建立与国际接轨的行业标准、执业资格制度和以诚信制度为核心的行业规约。以自贸区建设、参与区域性和跨区域经济一体化谈判以及服务贸易自由化为抓手，加快推进人民币国际化和开放资本项目的进程，使中国经济能够真正与发达国家主导的高规格的国际经济规则体系接轨，成为负责任并有话语权的经济强国。

（2）建立健全严格的知识产权保护制度，加强执法力度和对侵权的处罚力度，保护创新者的合法权益。

（3）创新商业模式，大力发展电子商务等新兴平台经济，增强服务业的竞争力和消费带动效应。

（4）采取切实措施遏制大中城市房地产价格过快上涨的趋势。大城市楼价过高不仅造成泡沫经济，严重危害经济安全，而且抬高了服务业的经营成本，不利于吸引和留住服务业所需的高端人才，是造成服务业产业"空心化"的一大祸害。

（5）实施人才国际化战略，推广中外合作办学试点；放宽对外国移民和外国人来华居住及就业的限制，吸引国际高端服务人才来华创业和就业。

（6）实行教育体制改革，真正落实高校的办学自主权；调整教育结构，大力发展针对服务业的职业教育和就业培训体系。

（7）培育和推动民间中介服务组织的健康发展，进一步落实和完善政府向民间组织购买社会公共服务的制度。

（8）通过优惠政策和制度建设，推动节能环保、研发设计等战略性新兴服务业的发展。当前一些地方政府在发展战略性新兴产业时，往往仅关注产业的技术创新和生产制造能力，而忽略其他增值环节尤其是服务环节的培育，其发展思路依然没有摆脱"制造为王"的传统模式。与传统产业一样，战略性新兴产业也是由复杂的产业价值链所构成，在一些战略性新兴产业的价值链中，占据主导地位的往往是技术研发、管理和服务等环节。从产业融合的观点来看，这类产业可能既是制造业又是服务业，但其服务业的价值创造和价值实现功能远远胜过制造业，因而从本质上应当把它们归类于战略性新兴服务业。以节能环保产业为例，虽然该产业离不开高效节能技术装备的开发以及环保类产品的生产，但如果开发出来的技术设备和产品不能实现产业化和商品化，节能减排的经济效益和环境效益就得不到最终实现，再好的技术也会被束之高阁。而节能减排技术的产业化主要依赖有效的、市场化的节能减排服务体系来实现。这些服务体系的环节包括：节能技术咨询和政策咨询、项目可行性分析、能效计量与能源审计、合同能源管理、排放监测、排放计量与减排核证、排放权交易系统、碳金融服务、人员培训等。发展战略性新兴产业需要重视战略性新兴服务业的培育和发展。

（9）进一步推广和完善"营改增"的税制改革，降低服务企业的税负水平；培育各类民间金融组织，切实解决服务业小微企业的融资困难。

10.4　结论与启示

在经济全球化的推动下，西方发达国家的"去工业化"和跨国公司主导的价值链分工催生出制造—服务的国际分工形态。总体上看，制造—服务的国际分工是经济全球化时代市场机制的产物，它更多地是由发达经济体所主导的国际分工，但也与新兴经济体推行的出口导向型发展战略有着密切关联。改革开放以来，中国越来越深地卷入了制造—服务的国际分工体系中，并且扮演了全球最大加工制造基地的重要角色。为此，中国的工业化进程得以大大加速，但同时也付出了日益增大的代价。除了对资源、环境的透支外，另一个主要代价是经济结构的扭曲。过度依赖制成品出口所产生的挤出效应使得我国的服务业发展滞后，经济结构的转型升级进展缓慢，结构扭曲反过来又导致国内消费需求不足和制造业产能过剩，诱使出口依存度进一步提高。

作为经济全球化的产物，制造—服务分工的产生有其必然性和合理性，但由于制造品可贸易性强、服务品可贸易性弱的基本属性，以及商品贸易的自由化程度远远超过服务贸易，随着制造—服务国际分工的扩展，世界经济极易产生不平衡，服务提供国必然处于逆差地位。这从另一个侧面揭示了作为世界主要服务提供方的美、欧经济为何会陷入入不敷出、寅吃卯粮的困境。当其信用因债台高筑而发生崩溃时，经济危机就会不期而至。全球金融危机以发达国家的"去杠杠化"和消费需求的萎缩倒逼新兴经济体的"去产能化"。对于充当"世界工厂"的中国沿海地区来说，要避免在去产能化过程中可能产生的产业空心化问题，大力发展服务业和战略性新兴产业不失为一种较好的战略选择。向后工业经济转型意味着必须与制造—服务国际分工适度脱钩，降低经济的出口依存度，努力扩大内需，更多地发展与国内消费息息相关的服务业。站在政府的角度，发展服务业的优先领域不是金融、物流等现代服务业（这些领域的发展可以通过市场机制来驱动），而是要大力发展医疗、教育、养老、保障性住房等公共服务部门，以满足居民对核心消费品的需求①，解除其后顾之忧，降低其储蓄倾向，通过社会公共服务来带动私人服务。社会公共服务的基本特征是兼具外部性和排他性，单独由政府提供或者单独由私人部门提供都不是最优方案，最优方案是由政府、私人部门和非营利组织共同提供（政府向企业和非营利组织购买服务或者对后者提供补贴）。因此，发展服务业的关键是要建立起服务型政府，打破行政垄断，开放重要服务部门的准入限制，在服务部门中建立起有效的市场机制和法律制度。此外，发展服务业还需要在推进城市化的过程中大力发展职业教育和在职培训，提高国民素质，使滞留在传统制造业中的劳动力能够顺利向服务业转移。总之，与制造业相比，服务业主要是人对人的生产活动，因而是更加知识密集、人力资本密集和制度敏感型的产业，没有好的制度环境和大量高素质的人才，仅靠政府干预和大量的硬件投资，服务业是难以发展起来的。因此，从工业经济向服务经济的结构转型，其基本前提是实现政府转型、制度转型和国民素质的提高。

10.5　补论：发展服务业能提高国内消费率吗

▶ 10.5.1　问题的提出

根据刘易斯、钱纳里等发展经济学家的经典论述，随着一国经济总量的增长，经济内部的结构将发生相应变化。供给层面的产业

---

①　居民消费可分为核心消费（住房、医疗、教育和社保等）、日常消费（生活必需品消费）和追求愉悦型消费（文化消费、享受型消费等）。其中，核心消费的成本直接影响日常消费和追求愉悦型消费的数量。核心消费的支出比例太大，会挤压用于后两种消费的可支配收入，导致居民消费需求不足。

结构和需求层面的国民收入支出结构是其中重要的两个方面，产业结构和需求结构的变动反过来将改变经济增长速度和发展模式。两者互为因果，相互制约。我国从高度集中的计划经济向市场经济过渡的改革已进行 30 余年，其间经济的高速增长伴随着显著的经济结构变化，例如，工业化进程加速，投资率和出口比重大幅上升等。近年来，经济增速下滑导致的产能过剩、企业经营困难等经济问题的根源都与国民经济各方面的结构失衡有关。本节试图针对困扰中国经济多年的国内消费不足问题，从产业结构角度进行解释并寻求解决途径。

10.5.1.1　我国经济服务化趋势尚未出现

产业结构从农业为主向工业、服务业为主转变是经济发展的必然趋势。中国经济经历了持续 30 多年接近 10% 的高增长，产业结构也随之发生了巨大变化。30 多年来，从产值比重看，第二产业始终保持在 40% ~ 50% 的区间，第一产业比重显著下降，第三产业比重逐渐上升，但尚未超越第二产业比重。从就业结构看，农业人口向第二、第三产业的转移趋势十分明显，第三产业就业比重较第二产业上升更快（见图 10 - 1、图 10 - 2）。

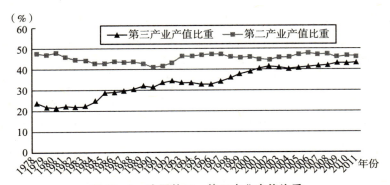

图 10 - 1　我国第二、第三产业产值比重

数据来源：《中国统计年鉴》（2012），下同。

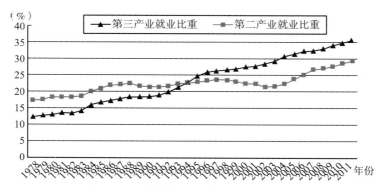

图 10 - 2　我国第二、第三产业就业比重

中国从传统的农业国向工业化国家迈进，必然伴随着农村人口比重和农业产值比重的下降，这一点几乎毫无争议。但是第二、第三产业之间的关系却复杂得多。如图 10 - 1 所示，1978～2011 年，笫二产业产值比重虽有波动，但始终是第一大产业，而第三产业比重呈上升趋势，但上升幅度越来越小，并且两者变化趋势呈现出一定的负相关关系。当第三产业比重达到高点时，第二产业恰好处于趋势的低点。从就业比重看，虽然从 1978 年起两者都在上升，但第三产业就业比重上升的幅度更为明显，并从 1994 年起超越第二产业就业比重。若从全球视角观察，无论与发达国家还是同属发展中国家的印度、巴西等国相比，我国第三产业的就业和产值比重都处于较低水平。2010 年发达国家的国内生产总值中，第三产业的比重均在 70% 以上，发展中国家如金砖国家和墨西哥等，第三产业的比重均超过 55%，而中国仅为 43%（见表 10 - 1）。配第—克拉克定理预言的经济服务化趋势在中国尚未出现。

由于以制造业为主的第二产业在国民生产总值中长期占比过高，近年来制造业出现大规模产能过剩，而在国际竞争中国内企业长期处于全球价值链分工的低端，中国的产业结构可能落入"低水平过度制造业化"的陷阱（张捷等，2013）。

表 10-1　　　　　　　　主要国家国内生产总值结构　　　　　单位：%

		第一产业		第二产业		第三产业	
		2000 年	2010 年	2000 年	2010 年	2000 年	2010 年
主要 发达 国家	美国	1	1	23	20	75	79
	英国	1	1	27	22	72	78
	法国	3	2	23	19	74	79
	德国	1	1	30	28	68	71
	意大利	3	2	28	25	69	73
	加拿大	2	—	33	—	65	—
	日本	2	1	32	27	66	72
主要 发展 中国家	中国	15	10	46	47	39	43
	印度	23	19	26	26	50	55
	巴西	6	6	28	27	67	67
	俄罗斯	6	4	38	37	56	59
	南非	3	3	32	31	65	66
	墨西哥	4	4	28	34	68	62

10.5.1.2　经济增长伴随消费率下降

伴随我国经济增长的另一个现象是消费率的不升反降。最终消费率从 1978 年的 62.1% 下降到 2011 年的 49.1%，而投资率（资本形成率）从 1978 年的 38.2% 上升到 2011 年的 48.3%。从趋势上看，消费率的下降和投资率的上升均在 2001 年之后变得更加明显（见图 10-3）。根据世界银行世界发展指标数据库的数据，2012 年我国消费率、居民消费率均处于主要发展中国家的最低水平，而资本形成率则最高，与发达国家的差异非常大。2000～2010年，我国三项指标与其他国家相比差距都在扩大（见表 10-2）。有学者利用钱纳里标准模式的投资率水平与我国不同发展阶段的数据进行对比，发现在人均 GDP 水平不同的发展阶段，我国始终保持着一个超过世界"标准结构"的投资规模（孙丹，2002）。

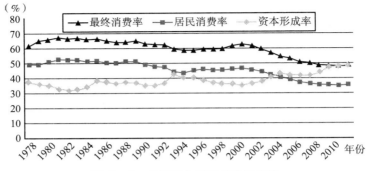

图 10 - 3　我国历年消费率和投资率

表 10 - 2　　　　　　　　　　主要国家消费率和投资率　　　　　　　　单位：%

		最终消费率		居民消费率		资本形成率	
		2000 年	2010 年	2000 年	2010 年	2000 年	2010 年
主要发达国家	美国	83	88	69	71	21	15
	英国	85	87	66	64	18	15
	法国	79	83	56	58	20	19
	德国	77	77	58	57	22	17
	意大利	78	81	60	60	21	20
	加拿大	74	80	55	58	20	22
	日本	73	79	56	59	25	20
主要发展中国家	中国	63	48	47	35	35	48
	印度	77	69	64	57	24	35
	巴西	83	82	64	61	18	19
	俄罗斯	61	68	46	49	19	23
	南非	81	77	63	57	16	25
	墨西哥	78	77	67	65	24	25

　　居民消费率下降伴随投资率上升的变化出现在 2001 年之后，恰好与中国"入世"后外向型制造业迅速发展的现象相契合，一定程度上反映了制造业与出口之间紧密的相互依赖关系。过剩的制造

品无法通过国内消费转化为实际需求，只能依赖国际市场，国内低消费率是出口导向型发展模式在需求层面的重要表现。而在全球经济危机爆发后，来自欧美市场的需求大幅缩减，高制造业比重和高出口依存度互为支撑的供需均衡难以为继。

10.5.1.3　服务业发展与经济增长

产业结构变迁与经济增长互为因果、相互促进。20 世纪下半叶以来，以库兹涅茨、钱纳里和赛尔奎因等为主要代表的发展经济学家从产业结构的视角研究了工业化进程中的经济增长问题。他们的研究表明，产业结构变迁对经济总体的产出增长产生了显著影响。在此基础上提出的"结构红利假说"认为，由于部门间生产率和生产率增长率存在差异，投入要素从低生产率水平或者低生产率增长的部门向高生产率水平或高生产率增长部门流动，保证了经济的高速增长（Peneder，2002）。国外验证产业结构变迁对经济增长影响的近期文献大多采用份额转换法（Shift-share Analysis）将结构变迁效应从劳动生产率增长中分解出来。但这些文献大多数研究的是第二产业内部结构变动对总体生产率的影响（例如，Peneder，2002；Fagerberg，2000）。

针对服务业的研究出现得较晚，20 世纪中叶以来服务业在国民经济中的重要性日益显著，引发经济学家对服务业的关注。无论是理论研究还是实证检验，虽然普遍的观点认为经济发展到一定阶段服务业的比重上升是必然现象，符合人的需要层次的递进和生产要素相对价格变化的规律，但是，就其对经济增长的影响存在广泛的分歧。服务经济的经典研究——鲍莫尔—富克斯假说提出了"服务业劳动生产率增长滞后论"、"服务业就业增长过快论"和"成本病"理论等重要经济思想，质疑服务业发展对经济增长的作用，认为服务业的不断扩张最终将导致整体经济的停滞。相反的观点也层出不穷，例如，Oulton（1999）对鲍莫尔模型的假设进行了修改，将服务业看做为制造业提供中间投入的行业，得出了与鲍莫尔不同的结论：尽管劳动力将持续不断流入服务部门，经济最终不会停滞，整体经济的最终增长率将是两部门的生产率之和。De Vincenti（2000）假设服务部门对制造业部门的劳动生产率存在正外部性和溢出效应，并且假定两部门内部存在"干中学效应"。在生产率增长来源于干中学的情况下，他的模型表明，保持服务业和制造业两部门产出比例不变，会带来总体经济增长率的上升。Wolff（2003）和 Wolff（2007）认为，服务业各部门之间存在很强的异质性，金融、交通、通信等新兴服务业与传统服务业在生产率上存在较大差异，服务业总体生产率水平是否提高取决于各类服务业平均的结果。实证方面，Sanchez and Roura（2006）、Wolff（2007）等分别用美国、欧盟和日本等国或地区的数据验证了服务业对经济增长的促进作用。

近年来，随着我国服务业的发展和全球经济服务化趋势的加强，国内学者对三次产业中第三产业比重变化及其对经济增长影响的研究越来越多。程大中（2008）的研究发现，就中国总体及多数省区市而言，经济服务化趋势以名义增加值、就业和消费支出衡量显著提高，以实际增加值衡量却并未明显变化，以服务进出口比重衡量则显示出"逆服务化"倾向。程大中（2004）利用中国服务业各行业 1978～2000 年的数据对鲍莫尔—富克斯假说进行验证，发现中国整体服务业的劳动生产率增长是滞后的，服务业的就业份额增长较快，"成本病"问题容易发生。就第三产业比重扩大对经济增长的影响，多数学者从供给角度，利用份额转换法等方法研究要素流入第三产业对总体劳动生产率的影响，延续了"结构红利假说"的分析思路。干春晖、郑若谷（2009）利用中国 1978～2007 年的数据和份额转换法，发现中国劳动力从第一产业向第三产业转移对提高整体生产率有正向影响，但对生产率影响更显著的是第二产业内部生产率的提高。刘伟、张辉（2008）根据中国 1978～2006 年数据用同样方法验证产业结构变迁对劳动生产率和全要素生产率增长的贡献，发现产业结构变迁所代表的市场化的力量对我国长期经济增长的贡献正在逐渐地让位于技术进步的力量。张辉、王晓霞（2009）用此方法对北京 1986 ~ 2007 年的数据进行了验证。但是，正如大量文献所指出的，服务业自身生产率的测算困难和对其他产业的外部性影响都使得从生产率角度分析服务业对经济增长的作用显得片面。郑若谷等（2010）采用一个加入产业结构变量的随机前沿生产函数模型，探讨了产业结构对经济增长的影响，发现与第二产业相比，发展第三产业、提高第三产业就业比例更有利于专业化和分工，促进经济增长。

10.5.1.4　国内消费不足的解释

以西方经济学消费理论为依据对我国消费不足问题进行解释的文献层出不穷。分析消费行为的经典工具——消费函数表明，消费从根本上取决于可支配收入和消费倾向。对我国消费问题的研究围绕各种因素对这两个基本变量的影响而展开。从收入角度解释的因素有：居民之间收入分配不公、差距扩大（例如，李军，2003；朱国林等，2002）；收入分配从居民向政府和企业倾斜，居民收入占国民收入比重持续下降（例如，Aziz and Cui，2007；赵坚毅等，2011；方福前，2009）。从消费倾向角度进行的解释有：勤俭节约的文化传统形成的崇尚节俭的消费文化（例如，罗云毅，2004）；社会保障制度不健全，预防性储蓄上升（例如，Kuijs，2005；藏旭恒、裴春霞，2004；等）；除此之外，余芳东（2010）从宏观经济角度强调了我国外向型发展战略对国内消费的抑制作用。在消费倾向的研究中，现有研究分别以边际消费倾向和平均消费倾向为研究对象。方福前、张艳丽（2011）定量分析了我国城乡居民之间和不同收入居民之间边际消费倾向的差异，试图为缩小收入差距能够扩大总消费的论点提供证据，类似研究还有杨汝岱和朱诗娥（2007）、古炳鸿等（2009）、杨天宇和朱诗娥（2007）。吴晓明和吴栋（2007）、蔡德容等（2009）证明了收入差距扩大也是居民年平均消费倾向下降的原因。可见，影响消费支出的两个方面——收入水平和消费倾向本身也是相关的，收入分配状况对消费倾向的影响得到了诸多证据。

中国近年来消费率的降低伴随着住房、医疗、教育等公共服务领域的改革而展开。市场化改革一方面迫使居民在这些领域支出更多；另一方面改革造成的不确定性也使居民的预防性储蓄动机增强，压抑了总消费。这些影响中国居民消费的特殊因素得到了较多的关注。如罗楚亮（2004）、杨汝岱和陈斌开（2009）针对教育支出，白重恩等（2012）针对养老保险，甘犁等（2010）针对医疗改革的实证研究。杭斌（2010）的研究则证明，教育、医疗、住房价格的不断上涨，使居民的预期支出不断提高，从而抑制了当期的消费倾向。

越来越多的学者将需求不足与供给端的结构失衡联系起来，认为有效供给不足是消费难以扩大的重要原因。探讨产业结构与消费结构关系的文献很多，但多数仍重在分析产业结构工业化与恩格尔系数之间的关系，对产业结构与消费结构服务化的关系讨论较少。如查道中、吉文惠（2011）将居民消费恩格尔系数作为消费结构的代表变量，将第二、第三产业比重之和作为产业结构的代表变量，用向量自回归模型（VAR）研究两者关系，发现两者存在长期均衡关系，产业结构升级会使居民消费恩格尔系数下降。类似的研究还有田学斌、闫真（2010）。吴定玉等（2007）、毛盛勇（2007）指出，现代服务业和符合现阶段居民货币购买能力的服务型消费品供给不足，一定程度上影响了居民消费的增长。持类似观点的还有潘文轩（2009），其研究详细讨论了我国现阶段第二产业比重长期过高、服务业发展不足对服务业乃至整个消费市场扩大的阻碍作用。伍艳艳、戴豫升（2010）利用全国1980～2008年的数据证明，过高的工业化程度使得国民收入分配结构中的居民可支配收入比重降低，从而导致居民消费率难以提升。储德银、闫伟（2011）验证了初次分配对消费的影响。白重恩和钱震杰（2009）、黄先海和徐圣（2009）的研究证实了我国劳动收入比重下降的事实，并解释了发展劳动密集度相对较高的第三产业对于提高劳动报酬进而扩大消费的积极意义。

▶ 10.5.2　发展服务业有利于扩大国内消费的理论假说

10.5.2.1　供给与需求关系的历史阶段性

供给与需求的关系总体上是互为因果的，但在不同的经济发展阶段可能有主次之分。对经济中的供给和需求关系的不同认识曾经是经济学不同思想流派观念差异的重要方面和根源，古典经济学时期的萨伊定理提出"供给自身能创造需求"的经典思想；大危机时期凯恩斯倡导需求管理理论以应对生产过剩和需求不足的经济危机；20 世纪 70 年代凯恩斯主义影响下西方世界被"滞胀"困扰，供给学派应运而生，从扩大供给角度提出种种恢复经济增长的建议。从经济史的角度看，在农业社会和工业化初期，经济能够生产的产品大都为满足衣食住行需求的生活必需品，其需求的旺盛使得供给在很大程度上可以得到充分消化。而正如恩格尔定理和需求层次理论的预期，生活必需品得到满足以后，人们对于自身发展的新需求不再是农业和传统制造业能完全满足的，人们对教育、医疗卫生、旅游、休闲娱乐等服务类产品的需求大幅上升，这正是富克斯 1968 年在《服务经济》中描述的情景。也就是说，在工业化时期，制造业规模的扩大和效率的大幅提升为社会创造了巨大的消费品供给，供给能力的扩大是经济高速增长的主导原因，而进入工业化后期，决定经济发展速度和产业结构特征的将主要是需求方面的因素。经济增长的动力从供给上主要来自服务业，在需求结构上则主要来自消费。

就中国的发展历程而言，改革开放之前经历了长期的物质极度匮乏时期，物质产品生产的恢复和市场功能的重启使得人们被抑制的刚性需求迅速得到满足。但是，当人们随着收入水平提高主要需求从制造品向服务品转移时，国内的经济资源仍然主要配置在制造业上，就可能产生供需矛盾，导致经济增速下滑。此时，如果能在制度和政策层面引导服务业发展，转变依赖投资和制造业的发展模式，经济将在服务需求的带动下平稳增长。

10.5.2.2 服务业的内需主导特征

与制造业产品相比，服务产品大多具有非实物性、不可储存性和生产与消费同时性等特征，这导致服务品的可贸易性很弱。出口导向的经济战略在工业化时期可以依靠制造业的繁荣推动经济增长，而在服务业逐步成为经济增长的主导产业时，国内市场的重要性将大大提升，此时国内收入水平的提高已为消费扩大提供了条件，供需双方将在产业结构服务化和需求结构消费主导的双重作用下实现新的均衡。因此，服务业的比重上升往往伴随着需求结构中国内消费需求的上升和出口需求的相应下降。另外，相对于制造业，服务业的发展对固定资产等资本投资要求较低，从而有利于调节投资与消费的关系，使经济中更多资源可用于消费而无须转化为投资，进而提高消费率。

10.5.2.3 服务业发展影响国内消费的多种效应

服务业行业众多，涉及生产活动、公共服务和生活服务等各方面。按照经济学家 Singelman（1978）从功能角度的分类，服务业可分为个人服务、流通服务、生产者服务和社会服务四大类。这种划分方法比较符合我国现阶段服务业发展实际，可分别从这四个方面分析服务业发展对提高消费率的作用。

个人服务业包括家庭服务、旅游和餐饮、娱乐休闲等与个人生活密切相关的行业，这些行业直接提供个人服务品，满足基本的服务需求和随收入提高逐步提升的享受型需求。其发展将直接缓解制造品和消费品供给结构的不合理，扩大消费支出。笔者将这种作用称为服务业发展对消费扩张的供给效应。

流通服务包括交通、仓储、通信、批发零售、广告等为生产销售服务的流通环节，促进供需信息的匹配，降低交易成本，扩大市场范围，从而对所有产品的消费都会起到促进作用。这一效应可称为市场润滑效应。

生产者服务包括银行、信托等金融业，工业房地产、法律服务、信息服务、研发服务、工程技术服务等针对生产者的服务业。生产者服务提高生产的专业化分工，使生产者能够专注于生产制造环节，并促进生产技术的进步和生产率的提高，这是我国制造业转型升级的重要基础。笔者将这种效应称为产业升级效应。

社会服务包括医疗保健、教育和各类社会公共服务，此类服务业的健全能够减少消费者的预防性储蓄动机，从而扩大当期消费倾向。该效应可称为社会保障效应。

▶ 10.5.3　发展服务业与扩大国内消费的实证检验

10.5.3.1　模型和数据

根据杜森贝利提出的相对收入假说，消费者的消费支出不仅受其自身收入的影响，也受周围人的影响（即消费的"示范作用"），同时还受到过去收入和消费的影响，特别是受过去所达到的消费水平的影响（即消费的"惯性"或"不可逆性"），这一观点得到了实证研究的广泛支持。笔者在建立居民消费率决定因素的回归模型时，先将消费的滞后期作为自变量之一，再加入服务业发展指标 SE。本节的基础计量模型如下：

$$CGDP_{i,t} = \alpha_0 + \alpha_1 CGDP_{i,t-1} + \alpha_2 SE_{i,t} + \alpha_3 X_{i,t} + u_i + \varepsilon_{i,t} \qquad (10.1)$$

其中，$CGDP$ 为居民消费率；α_0 为常数项；下标 i 为地区；t 为时间；c 为常数项；u_i 为不可观察的地区效应；$\varepsilon_{i,t}$ 为随机扰动项；$X_{i,t}$ 为影响消费率的其他因素。

我们对服务业发展水平的度量除了考虑其在三次产业中的产值份额，也考虑其与第二产业的相对发展水平，以衡量经济从制造业主导向服务业主导过渡的程度。如前文所述，中国的产业结构受产业政策和外向型发展战略支配呈现出一定程度的"低水平过度制造业化"现象，因此，笔者用三、二产业产值对比系数[①]衡量两者关系，研究其对消费率的影响，具有现实意义。因此，计量模型采用式（10.2）和（10.3）两种形式，分别为：

$$CGDP_{i,t} = \alpha_0 + \alpha_1 CGDP_{i,t-1} + \alpha_2 VPS_{i,t} + u_i + \varepsilon_{i,t} \quad (10.2)$$

$$CGDP_{i,t} = \alpha_0 + \alpha_1 CGDP_{i,t-1} + \alpha_2 VSI_{i,t} + u_i + \varepsilon_{i,t} \quad (10.3)$$

因此，计量模型采用如下两种形式：

$$CGDP_{i,t} = \alpha_0 + \alpha_1 CGDP_{i,t-1} + \alpha_2 VPS_{i,t} + \alpha_3 IGP_{i,t} + \alpha_4 LNGDP_{i,t}$$
$$+ \alpha_5 EXGDP_{i,t} + \alpha_6 URB_{i,t} + \alpha_7 DRP_{i,t} + \alpha_8 PLR_{i,t} + u_i + \varepsilon_{i,t}$$
$$(10.4)$$

$$CGDP_{i,t} = \alpha_0 + \alpha_1 CGDP_{i,t-1} + \alpha_2 VSI_{i,t} + \alpha_3 IGP_{i,t} + \alpha_4 LNGDP_{i,t}$$
$$+ \alpha_5 EXGDP_{i,t} + \alpha_6 URB_{i,t} + \alpha_7 DRP_{i,t} + \alpha_8 PLR_{i,t} + u_i + \varepsilon_{i,t}$$
$$(10.5)$$

这里采用我国1992～2011年省级面板数据作为回归样本，考虑到数据的连贯性和可得性，剔除了西藏、四川和重庆的数据，剩余28个省级单位。数据主要来自历年《中国统计年鉴》，部分数据来自《新中国六十年统计资料汇编》，个别数据缺失采用插值法补齐。各变量符号及含义见表10-3。

表 10-3 各变量符号及含义

因素	变量符号	含义
居民消费率	$CGDP$	居民消费总额/支出法生产总值
第三产业产值比重	VPS	第三产业增加值/当年 GDP
三、二产业产值对比系数	VSI	第三产业产值比重/第二产业产值比重
城乡收入差距	IGP	城镇居民人均可支配收入/农村居民人均纯收入
经济发展水平	$LNGDP$	实际人均生产总值的对数

① "三、二产业产值对比系数"即第三产业产值比重与第二产业产值比重之比，它通常被视为衡量产业结构高度化的指标。

续表

因素	变量符号	含义
出口依存度	*EXGDP*	出口总额/支出法生产总值
城市化率	*URB*	城镇人口/总人口
人口抚养比	*DRP*	0～14 岁、65 岁及以上人口数/总人口数
劳动报酬比	*PLR*	劳动报酬总额/收入法生产总值

　　由于回归方程右边加入因变量滞后项后产生内生性问题，针对面板模型常用的混合回归和固定效应回归不再有效。差分广义矩（difference – GMM）和系统广义矩（system – GMM）是动态面板模型的两种基本估计方法，在一定程度上能有效控制某些解释变量的内生性问题，通过将弱外生变量的滞后项作为工具变量纳入估计方程，从而获得一致性估计。根据差分广义矩方法的思路（Arellano、Bond，1991），先对回归方程进行差分，以式（10.1）为例，差分后方程变为：

$$\Delta CGDP_{i,t} = \alpha_1 \Delta CGDP_{i,t-1} + \alpha_2 \Delta SE_{i,t} + \alpha_3 \Delta X_{i,t} + \Delta \varepsilon_{i,t} \qquad (10.6)$$

　　经过一阶差分，个体效应被消除，而且各变量均平稳（各变量取差分的平稳性检验见表 10 – 4）。但此时变量的内生性问题仍存在，因为 $\Delta CGDP_{i,t-1}$ 与 $\Delta \varepsilon_{i,t}$ 相关，$\Delta CGDP_{i,t-1}$ 为内生变量。在不存在自相关的前提下，$CGDP_{i,t-2}$ 与 $\Delta \varepsilon_{i,t} = \varepsilon_{i,t} - \varepsilon_{i,t-1}$ 不相关，而 $CGDP_{i,t-2}$ 与 $\Delta CGDP_{i,t-1}$ 相关，因此，可用 $CGDP_{i,t-2}$ 作为工具变量进行估计。显然，更高阶的滞后变量（$CGDP_{i,t-3}$、$CGDP_{i,t-4}$…）均是有效的工具变量。以所有可能的滞后变量为工具变量，进行广义矩估计（GMM），就可以得到"Arellano – Bond 估计量"。但是，差分变换带来两个问题：一是差分变换造成部分样本信息缺失；二是当 t 较大时，容易产生弱工具变量问题，并且会随着滞后期数的增加而不断减弱相关性，进而会使估计结果的有效性大打折扣，即产生小样本偏倚现象（杭斌，2011）。为解决这些问题，可以利用系统广义矩估计（system GMM）的方法提高计量估计的质量。因为系统广义矩估计不仅能校正固定效应估计在有限样本中的偏差，并且不容易受弱工具变量的影响，还能综合利用差分和水平方程中的矩条件，将滞后变量的一阶差分作为水平方程中相应的水平变量的工具，因此，比差分广义矩估计更为有效。笔者综合运用差分广义矩和系统广义矩进行回归，并将混合回归和固定效应回归作为参照。

表 10 - 4 　　　　　　　　各变量取差分的单位根检验结果

变量 ＼ 方法	Levin, Lin & Chu t*	Breitung t-stat	Im, Pesaran and Shin W-stat	ADF - Fisher Chi-square	PP - Fisher Chi-square
$\Delta CGDP$	- 16. 1386 ***	- 5. 81638 ***	- 16. 5702 ***	302. 210 ***	372. 297 ***
ΔVPS	- 14. 7633 ***	- 10. 2838 ***	- 13. 5983 ***	249. 893 ***	360. 776 ***
ΔVSI	- 12. 4326 ***	- 8. 59933 ***	- 12. 4778 ***	236. 153 ***	387. 123 ***
ΔIGP	- 0. 46484 ***	- 5. 16688 ***	- 6. 17906 ***	138. 110 ***	186. 549 ***
$\Delta LNGDP$	- 8. 31768 ***	- 4. 90474 ***	- 8. 08817 ***	163. 339 ***	159. 964 ***
$\Delta EXGDP$	- 16. 1629 ***	- 11. 0752 ***	- 12. 1590 ***	225. 805 ***	308. 320 ***
ΔURB	- 16. 2653 ***	- 13. 2842 ***	- 10. 7231 ***	200. 668 ***	223. 372 ***
ΔDRP	- 19. 2813 ***	- 8. 10727 ***	- 19. 7052 ***	363. 601 ***	547. 179 ***
ΔPLR	- 12. 9587 ***	- 8. 40579 ***	- 10. 5026 ***	199. 047 ***	245. 666 ***

注：检验结果来自 Eviews7。Δ 表示变量的一阶差分；*** 表示在1% 的水平上、** 表示在5% 的水平上、* 表示在10% 的水平上分别拒绝存在单位根的原假设。检验形式均为带截距项和趋势的形式。

为确保工具变量的有效性和回归结果的可靠性，按照 Arellano and Bover（1995），可以用 AR 检验和 Sargan 检验来判断工具变量的有效性。AR 检验假设随机误差项 $\varepsilon_{i,t}$ 不存在序列相关。因为经过差分变换后的残差必然会存在一阶序列相关性，只要证明其不存在二阶序列相关性，就可认为原假设成立。Sargan 检验假设过度识别约束是有效的。如果不拒绝原假设则认为所选工具变量是可以接受的。

10.5.3.2　结果与分析

模型（10.4）和模型（10.5）的回归结果表明（见表 10－5 和表 10－6），对于两步差分 GMM 和两步系统 GMM 估计，模型的结果都是有效的：联合显著性 Wald 检验的 P 值均为 0.0000，表明方程整体是显著的；Sargan 检验 P 值均为 1.0000，表明工具变量是有效的；AR 检验的 P 值均表明在 5% 的置信度下，接受随机误差项差分项 $\Delta\varepsilon_{i,t}$ 的一阶自相关，拒绝二阶自相关，即随机误差项 $\varepsilon_{i,t}$ 不存在自相关。

表 10－5　　　　　　模型（10.4）的回归结果

自变量	混合 OLS	固定效应	两步差 GMM	两步系统 GMM
$CGDP_{i,t-1}$	0.811242 *** (0.024480)	0.530124 *** (0.036878)	0.2931025 *** (0.0464249)	0.4227696 *** (0.0610276)
$VPS_{i,t}$	0.015664 (0.025519)	0.147759 *** (0.038882)	0.2369186 *** (0.0619332)	0.1474099 *** (0.0312832)
$IGP_{i,t}$	0.006538 *** (0.002152)	0.002074 (0.004647)	-0.0074582 * (0.004249)	0.0038503 * (0.0023366)
$LNGDP_{i,t}$	-0.016781 *** (0.004135)	-0.038383 *** (0.006342)	-0.0501992 *** (0.0040428)	-0.0409532 *** (0.0039999)
$EXGDP_{i,t}$	0.024896 *** (0.009464)	0.041652 ** (0.016609)	0.0355219 *** (0.0092508)	0.0258923 *** (0.007241)
$URB_{i,t}$	0.020785 (0.017676)	0.061843 ** (0.027453)	0.0364675 ** (0.0170862)	0.0133767 (0.0160267)
$DRP_{i,t}$	-0.008609 (0.028497)	0.001627 (0.038365)	0.1382138 *** (0.0363678)	0.0949492 *** (0.0252395)
$PLR_{i,t}$	0.045926 ** (0.021472)	0.123160 *** (0.025993)	0.0470016 ** (0.0205115)	0.0689578 *** (0.0202871)
Constant	0.158398 *** (0.046942)	0.360383 *** (0.069748)	0.5473128 *** (0.051133)	0.4315107 *** (0.0562254)
调整的 R^2	0.880369	0.895544	—	—

续表

自变量	混合 OLS	固定效应	两步差分 GMM	两步系统 GMM
F 检验	0.0000	0.0000	—	—
联合显著性 Wald 检验	—	—	0.0000	0.0000
Sargan 检验 P 值	—	—	1.0000	1.0000
AR (1) 检验 P 值	—	—	0.0317	0.0087
AR (2) 检验 P 值	—	—	0.2930	0.1888

注：回归结果来自统计软件 Stata12.0，下同。

表 10 - 6　　　　　　　模型（10.5）的回归结果

自变量	混合 OLS	固定效应	两步差分 GMM	两步系统 GMM
$CGDP_{i,t-1}$	0.810737 *** (0.024547)	0.500898 *** (0.037943)	0.3281901 *** (0.0404966)	0.3890441 *** (0.065389)
$VSI_{i,t}$	0.002016 (0.004005)	0.032822 *** (0.006827)	0.0292924 *** (0.0072331)	0.0314607 *** (0.006907)
$IGP_{i,t}$	0.006755 *** (0.002097)	0.003287 (0.004532)	− 0.000237 (0.0027702)	0.0031188 (0.0026437)
$LNGDP_{i,t}$	− 0.016792 *** (0.004159)	− 0.038499 *** (0.006112)	− 0.0462511 *** (0.0040076)	− 0.0432689 *** (0.0046662)
$EXGDP_{i,t}$	0.025789 *** (0.009542)	0.044859 *** (0.016513)	0.0196167 ** (0.0094314)	0.022626 ** (0.009244)
$URB_{i,t}$	0.023160 (0.016429)	0.074922 *** (0.027384)	0.0565325 ** (0.0257698)	0.0446814 * (0.025572)
$DRP_{i,t}$	− 0.009341 (0.029150)	0.004059 (0.038009)	0.096912 *** (0.0313655)	0.1345405 *** (0.0336726)
$PLR_{i,t}$	0.045824 ** (0.021897)	0.118220 *** (0.025825)	0.0656889 *** (0.0162806)	0.0579547 *** (0.0149778)

续表

自变量	混合 OLS	固定效应	两步差分 GMM	两步系统 GMM
Constant	0.161476 *** （0.048527）	0.392585 *** （0.070042）	0.5421706 *** （0.0500721）	0.4746726 *** （0.0631843）
调整的 R^2	0.880342	0.897199	—	—
F 检验	0.0000	0.0000	—	—
联合显著性 Wald 检验	—	—	0.0000	0.0000
Sargan 检验 P 值	—	—	1.0000	1.0000
AR（1） 检验 P 值	—	—	0.0133	0.0148
AR（2） 检验 P 值	—	—	0.2323	0.2067

　　由于在动态面板模型下混合回归和固定效应模型均失去有效性，这里主要考察 GMM 估计的回归系数。模型（10.4）中，除了衡量城乡收入差距的指标 IGP 外，各变量的系数符号在差分 GMM 和系统 GMM 估计中保持一致。其中，滞后一期的居民消费率 CG-DP 显著为正且系数最大，对居民消费率影响最明显，说明中国居民的"习惯形成"特征非常平稳，高速经济增长并不一定能带来居民消费率的上升，而以刺激消费、扩大内需为目的的短期政策措施对提高消费率的作用也值得怀疑。

　　除了滞后因变量，第三产业产值比重 VPS 对居民消费率的影响最大，且十分显著。在两步差分 GMM 和系统 GMM 估计中，其系数分别达到了 0.24 和 0.15。可见，笔者预期的服务业发展程度与消费率的正向关系得到了验证。随着服务业产值的增长，对各类服务自身的消费和对制造业产品消费的促进作用共同推动了地区消费率的提升。不同地区间消费率的大小与服务业产值的比重呈现正相关。实际上，服务业发展程度和消费率水平在不同地区间的差距是很大的。2011 年北京的服务业产值比重最大，达到 76%，其消费率为 34% ，而内蒙古的服务业产值比重和消费率分别仅为 35% 和 23% 。从服务业产值的构成还可以判断服务业影响消费的具体方式。2011 年我国服务业增加值中，批发和零售业与交通运输、仓储和邮政业分别占到 21.2% 和 10.7% ，1978 年至今这两个行业增加值均超过服务业整体的 30% （见图 10 - 4），这两个行业属于流通服务业，与居民消费直接相关。2001 年之后居民消费率下降正好伴随着这两个行业比重的持续下降。相对于制造业的产能过剩，服务业中的商贸流通，尤其是中西部地区的流通服务发展不足，提高了商品交换中的流通成本，使商品销售和居民消费受到抑制。尽管消费需求和流通服务供给之间的因果关系难以明确，但可以肯定流通服务的快速便捷对居民消费行为有促进作用，即前面提到的"市场润滑作用"。

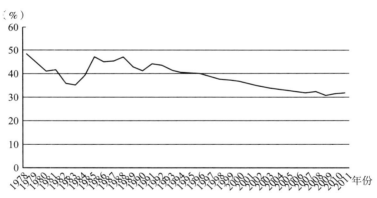

图 10 - 4　批发和零售业与交通运输、仓储和邮政业在服务业中的增加值比重

考虑到服务业产值比重的增加既可能来自制造业比重的下降也可能主要得益于农业比重的大幅下降，需要对三、二产业产值对比系数的影响进行考察。模型（10.5）的回归结果显示，在差分 GMM 和系统 GMM 模型中，虽然变量 *VSI* 的系数显著为正，但数值很小，不是影响消费率的主要因素。也就是说，尽管第三产业比重对消费率有正的影响，但从第三产业与第二产业的产值对比关系看，产业结构的服务化对于提高消费率的影响并不明显，这符合我国产业结构服务化趋势尚未形成的现状。

从 1978 年以来三、二产业产值对比系数的变化情况来看，1997 年起系数经历了大幅上升，到 2002 年达到高点 96%，此后逐年下滑，2008 年之后的几年又略有回升。其变化轨迹与我国出口贸易的发展呈现相反的趋势（见图 10 - 5）。产生这种相关性的原因是出口基本来自第二产业中的制造业，服务品本身的可贸易性较差，且我国的服务业发展还相对滞后，服务贸易比重很低。1997 年为了应对亚洲金融危机导致的外部需求不足，政府启动了扩大内需的多项政策，国内服务业得到较快发展。2001 年随着我国加入 WTO，出口得到前所未有的扩张，三、二产业产值对比系数则明显下降。直到 2008 年全球金融危机爆发，出口增速下滑，出口依存度明显下降，三、二产业产值对比系数由于经济增长对内需依赖的增强而有所上升。

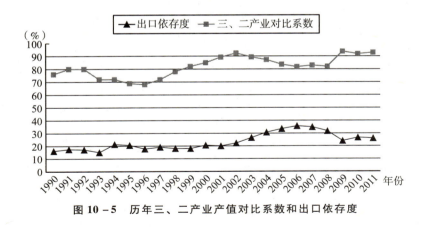

图 10 - 5　历年三、二产业产值对比系数和出口依存度

不难发现，过去 30 多年间我国经济在大多数时间里的增长，

从需求角度看与出口密切相关，而从供给角度看主要来源于以制造业为主的第二产业，服务业的发展潜力仅仅是在出口遭遇严重困难、经济更多依赖内需时才得以发挥，服务业的发展在经济高速增长的时期被制造业的扩张所抑制，服务业带动国内需求提升和经济增长的潜力未得到充分发挥。

模型中考察的其他变量回归系数较小，对消费率的影响不大，原因可能是地区之间的发展水平和产业结构的差异影响了回归的效果，但仍有几个变量的回归结果值得注意。模型（10.4）和模型（10.5）均表明人均GDP与消费率存在显著的负相关关系，这在某种程度上印证了我国经济增长的动力并非来自消费，而是来自投资。从发达国家和亚洲四小龙等新兴国家的发展历程看，消费率下降、投资率上升是工业化初期普遍存在的现象，但此后其投资率均大幅回落。以新加坡为例，20世纪60年代新加坡开始致力于经济建设，推动工业化，70~90年代经济出现高速增长，同时投资率也从1960年的不到10%上升到1984年的最高值47%，与中国2010年的数值接近。此后投资率逐渐回落，2000年以后保持在20%左右，消费率则达到50%左右。产业结构上此时新加坡已从转口贸易中心和加工制造基地转型为世界主要的金融中心之一，收入水平进入高收入国家行列。随着我国工业化的推进，未来经济增长的主要动力必然从工业制造逐渐向服务转移，从投资向消费转移。

出口依存度与消费率的显著正相关关系似乎与前述假设和分析矛盾，高出口依存度并未降低国内消费率。其原因在于笔者采用的是宽度较大的面板模型，地区因素对结果的影响较大。我国东、中、西部之间发展水平差异大，中西部地区第三产业不发达与农业在经济生活中的比重较高有关，其第一产业产值比重基本都在10%以上。东部省份更高的经济总量引起了产业结构向第三产业的转移，浙江和广东第一产业产值比重均低于5%，北京和上海不到1%。第三产业比重提高有助于东部地区消费的提高。同时，尽管中西部尤其是中部不少省份第二产业比重并不低，但沿海的区位优势使东部地区参与国际贸易更为便捷，因此，东部地区外贸依存度和经济发展水平均高于中西部地区，消费率也普遍高于中西部地区。人口抚养比（DRP）和劳动报酬占比（PLR）对消费率的积极影响得到了较好的证实。城乡收入差距（IGP）在两个模型中系数符号相反，而且显著性很弱，表明其对居民消费率的影响的复杂性，限于篇幅，这里不再作详细讨论。

▶ 10.5.4　结论与启示

本补论以第三产业产值比重和三、二产业产值对比系数为指标，利用我国省际数据建立了两个动态面板 GMM 模型，检验了服务业发展水平对我国消费率的影响。实证检验表明，服务业发展有利于最终消费率的提升，但由于经济增长长期依赖投资和出口，供给结构中第二产业的比重持续高企，服务化程度低，服务业远未成为拉动消费并促进经济增长的主要动力，居民的服务消费潜力以及服务业对第二产业产品消费的促进作用均未得到充分发挥。

近年来我国经济增长动力衰减。根据国家统计局的数据，2008～2012 年全年国内生产总值增速明显放慢，仅有 2010 年超过 10%，2012 年降到 7.8%，而 2003～2007 年的五年间 GDP 增速逐年提高，2007 年达到最高的 11.4%。除了周期性因素的影响外，结构性因素对经济增速放缓的影响也不可小觑。产业结构中三次产业比例不协调，服务业发展滞后；需求结构中投资和出口占比过高，消费不足；收入分配结构中劳动者工资报酬相对于企业利润和税收比重偏低；等等。这些都是亟待矫正的结构性扭曲。实际上，上述种种不均衡也是互相关联的，经济增长依靠投资和出口拉动，必然抑制消费，而政府主导的投资又往往集中于基础设施和所谓战略性新兴产业，受益者主要是制造业；由于服务业发展滞后引起内需不足，制造业大举扩张的产能必须依靠出口来消化，一旦出口受阻则必然导致严重的产能过剩。经济增长动力机制背后的结构刚性，使得结构调整难以一蹴而就，主要依靠消费来拉动经济增长的条件目前尚不具备。但产能过剩使得依赖制造业扩张来带动经济增长已经困难重重，同时，资源约束和环境恶化也已接近临界点。在上述局面下，必须改变投资拉动经济的旧思维，通过放松对服务业的各种管制和降低税负，积极引导生产要素向需求旺盛但供给不足同时对资源环境消耗较小的服务部门转移，以服务业发展的各种消费效应拉动总消费，使经济重新获得新的增长动力。

第 *11* 章

中国服务业发展的制度因素分析

　　制度是一个社会的博弈规则，是一些人为设计的、形塑人们互动关系的约束（诺思，2008）。如果将制度也看做一种要素投入的话，则服务业具有很强的制度密集型特征。这一特征主要来自于服务产品自身的独特属性，从而使服务业需要更为复杂的契约安排以保障其生产、交易和消费过程的顺利实现（Clague 等，1999）。[①]

　　对于中国而言，制度对服务业发展的影响显得更为重要，这是由我国目前尚处于经济体制转轨时期的国情所决定的。黄少安（2000）指出，同一轨迹上的制度变迁不仅包含一个重大的变茧，还包括在这个大的变革框架内具有完善、修补意义的持续的变迁过程。因此，制度变迁可以看做主体制度即时变革和从属制度缓慢变化的统一过程。改革开放以来，以市场化为核心的经济体制改革促进了中国宏观制度环境的巨大变革，制度变革的"红利"为短期为

---

　　① 胡超、张捷（2011）从服务产品自身具有的独特属性出发，探讨了制度在实现其生产、交易和消费过程中的关键作用。他们指出，无形产品的特征使得服务产品更多地体现为"信任品"范畴，而这种"信任品"声誉的构建和维护需要良好的、严格的、公正的、有效执行的制度环境来为其提供激励和保护；异质性的产品属性往往使得服务业具有很强的知识密集型特征，而这类服务业的顺利发展需要更高质量的知识产权保护力度和创新环境；难以储存性以及生产和消费的同时性特征很容易造成服务交易双方的锁定，甚至造成交易双方的损失，为避免这种情况发生，往往需要在服务产品生产或交易之前对交易的细节和双方的权利、义务做出详细的规定，客观上需要更全面和复杂的契约安排以及高效的契约执行制度。

国内经济的快速增长提供了充足的动力（卢中原、胡鞍钢，
1993；金玉国，2001）。如果将计划经济向市场经济的转轨、确
立市场经济体制的主导地位视为主体制度变革的话，我国在1993
年以后基本上顺利实现了这一改革目标。但是，如何进一步深化
市场化改革、提高市场运行效率、挖掘社会主义市场经济体制的
潜力仍是我国未来很长一段时期内必须面对和解决的重大任务。
作为一种制度敏感型的产业，国内经济制度的一系列变革必然会
对服务业的发展产生深远影响，并最终形成国内服务业发展的
特点。

　　本章从中国改革开放的现实出发，从地区和行业两个维度探讨
不断变革的制度环境对国内服务业增长的影响机制，据此提出进一
步促进我国服务业健康发展的建议。

11.1　相关文献评述

　　以科斯和诺思为代表的新制度经济学打破了新古典经济学关于
制度外生的假定，指出传统经济增长理论忽略了在专业化和劳动分
工发展的情况下生产要素交易所产生的费用，而制度的建立就是为
了减少交易成本，减少个人收益与社会收益之间的差距，激励个人
或组织从事生产性活动，最终推动经济增长（杨晓敏、韩廷春，
2006）。因此，制度被认为是促进经济增长的根本原因（诺思，
2008）。其后大量学者为这一论断提供了丰富的经验证据。Hall and
Jones（1999）构建了一系列"社会基础设施"（Social Infrastructure）
变量，对全球127个国家1988年的截面数据进行了实证分析，指
出制度环境的差异决定了各国不同的经济发展绩效。Levchenko
（2007）的研究则指出，制度是形成一国（或地区）比较优势的源
泉，制度水平的差异决定了各国（或地区）的贸易模式。Eggerts-
son（2005）认为，有效的产权制度能够保护所有者财产不被当权

者攫取，强化他们对投资的预期，最终促进金融的发展和经济的增长。Acemoglu 等（2005）研究了政治制度与经济增长之间的关系，并指出，只有当政治制度将权力分散给各种产权利益的群体，让他们对权力拥有者产生约束和当权力拥有者的寻租很少时，才能有效地促进经济增长。此外，Salai - Martin（1997）还探讨了一国法律规则的完善程度与其经济增长之间的关系。国内学者也试图运用新制度经济学的研究方法解释我国经济发展中出现的现象和问题。黄少安（2000）结合中国和其他一些转型国家市场化改革的事实，从制度变迁的边际收益变化、政府对市场化的推动作用以及制度变迁中不同主体角色的定位和转换三个方面提出并验证了制度变迁的三个假说。金玉国（2001）从产权制度变迁、市场化改革、分配格局变化和对外开放四个方面探讨了宏观制度环境变化对我国经济增长的促进。刘文革等（2008）以改革开放为分界点，探讨了制度在改革前后对中国经济增长的不同影响。潘向东等（2004、2005a、2005b）研究了贸易双方的经济制度安排对贸易流量、产品结构以及贸易格局形成的影响。陈楠、邓建东（2008）建立了一个政府、官员、百姓和外商之间的动态博弈模型，从资源配置的视角分析了中国私人产权保护与经济增长之间的关系。方颖、赵扬（2011）以中国 1919 年基督教教会初级小学的注册学生人数作为产权保护制度的工具变量，指出产权制度实施的完善程度提高 0.01 个单位，则该地区人均 GDP 可提高 4.23%。

　　总的来看，国内外学者的研究重点主要集中在制度与经济增长、贸易格局的互动关系之上，而涉及制度与服务部门增长的相关性研究相对较少。从现有的研究成果来看，国外学者侧重于从服务业自身的特殊性出发，探寻在服务业增长的一般规律中制度因素扮演的角色，而国内学者的研究更偏重于引入相关的制度变量以解释国内服务业发展相对缓慢和地区发展不平衡的事实。

　　Hill（1977，1999）最早从制造品与服务品的属性差异出发，指出服务品的无形性特征往往使其生产和消费过程同时进行，这一方面使得在服务交易过程中需求方既无法在交易之前对服务的质量进行检验又很难在事后对其质量进行有效评估（Holmstrom，1985）；另一方面服务品的属性也增加了服务生产方对其产出保护的难度。因此，服务交易的顺利实现有赖于外部公正、独立的契约保护和执行体系的建立，以缓解服务交易的困境（汪德华、张再金、白重恩，2007）。Clague 等（1999）进一步提供了制度水平与服务业增长之间关联性的经验证据，他们引入了一种"契约密集度"的测量方法（Contract-intensive Measurement），实现了对契约的执行力和产权的安全性进行全面评估，并指出服务业的生产和交易涉及更为密集和复杂的契约安排，因而具有"契约密集型"的特征；通过对金融和保险等行业的实证分析，指出契约的密集程度与服务部门的经济规模存在显著的正向关系。Mattoo 等（2001）则研究了贸易自由化对服务业增长的影响，以金融和电信部门为样本的跨国经验研究证实，一国服务业的对外开放程度越高，服务业发展越有可能获得比其他国家更高的增长率。Singelman（1978）的研究主要讨论了城市化进程与服务业发展之间的关系，指出城市相对发达的公共基础设施为服务品供需双方的交易提供了优越的条件，是促使农业经济向服务经济转变的重要因素。Keeble and Wilkinson（2000）探讨了城市化在促进集群的服务企业通过"集体学习过程"提高创新能力方面发挥的积极作用。

汪德华等（2007）从中国服务业发展水平低于其他同等收入水平国家的现实出发，利用跨国横截面数据，实证检验了政府规模、法治水平与一国服务业发展水平之间的关系，指出一国契约执行制度的质量与该国的服务业发展水平显著正相关，政府规模与其服务业发展水平显著负相关，并且，制度对服务业发展的影响在穷国更显著，初步解决了处于同等收入水平的国家间服务业发展不平衡的困惑。胡霞（2007）的实证分析引入了市场化程度、政府对经济的干预程度以及对外开放程度等制度变量，对我国东、中、西部地区服务业发展水平不平衡的现实做出了解释，指出市场化和政府行为方式的转变是促进国内服务业快速发展的重要因素，对外开放对服务业发展发挥促进作用需要一定的人力资本门槛，城市享受政策的差异是导致各地区服务业发展不平衡的主要原因。倪鹏飞（2004）关于城市化进程与服务业发展的研究指出，第二产业的发展和城市化进程虽然会对国内城市服务业的规模和增长有积极的正面效应，但对于其增加值比例及其增长速度有显著的负面效应。郭文杰（2007）的实证研究表明，城市化不仅为服务业的发展提供了充足的劳动力供给，同时，城市化引致的非农人口比重的提高极大地刺激了对服务的需求，因此，城市化是推动服务业增长的重要因素。顾乃华（2011）基于省市互动的新视角，指出城市化进程是推动城市服务业增长的重要因素，但各城市所属省份的市场化程度、对外开放程度和财政改革程度等制度因素间接地影响所辖城市的服务业增长和增加值比重，这说明，制度变迁进程在省份之间的不均匀分布是造成我国城市服务业发展不均衡的一种重要影响机制。此外，胡超、张捷（2011）还探讨了制度环境在形成一国服务贸易比较优势方面的作用，通过对全球 162 个国家和地区的实证分析，指出制度环境的改善能够有效提升一国服务出口的 RCA 指数，并提高服务经济在 GDP 中的比重。

　　以上的研究不乏真知灼见，但主要存在三个方面的缺陷和不足：首先，这些研究往往仅考虑制度变量对国内服务业增加值或增长速度的直接影响，而没有进一步探讨制度因素通过影响生产要素的使用效率对服务业产出的间接影响。其次，在制度指标的选取上，大多数学者采用诸如美国传统基金会（The Heritage Foundation）、透明国际（Transparency International）以及商业环境风险调查组织（Business Environmental Risk Intelligence）等国际组织提供的对各国市场化程度、政府廉洁程度以及契约和产权安全程度等方面的相关评估数据。然而，这些数据一方面由于年限较短而难以较好地反映我国制度变迁的过程;① 另一方面数据的编制仅涉及国家层面，不能反映制度变迁对不同地区服务业和各细分服务行业的影响。最后，以往的实证研究主要集中于国家层面的分析，较少从跨地区和跨行业的角度探讨国内服务业发展与制度之间的互动关系。

因此，笔者试图从以下三个方面克服以往研究的不足：第一，在传统的 Solow 增长模型中引入制度变量，全面分析制度对服务业产出增长的直接和间接影响；第二，借鉴樊纲指数的编制方法，从政府分配经济资源的比重、非国有经济的发育程度、知识产权保护水平、城市化进程以及行业竞争程度等五个方面构建反映中国制度变迁的指标体系，探讨制度环境变化对国内服务业增长的影响；第三，构建包含全国主要省市地区和各细分服务行业的面板数据，从跨地区和跨行业两个角度考察制度变迁对国内服务业增长的影响。

11.2 制度因素影响中国服务业增长的理论假说

▷ 11.2.1 包含制度变量的拓展 Solow 模型

针对如何将制度作为一种生产要素引入生产函数并解释其对产出增长的作用的问题，目前学术界主要分为两派观点。一派学者主张将制度作为一种直接的要素投入引入传统的生产函数，论证制度对产出增长的直接影响机制，如 Hall and Jones（1998）、潘慧峰和杨立岩（2006）以及刘文革等（2008）等。另一派学者则指出，制度对产出增长只有间接动力作用，因此，在构建生产函数时，制度因素可能不应作为"显性变量"直接出现（王艾青，2008）。笔

---

① 如美国传统基金会发布的经济自由化指数（Index of Economic Freedom）最早从 1995 年开始编制，而透明国际编制的清廉指数（Corruption Perceptions Index）是从 2001 年开始发布的。

者认为，单独强调制度对产出增长的直接或间接效应都是有失偏颇的：一方面，制度作为一种规范的交易规则，最大化地降低了交易成本，直接促进了产出效率的提高，刺激了产出的快速增长；另一方面，完善的产权保护制度和有序的市场竞争秩序能够有效地促进投资规模的扩大，健全的法制体系和鼓励创新的制度环境能够实现对技术进步的有效促进，因此，高质量的制度环境还能通过提高资本累积和促进技术进步实现对经济增长的间接促进效应（王泽填、孙辉煌，2010）。因此，我们拟在传统的 Solow 增长模型中引入制度变量，分析制度对服务业产出增长的直接和间接影响机制。

我们将传统 Solow 增长模型引入服务领域，假设生产函数是柯布—道格拉斯形式（C－D 生产函数）：

$$Y_{it} = A_{it}K_{it}^{\alpha_K}L_{it}^{\alpha_L} \tag{11.1}$$

其中，Y_{it}、K_{it} 和 L_{it} 分别表示 i 地区（或行业）在 t 年的服务业增加值、资本和劳动投入；α_K 和 α_L 分别为资本和劳动投入对于总产出 Y 的产出弹性，由于通常假定 K 和 L 是规模报酬不变的，因此，$\alpha_K + \alpha_L = 1$；A 为全要素生产率（TFP），代表技术水平。

Hall and Jones （1998）运用跨国截面数据验证制度影响各国不同的经济增长绩效时，将"社会基础设施变量"与各国的人均产出水平直接进行回归，测算各制度变量对各国人均产出水平的影响。我们借鉴这种做法，由（11.2）式给出制度对服务业增长水平的直接影响效应。

$$\text{Ln}Y_{it} = \beta_0 + \beta_1\text{Ln}Z_{it} + \varepsilon_{it} \tag{11.2}$$

其中，Z_{it} 表示 i 地区（或行业）t 年各种制度变量的集合，ε_{it} 为随机误差项。

此外，制度变迁影响服务业增长的间接效应主要通过对资本累积效率和全要素生产率的作用得以实现，因此：

$$\text{Ln}K_{it} = \gamma_0 + \gamma_1\text{Ln}Z_{it} + u_{it} \tag{11.3}$$

$$\text{Ln}A_{it} = \eta_0 + \eta_1\text{Ln}Z_{it} + v_{it} \tag{11.4}$$

（11.2）式至（11.4）式构成了本章的基本实证模型，我们将在第 11.4 节中从地区和行业两个层面分别检验各种制度变量对国内服务业增长的直接和间接效应。

进一步,在(11.2)式两边对时间因素 t 求导,变化可得制度对服务产出增长率的直接贡献率:[①]

$$\frac{\Delta Z_{it}/Z_{it}}{\Delta Y_{it}/Y_{it}} = \frac{1}{\beta_1} \tag{11.5}$$

资本要素 K 和全要素生产率 A 对服务产出增长的贡献率 E_K 和 E_A 分别为:

$$E_K = \alpha_K \frac{\Delta K_{it}/K_{it}}{\Delta Y_{it}/Y_{it}} \tag{11.6}$$

$$E_A = \frac{\Delta A_{it}/A_{it}}{\Delta Y_{it}/Y_{it}} \tag{11.7}$$

而由(11.3)式和(11.4)式分别可以得到:

$$\frac{\Delta K_{it}}{K_{it}} = \gamma_1 \frac{\Delta Z_{it}}{Z_{it}} \tag{11.8}$$

$$\frac{\Delta A_{it}}{A_{it}} = \eta_1 \frac{\Delta Z_{it}}{Z_{it}} \tag{11.9}$$

将(11.8)式、(11.9)式分别代入(11.6)式、(11.7)式即可得到制度通过影响资本累积效率和全要素生产率对服务产出增长的间接贡献,分别为 $\alpha_K \gamma_1 \dfrac{\Delta Z_{it}/Z_{it}}{\Delta Y_{it}/Y_{it}}$ 和 $\eta_1 \dfrac{\Delta Z_{it}/Z_{it}}{\Delta Y_{it}/Y_{it}}$。因此,制度对服务业产出增长的直接和间接影响之和为 $\left(\dfrac{1}{\beta_1} + \alpha_K \gamma_1 + \eta_1 \right) \dfrac{\Delta Z_{it}/Z_{it}}{\Delta Y_{it}/Y_{it}}$。

综上所述,制度因素影响服务业增长的途径不仅体现为其对服务业产出增长的直接作用,还表现在制度因素能够显著影响服务生产过程中的资本积累效率和全要素生产率,间接影响服务业产出的

---

① 贡献率定义为各要素产出的增加值与总产出的增加值之比,为了与模型的推导框契合,我们拓展了这一定义,用各要素产出的增长率与总产出的增长率之比表示贡献率。此外,在理论模型推导过程中并不考虑随机误差项 ε_{it} 的影响。

增长。因此，我们讨论的服务业增长，既包括服务业产出的变化，也包括服务生产中资本积累效率和全要素生产率的改变。

▶ 11.2.2　制度变迁影响我国服务业发展的理论假说

中国制度变迁的主要推动力来自经济体制改革，而经济体制改革的核心是逐步实现市场化。在市场化改革过程中，会涉及政府与市场在资源配置、利益分配、产权结构、定价机制等诸多方面的博弈和调整。限于篇幅，笔者不可能全面评估制度变迁对国内服务业增长产生的各种效应。因此，基于服务业的特性以及数据的可获得性，我们主要从政府配置经济资源的比重、非国有经济的发育程度、知识产权保护水平和城市化进程等四个方面探讨制度变迁对国内各地区服务业增长的影响，并从非国有经济的发展以及行业竞争程度两个方面分析制度变迁对各细分服务行业增长的影响。

11.2.2.1　政府配置经济资源的比重对服务业发展的影响

政府在经济发展中应该发挥什么作用，一直是经济学界争论不休的话题。一般而言，政府对经济发展的影响是"双重"的：一方面，政府通过掌握的经济资源可以对经济进行有效的干预和控制，不仅能够为市场运行提供各种必要的条件，帮助缓解各种市场失灵问题，还能够迅速、高效地集中有限的经济资源推动一国（或地区）的工业化进程，最终实现工业经济时代的经济快速增长；另一方面，政府本身作为一个利益主体，为增进自身利益，也可能过度地介入和干涉市场，形成对经济增长的阻碍，甚至"在追求垄断租金最大化的驱使下，导致国家陷入低效率状态"（诺思，2008）。目前看来，更多的研究成果支持政府对经济增长存在显著负相关关系的观点（汪德华等，2007）。而这种阻碍作用的大小是由政府在资源配置中的地位所决定的。

从服务业的产业特性出发，我们认为，政府配置经济资源的比重越大，对服务业增长的阻碍作用越明显。

一方面，部分服务业（如金融、电信、能源、交通等）由于是涉及国民经济运行的基础部门，往往实行政府主导下的国有垄断经营。江小涓、李辉（2004）指出，中国经济中存在进入管制和垄断问题的行业主要在服务业，根据《中国第三产业统计年鉴》（2009）公布的 2008 年中国百家第三产业大企业集团名单，排名前 10 位的企业都是中央政府的直属企业，后 90 位的企业中除苏宁电器、绿地集团和保利集团等少数几家民营企业外，都是中央和各级地方政府直属或控股的企业。由于处于垄断地位，民间和外来资本难以进入，使得这些行业长期以来竞争不足、效率低下、创新乏力，反过来抑制了服务业自身的发展。

另一方面，地方政府控制的资源更偏向于流入工业（主要是制造业）部门，对服务业发展的支持相对较少，这是由于两个部门不同的生产属性决定的。根据各国工业化的经验，工业起飞的前期需要大量的要素堆积，但当生产达到一定规模后能产生较强的规模效应，不仅能够促进经济的快速增长，还能为要素所有者提供丰厚的回报；而服务产品由于自身的异质性、生产和消费的同时性特征，其消费和交易过程往往具有很强的排他性和时效性，难以形成像工业那样的规模经济效应。因此，政府主导下的投资结构更倾向于支持能够带来显著经济增长效应和税收回报的工业企业的发展，而忽略难以在拉动经济增长和税收增加方面起到立竿见影作用的服务业发展，这从我国各级地方政府为发展工业提供的优惠政策中可见一斑（刘培林、宋湛，2007）。

综上所述，我们得到待检验的理论假说 1：

假说 1　政府主导资源配置的经济体制不利于国内服务业的发展，主要体现在对产出增长和资本积累效率的阻碍上。因此，政府分配经济资源的比重越大，对服务业发展的阻碍作用越显著。

11.2.2.2　非国有经济的发育程度对服务业发展的影响

改革开放以来，以市场为导向的非国有经济的迅速发展对我国的经济增长和市场化改革做出了最重要的贡献（樊纲等，2011）。非国有经济的发展强化了市场在资源配置中的作用、深化了产权结构多元化的改革、拓宽了投融资渠道，为我国服务业的发展创造了良好的制度环境。

首先，非国有经济的发展弱化了政府在资源配置中的作用，迫使政府放松了对一些服务行业的管制，在一定程度上削弱了服务业的垄断性，增强了市场竞争，从而对于提高服务业的效率至关重要（Mattoo 等，2001）。因此，非国有经济的发展有利于服务业的增长。

其次，非国有经济的发展深化了产权多元化改革，进一步明晰了产权主体的责、权、利，可以对服务产品的提供者产生有效激励，提升产权主体从事经济活动的积极性，有利于促进服务业企业效率的提高。

因此，我们提出理论假说 2：

假说 2　非国有经济的发育程度与服务业增长正相关，非国有经济的快速发展能够有效促进国内服务业产出的增长和资本的积累。

11.2.2.3　知识产权保护水平对服务业发展的影响

相对于其他产业，服务业产出的增长和全要素生产率的提升需要更为有效的知识产权保护体制，这是由服务产品独特的生产属性所决定的。

一方面，服务生产并不形成一个可交换的静态的"物"，而是产生一种运动形态的使用价值，这种使用价值通过作用于消费者使得其实现某种"状态的变化"而获得效用，即完成了服务产品的交易（黄少军，2000）。20 世纪 80 年代以来，随着以提供专业中间服务为主要业务的商业服务业（Business Service Industry）的快速发展，服务产品的非实物形态特征使其通常以无形的"知识"形式存在（如品牌设计、广告策划、营销计划等）。① 作为一种非实物的精神产品，难以从法律上对知识的所有权、价值等进行有效的界定和保护；但知识的使用和传播必须借助实物的媒体，因此，对知识的排他性限定可以通过附着于实物媒体上的知识产权得以实现。而如何寻求适合的媒体介质，提高知识与实物媒体的契合效率，有效界定知识权的归属及其价值并对其进行保护，取决于一国（或地区）知识产权保护体系的质量。只有明确服务生产者对其产品的产权，才能刺激服务生产者的生产积极性，促进服务产出的增长。

另一方面，服务作为一种"人对人"的生产活动，具有很强的异质性特征，这决定了服务业生产效率的提高必须依靠服务提供者不断地进行创新以满足消费者对服务产品差异化和个性化的要求。而这种彰显个性的创新意识和动力则受制于一国（或地区）的知识产权保护环境。因为，如果创新成果得不到有效保护，企业就会放弃对创新的追求，最终阻碍服务业的增长和全要素生产率的提高。

因此，我们提出理论假说 3：

假说 3　高质量的知识产权保护体系能够有效促进服务业产出的增长和全要素生产率的提高，有利于服务业的增长；低水平的知识产权保护环境则不利于服务业的发展。

11.2.2.4　城市化进程对服务业发展的影响

在我国，城市化不仅是一种社会现象，还烙上了制度变迁的深刻印记。改革开放以前，我国实行严格的户籍管理制度，城市经济圈与农村经济圈基本被割裂开来，形成了典型的城乡"二元结构"；改革开放以后，为满足工业化和以加工贸易为基础的出口导向型经

---

① 商业服务业，又称为"经营服务业"，主要包括广告、市场营销、咨询、R&D以及会计等与企业经营相关的服务部门。

济发展战略对劳动力的需求，大量农村剩余劳动力涌入城市，不仅为经济发展提供了充足的人口红利，同时扩大了城市的规模，完善了基础设施建设，加快了我国的城市化进程。因此，我们认为，中国的城市化进程得益于经济体制改革的推动，带有浓重的制度变迁色彩。

而由于城市可以形成更为集中和频繁的服务需求，使得城市化进程同服务业发展的相关性要高于同制造业发展的相关性（郑吉昌等，2005）。服务产品具有生产和消费的同时性，在地域上限制了服务交易双方的距离，使得大多数服务行业必须直接面对消费者。而城市相对发达的基础设施为服务业的发展提供了必要的硬件基础，数量庞大的人口规模和相对较高的收入水平又能够形成对不同层次和类型的服务产品的巨大需求，构成对服务品稳定的有效需求基础，最终使得城市成为服务业集聚的最佳"场所"。因此，随着城市化进程的逐步推进、人口规模的不断扩大、收入水平的不断上升，对服务的有效需求将逐步提高，最终促进服务业产出的增长。

总结以上的分析，得到待检验的假说4：

假说4　城市庞大的人口规模和较高的收入水平能够形成对服务产出的有效需求，因而城市化的发展能够从需求面上促进服务业的发展。

11.2.2.5　行业竞争水平对服务业发展的影响

一般而言，行业内自由竞争的程度越高，企业在提升产品质量、技术创新和管理革新等方面的压力就越大，从而促进行业产出的增长和技术水平的提升；反之，行业内的垄断程度越高，企业越有可能忽视产品质量、技术革新和生产效率的提升，从而降低行业的效率。我国服务业存在很高的进入壁垒和强大的垄断势力，竞争长期遭到压制。而市场化改革通过在服务行业内引入竞争机制，逐步改变国有经济"一家独大"的垄断格局，有效改善了行业的市场环境。因此，我们认为，服务行业竞争强度的提升和竞争环境的改善在很大程度上反映了市场化改革的成果，具有鲜明的制度变迁特征。

在服务行业中，高质量的自由竞争环境能够有效缓解服务供需在时间和空间上的不平衡，有利于服务产出的增长和生产效率的提升。由于服务产品的异质性特征，大多数服务是不能被"复制"的，因而产业化的生产方式不适用于服务的生产，形成了服务产出在既定时空内的硬约束。一方面，当消费者对服务的需求量超过了既定时间约束下的可提供量，就会出现服务供求的局部不平衡，即"排队"现象；另一方面，当某一区域内服务的供给量不能满足消费者的需求时，供求的失衡会表现为另一种形式的局部不平衡，即"拥挤"现象（黄少军，2000）。通过引入竞争，提高行业内自由竞争水平，可以有效促使服务的生产可能性边界向外延伸，弥补服务产品在时空上的供需缺口，并在激烈的竞争中淘汰低效率的服务生产者，促使服务生产效率的提高。反之，当服务行业内竞争相对不足时，服务产品供需在时空上的不平衡会以常态出现，阻碍服务产出的增长和要素生产率的提高。

综上所述，提出理论假说5：

假说5　高水平的自由竞争环境能够有效促进服务业的产出增长和全要素生产率的提升；相反，垄断和寡占的市场环境不利于服务业的产出增长和生产效率的提高，对服务业增长存在显著的阻碍效应。

11.3　变量设置、数据说明和实证检验

▷ 11.3.1　变量设置和数据说明

根据上述对拓展 Solow 模型的基本设定和制度变迁影响国内服

务业增长的各种理论假说，我们设定待检验的实证模型如下：

$$\mathrm{Ln}Y_{it} = \beta_0 + \beta_1 \mathrm{Ln}Fiscal_{it} + \beta_2 \mathrm{Ln}Priviacy_{it} + \beta_3 \mathrm{Ln}Property_{it}$$
$$+ \beta_4 \mathrm{Ln}Urban_{it} + \varepsilon_{it} \tag{11.10}$$

$$\mathrm{Ln}K_{it} = \gamma_0 + \gamma_1 \mathrm{Ln}Fiscal_{it} + \gamma_2 \mathrm{Ln}Priviacy_{it} + \gamma_3 \mathrm{Ln}Property_{it}$$
$$+ \gamma_4 \mathrm{Ln}Urban_{it} + u_{it} \tag{11.11}$$

$$\mathrm{Ln}A_{it} = \eta_0 + \eta_1 \mathrm{Ln}Fiscal_{it} + \eta_2 \mathrm{Ln}Priviacy_{it} + \eta_3 \mathrm{Ln}Property_{it}$$
$$+ \eta_4 \mathrm{Ln}Urban_{it} + \upsilon_{it} \tag{11.12}$$

以及

$$\mathrm{Ln}Y_{jt} = \beta_0' + \beta_1' \mathrm{Ln}Priviacy_{jt} + \beta_2' \mathrm{Ln}Competition_{jt} + \varepsilon_{jt} \tag{11.13}$$

$$\mathrm{Ln}K_{jt} = \gamma_0' + \gamma_1' \mathrm{Ln}Priviacy_{jt} + \gamma_2' \mathrm{Ln}Competition_{jt} + u_{jt} \tag{11.14}$$

$$\mathrm{Ln}A_{jt} = \eta_0' + \eta_1' \mathrm{Ln}Priviacy_{jt} + \eta_2' \mathrm{Ln}Competition_{jt} + \upsilon_{jt} \tag{11.15}$$

（11.10）式至（11.12）式旨在检验制度变迁对我国各地区服务业增长的直接和间接影响，这里我们仅考虑了全国 28 个省市地区 1990～2010 年的情况，由于海南和西藏两地数据缺失较多，故未予考虑，同时，为了保持连续性，我们将重庆市和四川省的数据进行了合并。（11.13）式至（11.15）式检验了制度变量对各服务行业及典型服务行业增长的影响，值得注意的是，由于我国在 2004 年开始施行新的行业分类标准《国民经济行业分类与代码》（GB／T 4754－2002），造成 2003 年统计资料的混乱，因此，我们剔除了该年的数据，将行业面板数据分为 1990～2002 年和 2004～2010 年两个时间段；此外，由于相关数据的缺失，我们没有将农、林、牧、渔服务业和其他服务业纳入实证检验。①

下面对模型中各变量的设置方法和数据来源进行简要说明。

（1）服务业产出增加值（Y）。各地区服务业产出增加值来自《中国国内生产总值历史核算资料 1952～1995》和《中国第三产业统计年鉴》（2010、2011），并统一按 1990 年不变价格进行平减。

---

① 《中国统计年鉴》（2004）按照《国民经济行业分类与代码》（GB／T 4754－1994）对 2003 年第三产业分行业增加值进行统计，但统计分行业固定资产投资时却又按照《国民经济行业分类与代码》（GB／T 4754－2002）进行，造成了统计的混乱。

1990~2002 年各服务行业增加值数据来自《中国统计年鉴》
(1998、2005), 2004~2010 年数据来自《中国统计年鉴》(2011),
并分别折算为 1990 年和 2004 年的不变价。[①]

（2）劳动投入（L）。采用第三产业"年末从业人员数"代替,
各地区数据取自《新中国 60 年统计资料汇编》和《中国统计年
鉴》(2010、2011)。

1990~2002 年各服务行业数据来自《中国统计年鉴》
(2004); 2004~2010 年数据按照王恕立、胡宗彪（2012）的方
法, 用"服务业分行业的全社会就业人数 = 服务业全社会总就业
人数 ×（服务业分行业的城镇单位就业人数/服务业城镇单位总就
业人数）"这一公式进行估算, 原始数据来自《中国统计年鉴》
(2011)。

（3）资本投入（K）。资本投入应当用服务业的物质资本存量
代理, 由于我国目前缺乏这方面的官方统计资料, 因此, 采用永续
盘存法进行估算, 基本计算公式如下:

$$K_t = (1 - \alpha_t) K_{t-1} + I_t$$

其中, K_t 表示第 t 年的资本存量, K_{t-1} 表示第 $t-1$ 年的资本存量,
I_t 表示第 t 年的资本投资, α_t 表示第 t 年的折旧率。

要计算各年的资本存量 K_t, 必须得到基年的资本存量。我们借
鉴徐现祥等（2007）的方法, 用 $K_{i,0} = I_{i,0}/(3\% + g_i)$ 这一公式计
算各地区服务业基年的资本存量, 其中, $I_{i,0}$ 表示各地区服务业基年
的资本形成总额, g_i 表示各地区第三产业在样本期内的平均增长速
度。对于分行业数据, 由于存在两个基期, 对 1990 年各服务行业
的资本存量仍按照上述公式进行计算, 但 2004 年的资本存量若仍
按照上述公式计算将会造成严重的高估, 因此, 我们采用了 2004

[①] 《中国统计年鉴》(2011) 中仅提供了交通运输、仓储和邮政业, 批发和零售
业, 住宿和餐饮业, 金融业, 房地产业等 5 个行业的增加值指数, 对于其余行业, 我们
采用"其他行业"的增加值指数进行平减。

年各服务行业的固定资产投资总额作为基年的资本存量。[①]

对于各地区各年服务业的投资额 I_t，采用各地区服务业的资本形成总额代替（张军等，2004），并借鉴徐现祥等（2007）对投资缩减指数的构建方法进行平减，数据来自《中国国内生产总值历史核算资料》（1952～1995、1996～2002）以及各年《第三产业统计年鉴》。对于分行业数据，由于我国没有统计服务业细分行业的资本形成总额数据，采用杨勇（2008）的办法，用各年全社会服务业分行业的固定资产投资总额来代替。而《中国固定资产投资统计年鉴》（1997～1999、2003）仅提供了 1996～1998 年以及 2002 年的服务业分行业固定资产投资总额，对于缺失的 1990～1995 年以及 1999～2001 年数据采用王恕立、胡宗彪（2012）的处理方法进行估算；2004～2010 年的固定资产投资总额数据直接取自《中国统计年鉴》（2011）。[②] 由于缺乏细分行业的数据，固定资产投资的折算采用全社会固定资产投资价格指数进行计算。

最后，折旧率 α_t 统一取为 6%（Hall and Jones，1998；顾乃华、李江帆，2006）。

（4）全要素生产率（TFP）。采用索罗余值法，首先在各地区或行业中对 $\mathrm{Ln}(Y_t/L_t) = \alpha_0 + \alpha_K \mathrm{Ln}(K_t/L_t)$ 进行回归估计得到资本产出弹性 α_K，然后代入各地区或行业中计算 $Y_t/K_t^{\alpha_K}L_t^{\alpha_L}$ 而得。

（5）政府配置经济资源的比重变量（$Fiscal_{it}$）。考虑到政府配置经济资源的渠道主要通过财政支出，因此，采用各地区财政支出（包括预算内和预算外支出）占 GDP 的比重来代理。财政支出数据来自《新

---

① 以房地产行业为例（因为新旧行业标准中都把房地产作为单独的行业进行统计），按照徐现祥、周吉梅、舒元（2007）的方法，以 1990 年为基期计算得到 2002 年的资本存量为 21 054.64 亿元，但以 2004 年为基期，计算得到当年的资本存量达到 120 400.4 亿元。仅仅两年时间资本存量就增长了 10 万亿元，这显然与现实不符。

② 对于 1990～1995 年以及 1999～2001 年缺失数据的具体处理方法：首先将"基本建设投资"与"更新改造投资"相加（将"房地产开发投资"加入"房地产业"中），然后根据 1996～1998 年和 2002 年"基本建设投资"与"更新改造投资"之和与《中国固定资产投资统计年鉴》中公布的实际数值的平均比例，对缺失年份固定资产投资总额进行放大处理。所有原始数据来自《中国统计年鉴》（2003）。

中国60年统计资料汇编》和《中国财政年鉴》（2010、2011）。

（6）非国有经济发育程度变量（$Priviacy_{i(j)t}$）。各地区非国有经济发育程度变量借鉴樊纲等（2011）的做法，采用非国有经济在工业销售收入中所占比重、非国有经济在全社会固定资产总投资中所占比重以及非国有经济就业人数占城镇总就业人数的比重等三个指标进行合成。由于相关数据的匮乏，各服务行业内非国有经济的发育程度仅能用非国有经济就业人数占各行业就业总人数的比重来代理。所有数据均来自各年《中国统计年鉴》。

（7）知识产权保护水平变量（$Property_{it}$）。知识产权保护水平采用各地区三种专利申请受理量/科技人员数和三种专利申请批准量/科技人员数两个指标的合成。数据来自各年《中国统计年鉴》。

（8）城市化进程变量（$Urban_{it}$）。城市化进程采用各地区城镇人口数占总人口的比重表示，1990～2008年数据来自《新中国60年统计资料汇编》，2009～2010年数据来自各地方的统计年鉴。

（9）行业竞争程度变量（$Competition_{jt}$）。借鉴贝恩（1981）对行业集中度的划分标准，我们采用（$1 - CR_n$）表示各服务行业中的竞争程度。[①] 基于两个方面的考虑，我们主要检验金融业、批发零售业以及房地产业等典型服务行业的市场竞争对该行业增长的影响：一方面，上述三个行业的增加值在我国第三产业增加值中占有很大比重，其市场竞争情况对自身增长的影响具有较强的代表意义；另一方面，在新旧行业划分标准之下，各服务子行业市场化程度差异很大，部分服务行业带有很强的公共服务和行政垄断性质（如教育、医疗卫生、科学研究以及党政机关等），因此，难以搜集

---

① 行业集中度 CR_n 指本行业的相关市场中前 n 家最大的企业所占市场份额的总和，通常用这些企业的产量（或销售额、职工人数、资产数额）在该行业市场中所占的比重表示。贝恩（1981）根据行业集中度的大小对行业中的市场结构进行了划分：$CR_4 \geqslant 75\%$，为极高寡占型市场（寡占 I 型）；$65\% \leqslant CR_4 < 75\%$，属于高集中高寡占型市场（寡占 II 型）；$50\% \leqslant CR_4 < 65\%$，属于中上集中寡占型市场（寡占 III 型）；$35\% \leqslant CR_4 < 50\%$，属于中下集中寡占型市场（寡占 IV 型）；$30\% \leqslant CR_4 < 35\%$，属于低集中寡占型市场（寡占 V 型）；$CR_4 \leqslant 30\%$，则称为竞争型市场（原子型）。

到各子行业中重点企业的经营情况，而笔者选取的金融、批发零售以及房地产等行业的市场化程度相对较高，并且有比较完善的数据来源，能够代表我国商业服务业的发展情况。

在指标的构建中，将资产总额处于前四位的银行企业和保费收入处于前四位的保险企业的市场份额进行合成作为金融业的竞争程度指标，批发零售业的竞争程度由销售额位于前四位的零售企业的市场份额表示，房地产业的竞争程度则由《中国房地产上市公司TOP10 研究报告》中被评为综合实力 TOP10 的房地产企业的房屋销售额占市场总销售额的比重表示。各指标数据分别来自各年度《中国金融年鉴》、《中国商业年鉴》（《中国国内贸易年鉴》）以及《中国房地产年鉴》。

需要指出的是，本章所有制度变量计算结果均采用樊纲指数的编制方法进行处理。[①] 这种做法有两个方面的好处：第一，对各地区、各行业的制度变迁成果进行打分，通过横向和纵向的比较，能够迅速发现该地区或该行业市场化改革的进程和在整个改革进程中所处的位置；第二，对初级制度变量数据的再加工处理能够进一步将制度变迁的趋势特征显露出来，使实证检验获得更好的效果。

▶ 11.3.2　制度因素影响国内各地区服务业增长的实证检验

根据模型（11.10）至模型（11.12）的设定，我们实证检验了制度变量对全国 28 个省、市、自治区 1990 ~ 2010 年服务业增长的影响，检验结果如表 11 - 1 所示。

---

① 基年各制度变量的得分由 $\dfrac{V_i - V_{\min}}{V_{\max} - V_{\min}} \times 10$ 给出，其中，V_i 表示第 i 个制度变量的初步计算结果；$V_{\min}$ 表示所有地区或行业中该制度变量的初步计算结果中最小的一个；$V_{\max}$ 则表示最大的一个。因此，各制度指标在基年的得分范围为 0 ~ 10。其余年份的得分通过计算 $\dfrac{V_{i(t)} - V_{\min(0)}}{V_{\max(0)} - V_{\min(0)}} \times 10$ 而得，角标（t）表示所计算的年份，（0）表示基期年份，此时各制度变量的得分将有可能超过 10 或低于 0。

表 11-1　制度因素影响各地区服务业增长的实证检验结果

被解释变量	服务业增加值 LnY_{it}						资本存量 LnK_{it}			全要素生产率 LnA_{it}	
	(11.1)	(11.2)	(11.3)	(11.4)	(11.5)	(11.6)	(11.7)	(11.8)	(11.9)	(11.10)	(11.11)
C	3.449*** (44.459)	-3.795 (-0.993)	11.634*** (67.234)	2.823*** (53.020)	5.972*** (167.054)	2.550*** (21.630)	3.724*** (17.222)	13.298*** (73.980)	2.756*** (41.156)	-0.682*** (19.999)	-0.557*** (-43.856)
$LnFiscal_{it}$	-0.0002 (-0.009)	-0.002 (-0.0701)	-2.138*** (-25.476)				-0.099*** (-3.088)			-0.023** (-1.966)	
$Hi \times LnFiscal_{it}$			-3.393*** (-12.244)					-4.401*** (-14.845)			
$Lo \times LnFiscal_{it}$			-1.780*** (-18.924)					-1.997*** (-23.617)			
$LnPriviacy_{it}$	0.790*** (27.570)	0.786*** (27.449)		1.573*** (62.223)			0.722*** (9.120)		1.940*** (51.892)	0.030*** (2.689)	
$Hi \times LnPriviacy_{it}$				0.590*** (8.031)					0.747*** (8.372)		
$Lo \times LnPriviacy_{it}$				0.420*** (9.077)					0.677*** (11.600)		
$LnProperty_{it}$	0.356*** (25.766)	0.359*** (26.065)			0.128*** (8.114)		0.340*** (13.318)			0.009 (1.092)	0.016 (1.592)
$Hi \times LnProperty_{it}$					0.010*** (2.673)						0.002 (0.179)

续表

被解释变量	服务业增加值 LnY_it						资本存量 LnK_it			全要素生产率 LnA_it	
	(11.1)	(11.2)	(11.3)	(11.4)	(11.5)	(11.6)	(11.7)	(11.8)	(11.9)	(11.10)	(11.11)
$Lo \times LnProperty_{it}$					-0.056*** (-5.307)						0.010 (0.592)
$LnUrban_{it} \times LnIndex_{it}$	0.071*** (8.245)	0.069*** (8.022)				0.512*** (33.001)	0.181*** (10.712)			0.018*** (5.015)	
$Hi \times LnUrban_{it} \times LnIndex_{it}$						0.135*** (2.652)					
$Lo \times LnUrban_{it} \times LnIndex_{it}$						0.062*** (3.565)					
$LnIndustry_{it}$		3.097* (1.941)									
$LnIndustry_{it}^2$		-0.330** (-1.983)									
R^2	0.978	0.979	0.878	0.952	0.987	0.951	0.981	0.903	0.953	0.983	0.947
模型类型	固定效应	固定效应	固定效应	固定效应	固定效应	固定效应	固定效应	固定效应	固定效应	固定效应	固定效应
Observations	563	563	563	588	588	588	563	563	588	308	588

注：由于采用樊纲指数的编制方法，各制度变量基年的取值会有为0的情况，为防止取自然对数时无意义，我们采用 $Ln(1 + Z_{it})$ 的方式代入模型进行回归。***、**、*分别表示各变量在1%、5%和10%的水平上显著，括号中为t检验值，所有检验均由 Eview6.0 完成，下同。

回归方程（11.1）至方程（11.6）反映了制度因素对国内各地区服务业产出增加值的影响。

回归方程（11.1）显示，所有制度变量的符号与理论假说完全相符：政府主导的资源配置结构对各地区服务业产出增长具有负面作用（尽管不显著），而非国有经济发展变量 $LnPriviacy_{it}$、知识产权保护水平变量 $LnProperty_{it}$ 以及城市化进程形成的有效需求变量 $LnUrban_{it} \times LnIndex_{it}$ 都对服务业产出增长有显著的促进作用。[①]

考虑到服务产品可以作为中间投入品用于制造业产品的生产，满足制造业对生产性服务的需求，因此，我们在基本模型中加入工业化水平变量 $LnIndustry_{it}$ 及其平方项 $LnIndustry_{it}^2$，我们发现，加入这两个变量后，模型中各制度变量的符号、系数和显著性都没有发生显著改变，说明模型的设定是稳定的。[②] 回归方程（11.2）显示，工业化变量 $LnIndustry_{it}$ 有利于各地区服务业产出的增长，并且在1%的水平上达到显著，但其平方项 $LnIndustry_{it}^2$ 对服务业增长的影响显著为负，说明工业化发展对服务业产出增长的影响呈倒 U 型的变化，即工业的发展在一定时期和阶段会促进服务业的发展，但随着工业化进入中后期，工业的过度膨胀可能挤占服务业发展所需的要素投入，增加产业结构向服务化转型的难度，进而成为服务业发展的阻碍，这与张捷、周雷（2012）以及张捷等（2013）的结论一致。[③]

此外，为了反映各地区市场化改革对服务业增长的影响，我们

---

① 考虑到城市化进程对服务业产出增长的促进作用主要体现在对服务产品的有效需求方面，而有效需求的形成又与居民的消费结构密切相关。因此，我们加入反映各地区城镇人口消费结构的变量 $LnIndex_{it}$，其中，$Index_{it} =$（100 - 各地区城镇居民家庭恩格尔系数）。所有原始数据分别来自《新中国 60 年统计资料汇编》和各地方统计年鉴。

② 工业化水平变量 $LnIndustry_{it}$ 由各地区工业增加值增长速度反映，数据来自各年《中国统计年鉴》。

③ 张捷、周雷（2012）对进入工业化成熟期的 15 个新兴工业化国家的跨国研究指出，如果过度强化在国际分工中的制造国地位，长期依靠商品贸易来拉动经济增长，可能阻碍产业结构由工业经济向服务经济的转型；张捷、张嫒嫒、莫扬（2012）基于"制造—服务"的国际分工视角对中国产业结构演进停滞的研究也指出，中国的出口导向型发展模式虽然有利于加快工业化进程，但可能抑制了产业结构向服务化的演进。

依据各地区 1990 ~ 2010 年各制度指标得分的均值对各个地区进行重新排序，将排名处于前 25% 的地区设定为市场化改革程度高，后25% 的地区设定为市场化改革程度低，并分别采用虚拟变量 *Hi* 和 *Lo* 来表示。从方程（11.3）至方程（11.6）的回归结果可以发现：首先，政府配置经济资源比重处于前 25% 的地区（系数为−3.393）对服务业产出增长的阻碍效应明显强于处于后 25% 的地区（系数为−1.780），且两者都十分显著，这说明，政府在经济资源配置中所占的比重越大，越不利于服务业产出的增长；其次，非国有经济发展和城市化与消费结构变量的交互项对各地区服务业产出增长都具有稳定的促进效应，并且，制度得分越高的地区对服务业产出增长的促进越显著；最后，知识产权保护变量对各地区服务业产出的增长具有不同的作用，排名靠前地区的知识产权保护制度十分有利于国内服务业产出的增长，而排名靠后地区低效的知识产权保护制度成为对服务业产出增长的阻碍，尽管从总量上看这种阻碍作用被抵销。

对各地区服务业资本存量的回归结果与产出增加值的回归相类似：政府主导的资源配置结构不利于各地区服务业的资本累积，政府分配经济资源的比重越大，这种阻碍作用越显著；非国有经济的发展显著促进了各地区服务业资本存量的增加，非国有经济的发展水平越高，促进作用越明显；同时，知识产权保护和城市化进程也有助于提高服务业的资本累积效率。

回归方程（11.10）至方程（11.11）中，知识产权保护变量 $LnProperty_{it}$ 对我国服务业全要素率的促进作用并不显著，即使在得分较高的地区其正效应也不明显，这说明，我国目前的知识产权保护体系未能为服务生产厂商的技术进步和创新活动提供有效的制度保障，导致其生产效率提升缓慢。因此，我国的知识产权保护环境仍有待进一步加强和改善。

所有回归方程的 R^2 均很高（0.878 ~ 0.987），表明回归方程的拟合度高，解释力很强。

▶ 11.3.3　制度因素影响各细分服务行业增长的实证检验

由于相关数据匮乏，我们仅能搜集到各服务行业内非国有经济的发展状况以及金融、批发零售和房地产等典型服务行业竞争强度的相关数据。根据基本模型（11.13）~模型(11.15) 的设定，我们先检验非国有经济的发展对国内服务业的影响，检验结果如表11－2所示。

表 11 - 2　　　制度因素影响服务业全行业增长的实证检验结果

	被解释变量	服务业增加值 $\text{Ln}Y_{jt}$	资本存量 $\text{Ln}K_{jt}$	全要素生产率 $\text{Ln}A_{jt}$
		（11.12）	（11.13）	（11.14）
1990~2002 年	C	4.848 *** (11.423)	4.723 *** (15.284)	-0.418 *** (-5.459)
	$\text{Ln}Priviacy_{jt}$	0.587 *** (3.733)	0.944 *** (8.714)	0.194 *** (3.091)
	$Hi \times \text{Ln}Priviacy_{jt}$	1.562 ** (2.197)	2.385 *** (4.967)	
	$Lo \times \text{Ln}Priviacy_{jt}$	0.748 ** (2.038)	1.980 *** (4.120)	
	R^2	0.917	0.955	0.977
	模型类型	固定效应	固定效应	固定效应
	Observations	130	130	130
2004~2010 年	被解释变量	服务业增加值 $\text{Ln}Y_{jt}$	资本存量 $\text{Ln}K_{jt}$	全要素生产率 $\text{Ln}A_{jt}$
		（11.15）	（11.16）	（11.17）
	C	4.904 *** (22.142)	-4.029 *** (-5.272)	0.910 *** (21.758)

	$\text{Ln}Priviacy_{jt}$	1.760 *** (23.415)	6.047 *** (22.208)	0.174 *** (7.267)
	$Hi \times \text{Ln}Priviacy_{jt}$	1.300 *** (8.349)	5.051 *** (12.015)	
2004～2010 年	$Lo \times \text{Ln}Priviacy_{jt}$	0.096 (0.051)	2.203 (0.326)	
	R^2	0.996	0.993	0.999
	模型类型	固定效应	固定效应	固定效应
	Observations	98	98	84

　　总体来看，非国有经济的发展对新旧两种行业分类标准下各服务行业的增长（包括直接和间接途径）都具有显著的促进作用，与理论假说和分地区的实证结果相一致。同样，为了反映不同服务行业非国有经济的发展程度对其产出增长和资本积累的影响差异，我们根据两个时期各子服务行业该项制度得分的均值对其进行重新排序，分别将处于排名前后各 25% 的行业界定为制度得分较高和较低，并分别用虚拟变量 *Hi* 和 *Lo* 来表示。回归方程（11.12）、方程（11.13）、方程（11.15）和方程（11.16）的结果显示，在两个样本期内，非国有化程度越高的行业越能够促进全行业增加值和资本累积的增长，而非国有化程度越低的行业对服务业增加值的增长和资本累积效率提高方面的促进作用越弱。

　　此外，我们还检验了竞争环境对典型服务业部门增长的影响，回归结果见表 11-3。

　　与前面的检验结果一致，从总量上看，非国有化经济的发展在两个时期内对典型服务部门的增加值、资本累积以及全要素生产率的增长都有显著的促进作用，并且，非国有程度越高这种促进作用越大。值得注意的是，非国有程度得分较低的行业对典型服务行业整体的增长呈现显著的负效应，但这与前面的结论并不矛盾。在全

表 11 - 3　　制度因素影响典型服务业部门增长的实证检验结果①

被解释变量	服务业增加值 LnY_{jt}			资本存量 LnK_{jt}		全要素生产率 LnA_{jt}	
	(11.18)	(11.19)	(11.20)	(11.21)	(11.22)	(11.23)	(11.24)
C	3.175*** (17.879)	1.902* (1.733)	8.742*** (20.828)	0.423 (0.402)	4.031*** (5.367)		1.526*** (48.848)
$LnPrivacy_{jt}$	2.055*** (26.428)			3.024*** (6.790)		0.755*** (10.540)	
$Hi \times LnPrivacy_{jt}$		3.055*** (3.380)			1.317** (2.521)		
$Lo \times LnPrivacy_{jt}$		−2.086*** (−7.661)			−1.224*** (−7.511)		
$LnCompetition_{jt}$	−0.038*** (−6.143)			−0.164* (−1.917)		−0.719*** (−9.787)	
$Hi \times LnCompetition_{jt}$			0.081*** (8.897)				10.993* (−14.228)
$Lo \times LnCompetition_{jt}$			−0.001** (−2.171)				−0.171*** (−2.994)
R^2	0.714	0.714	0.997	0.918	0.996	0.791	0.982

（左侧纵栏标注：1990～2002 年）

① 由于《中国房地产上市公司 TOP10 研究报告》自 2003 年开始公布，因此，1990～2002 年间仅考虑金融业和批发零售业的情况，而 2004～2010 年间则综合考虑金融、批发零售业以及房地产业的实证情况。相比全行业的实证模型，由于解释和被解释变量中样本数的大量减少，在检验各制度变量得分高低对典型低型服务业部门增长的不同影响时，如果加入代表全行业水平的 $LnPrivia\text{-}cy_{jt}$ 和 $LnCompetition_{jt}$ 会造成估计时产生近似奇异矩阵（Near Singular Matrix）的情况，因此，本模型中仅用 Hi 和 Lo 就可以度量制度得分高低对这两个行业增长的不同效果。

续表

1990~2002 年

被解释变量	服务业增加值 LnY_{jt}			资本存量 LnK_{jt}		全要素生产率 LnA_{jt}	
	(11.18)	(11.19)	(11.20)	(11.21)	(11.22)	(11.23)	(11.24)
模型类型	固定效应	固定效应	混合效应	固定效应	混合效应	混合效应	固定效应
Observations	26	26	22	26	26	26	26
C	2.286*** (5.064)	4.734*** (15.870)	0.967** (2.685)	-12.053*** (-9.498)	-5.055*** (-13.662)	1.816*** (9.431)	
$LnPriviacy_{jt}$	3.059*** (15.895)			9.224*** (16.669)		0.218** (2.343)	
$Hi \times LnPriviacy_{jt}$		3.127*** (9.786)			11.183*** (28.555)		
$Lo \times LnPriviacy_{jt}$		-2.620*** (-16.229)			-5.491*** (-26.043)		

2004~2010 年

被解释变量	服务业增加值 LnY_{jt}			资本存量 LnK_{jt}		全要素生产率 LnA_{jt}	
	(11.25)	(11.26)	(11.27)	(11.28)	(11.29)	(11.30)	(11.31)
$LnCompetition_{jt}$	-0.194** (-2.610)			-1.034** (-2.765)		-0.148*** (-3.613)	
$Hi \times LnCompetition_{jt}$		5.354*** (23.173)					0.695*** (90.690)
$Lo \times LnCompetition_{jt}$		-0.079** (-2.137)					-0.229** (-2.250)
R^2	0.987	0.962	0.996	0.990	0.999	0.955	0.940
模型类型	固定效应	固定效应	混合效应	固定效应	混合效应	固定效应	混合效应
Observations	21	21	21	21	21	21	21

行业的实证检验中，由于子行业数量较多，而设定为非国有程度较低的子行业只占 25%（即 3 个子行业），所以在最终结果中，即使 $Lo \times \mathrm{LnPriviacy}_{jt}$ 的符号为正，但其系数始终低于 $Hi \times \mathrm{LnPriviacy}_{jt}$，其原因就在于这些非国有程度低的子行业对服务业全行业的负向影响被其他得分较高的子行业（处于中游 50% 的子行业）的正效应所抵销。而在此模型中，由于典型子行业数目比较少，因此，非国有程度低的子行业对典型服务行业增长的负效应被还原了出来。

此外，竞争程度变量 $\mathrm{LnCompetition}_{jt}$ 对服务业增加值、资本存量以及全要素生产率的影响都显著为负，这说明，从整体上看我国典型服务行业的市场结构不利于其增加值、资本存量以及全要素生产率的增长。但从 Hi 以及 Lo 的分解结果中可以看到，竞争强度高的行业对典型服务部门增加值以及全要素劳动生产率的提高有显著的促进作用，而竞争强度低的行业则对其增长有显著的阻碍作用，这与理论假说 5 的预期相符。

根据贝恩（1981）依据行业集中度 CR_4 对市场类型的最初划分，可以推断以竞争强度（$1 - CR_4$）为划分标准时的市场结构类型如表 11 – 4 所示。

表 11 – 4   依据竞争强度划分的市场类型

市场类型	CR_4 值
寡占 I 型（极高寡占）	$1 - CR_4 \leqslant 25\%$
寡占 II 型（高集中寡占）	$25\% < 1 - CR_4 \leqslant 35\%$
寡占 III 型（中高集中寡占）	$35\% < 1 - CR_4 \leqslant 50\%$
寡占 IV 型（中低集中寡占）	$50\% < 1 - CR_4 \leqslant 65\%$
寡占 V 型（低集中寡占）	$65\% < 1 - CR_4 \leqslant 70\%$
竞争型（原子型）	$70\% < 1 - CR_4$

而我们选取的金融、批发零售以及房地产等典型服务行业内部市场的竞争强度正好处于表 11 – 4 分类中的两个极端。

如表 11 - 5 所示，在两个样本期内，批发零售业的竞争强度都是最高的，房地产业仅次于前者，并且两者一直都维持在 90% 以上的高水平，说明这两个行业长期处于较充分的竞争状态，巨大的竞争压力迫使企业不断地革新服务产品，提高服务质量，从而促使两者增加值和全要素劳动生产率不断提高；相反，金融业的竞争强度指标在两个时期都是最低的，即该行业长期处于高寡占型的竞争环境，尽管近年来竞争强度有所提高，但大企业仍牢牢地控制着市场，因此，竞争缺失导致了金融企业创新动力不足，最终形成对其增长的负向作用。

表 11 - 5　　　　　　典型服务行业竞争强度　　　　　　单位：%

年份	金融业（$1 - CR_4$）	批发零售业（$1 - CR_4$）	房地产业（$1 - CR_{10}$）
1990	10.141	99.600	
1991	18.928	99.590	
1992	24.383	99.490	
1993	25.282	99.300	
1994	18.113	99.470	
1995	12.502	99.340	
1996	5.075	99.330	
1997	7.575	99.080	
1998	7.856	99.020	
1999	7.648	99.050	
2000	9.000	98.710	
2001	12.497	98.488	
2002	14.856	98.161	
2003	21.385	97.398	
2004	32.889	97.288	95.130
2005	37.786	96.591	94.800
2006	37.658	95.914	93.315
2007	32.753	95.666	93.785

年份	金融业（$1-CR_4$）	批发零售业（$1-CR_4$）	房地产业（$1-CR_{10}$）
2008	38.154	95.997	92.220
2009	40.322	96.279	93.814
2010	42.294	96.405	92.130

11.4　结论和政策建议

　　本章从服务业的制度特征出发，通过在传统的 Solow 增长模型中引入制度变量，指出制度对服务业增长的影响不仅体现为对服务业产出增长的直接作用，还表现在通过改变服务生产过程中的资本积累效率和全要素生产率对服务产出增长产生的间接影响。基于中国市场化改革的现实，我们从政府支配经济资源的比重、非国有经济的发育程度、知识产权保护水平、城市化进程以及行业竞争程度等五个方面构建了反映中国制度变迁的指标，并实证研究了上述制度变量对 1990～2010 年全国 28 个省、市、自治区服务业和新旧两种行业分类标准下各细分服务行业的影响，得到以下主要结论：（1）政府支配型的资源配置体制不利于各地区服务业的发展，政府在资源配置中所占的比重越大，对服务业增长的阻碍作用就越大；（2）非国有经济的发展无论在地区层面还是行业层面上，都能够显著促进国内服务业的增长，非国有经济的发育程度越高，促进效应越显著；（3）知识产权保护变量对各地区服务业增长的促进效应主要反映在增加值上，知识产权保护较好的地区对服务业的产出增长有显著的促进作用，而知识产权保护糟糕的地区则会形成对服务业产出增长的阻碍；（4）各地区的城市化进程形成了对国内服务产品的有效需求，随着城市居民消费结构的升级，显著促进了各地区服务业的发展；（5）典型服务行业的市场竞争环境整体上不利于其产出和全要素劳动生产率的提升，从分解结果上看，这种负效应主要来自于长期处于寡占型市场结构的金融行业，而竞争较充分的批发零售业和房地产业的市场结构则对典型服务行业的增长产生了促进作用。

　　基于以上结论，我们认为未来中国服务业的发展应重点解决以下问题。首先，需要进一步推动中国的市场化改革，尤其是加快政府职能的转变，逐步降低政府直接配置资源的比重，强化市场在资源配置中的基础地位；其次，打破国有经济对服务行业的行政垄断，通过大力引进非国有经济成分，加大对外开放力度，实现产权结构多元化，提升服务业的竞争水平，激发服务生产者改进服务质量和技术创新的动力；再次，加强和完善国内知识产权保护的相关立法，建立健全执行体系，需特别重视落后地区知识产权保护体系的建设，为服务业的发展创造良好的法律环境；最后，重视城市化进程在拉动服务业增长方面的作用，进一步挖掘大中城市非户籍人口以及落后地区城镇居民对服务品的消费潜力，形成对国内服务产品的稳定需求。

第 *12* 章

后危机时代中国沿海地区外向型企业转型升级实证研究

12.1 问题的提出

改革开放以来，中国沿海地区的外向型企业通过嵌入全球价值链的加工制造环节，依赖低成本优势和欧美市场的强劲需求而迅速发展起来。但伴随着人均收入水平的提高，我国的要素禀赋结构开始发生变化，劳动力成本不断攀升，资源稀缺与环境治理的压力越来越大，外向型企业赖以发展的比较优势被不断削弱，加上人民币升值的影响，低端制造企业的利润空间越来越小。2008 年以来，受第二次世界大战后最严重的金融危机的影响，发达国家市场需求萎缩，订单减少，对于中国的外向型企业更是雪上加霜。种种迹象表明，世界经济可能经历一个长期低迷时期，中国依靠要素驱动的出口导向型发展模式将难以为继。

面对金融危机爆发以来急剧变化的世界经济形势，传统外向型企业面临的发展路径无外乎三种选择（毛蕴诗、吴瑶，2009）：第一，维持现状；第二，产业转移，即把生产基地转移到要素成本更低的地区，继续利用低成本优势获取利润；第三，转型升级，除了产品升级换代以提高附加价值外，更重要的是企业的业务向价值链两端延伸，即从生产制造向上游的研发与设计和下游的销售与品牌延伸。比较这三种路径，维持现状是不可取的，在成本上扬的同时，外部需求不振引致价格下跌，从两端不断挤压企业的利润空间，最终可能导致企业破产；而产业转移较之产业转型升级，更多地属于一种过渡性的策略，这是因为，产业转移主要是利用区位成本差异继续从事传统业务，并未改变企业低端制造的角色，而这一分工角色的固化将使企业无法实现价值链攀升而提高附加价值。因此，转型升级成为企业转变发展模式、寻求持续发展的现实选择。

转型升级是企业成功地从劳动密集型的低价值的经济领域迈向高价值的资本技术密集型领域的过程（Gereffi，1999；Poon，2004）。推动企业转型升级的因素不仅包括企业内部的资本与人力资源的积累、自主创新能力的建设、企业家精神的开拓，还包括企业之间合作与竞争、市场环境建设和政府推动等外部力量的支持（Hsu and Chiang，2001；Forbes and Wield，2002；Horng and Chen，2008；Brandt and Thun，2010；Simona and Axele，2012；刘志彪，2005；毛蕴诗、吴瑶，2009；杨桂菊，2010）。从全球价值链理论来看，Gereffi 等（2003，2005）认为，发展中国家的供应商进入发达国家市场更多地依赖于参与发达国家企业主导的全球生产网络，嵌入全球价值链获得更多的学习潜力，从而获得转型升级的机会；Humphrey and Schmitz（2000，2002）通过对产业集群升级的不同方式的研究，指出嵌入全球价值链使得制造企业在产品生产过程中能够得到更多的学习机会（前提是这些制造企业可以在人力和设备方面进行相应的投资）。然而，发展中国家的企业在价值链上得到学习和技术提升的机会的同时，也受制于低附加值的生产活动，因而企业往往在全球价值链中被"俘获"和"压榨"（刘志彪，2011），甚至长期被"锁定"于低端环节。低端"锁定"的原因在于，随着技术和分工组织的日益模块化，生产制造环节的技术日益标准化，大多数最终产品制造企业并不需要掌握核心技术，也无须生产关键零部件，仅从事外围零部件生产和成品组装即可；而且，模块化使加工组装企业与上下游环节之间的信息交流变少，减少了获得技术溢出的机会，不利于其开展产品研发；同时，价值链分工使得加工组装企业无缘接触终端消费市场，无法了解消费者偏好，难以创出自有品牌。低端"锁定"的另一个机制是较低且相对稳定的利润易使企业丧失创新的动力和能力。由于不从事研发和营销，制造商承担的市场风险很小，利润虽然微薄却相对稳定，企业既缺乏强大的资金实力投入研发设计、人力资本积累和品牌营销，也将逐渐丧失创新的热情和动力。因此，在全球价值链分工中扮演加工制造角色的企业不仅欠缺价值链攀升的机会和能力，而且可能会逐渐丧失这种意愿，自愿被固化在价值链的低端，不愿去冒升级转型的风险。

不过，常常被人们忽略的另一个重要事实是，大多数外向型企业除了嵌入全球价值链之外，其实是在多种价值链环境中进行运作和经营的。已经有不少学者开始关注全球价值链以外的国家和区域的价值链。刘志彪等（2009）提出，加快构建以内需为基础的国家价值链（National Value Chain，NVC）体系和治理结构。康志勇（2009）从国内制度层面的因素出发，研究认为，我国地方产业集群的出路在于基于国内市场空间的国家价值链的培育。巫强等（2012）也认为，构建国家价值链，提高价值链终端的竞争程度，有助于突破本土装备制造业的市场空间障碍；从长期发展看，新构建的国家价值链在成长壮大后必然突破国内市场的地域范围，向国际拓展，最终演变为新的全球价值链。Navas – Aleman（2011）运用价值链的研究方法表明，国内价值链和区域价值链将为企业升级提供更多的机会，即为附加值更高的、报酬更好的和难以复制的经济活动（如设计、营销和品牌建设）提供发展空间，她还进一步指出，不仅那些拥有容量大和发展成熟的国内市场的大国有机会通过国内价值链实现升级，甚至小国也可以利用国内和周边区域的市场进行升级。由此可见，构建国家价值链成为企业转型升级的重要途径之一。鉴于此，我们拟从微观视角探讨嵌入全球价值链低端的制造企业如何应对成本上升和外需疲软的双重挑战，在对企业发展路径的选择基础上，重点分析价值链的能力建设对于企业转型升级的影响，最后采用 2012 年对沿海三大区域——环渤海、长三角和珠三角地区 509 家出口企业的调研数据，运用回归分析方法对企业价值链重构能力和转型升级前景进行实证分析与初步判断。

12.2　企业发展路径选择的决策树模型

从理论上讲，在当前企业转变发展模式的路径选择中，产业转型升级较之产业转移更具有长期性和可持续性。进一步地，我们采用决策树的分析方法，将产业转移和产业转型升级的成本与得益进行对比来印证这一点。

假设某一企业现在面临着产业"转移"与"转型"两种决策选择，其中，决策 1 表示"转移"，指保持原有产业不变，只是将生产转移到要素成本较低的地区；决策 2 表示"转型"，主要是指向价值链上下游移动乃至延伸至服务业等。设决策 1 的成本为 Ct，成功的概率为 p，失败的概率为 $(1-p)$，如果成功则得益为 R_0，如果失败则损失为 R_1；决策 2 的成本为 Cg，成功的概率为 q，失败的概率为 $(1-q)$，若成功则得益为 R_2，若失败则损失为 R_3（见图 12-1）。

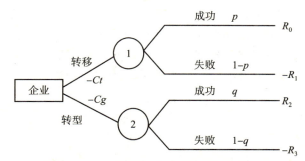

图 12-1　企业发展路径选择的决策树分析

计算两种策略的得益可知，策略 1 的最终得益 $E_1 = [pR_0 - (1 - p)R_1 - Ct]$；策略 2 的最终得益 $E_2 = [qR_2 - (1 - q)R_3 - Cg]$。将策略 1 与策略 2 的最终得益进行比较，为便于分析，假定两种策略失败后的损失相同，即 $R_1 = R_3$。成本 Ct 低于成本 Cg，即 $Ct < Cg$，因为相对于转移来说，转型的成本和风险较高，需要更多的资金、技术和人力资本的保障以及政策支持；得益 $R_2 > R_0$，因为转型升级之后企业进入新的价值链环节，附加值得到提升，利润空间得以拓展。

（1）假设 $p = q$，即转移与转型成功的概率相同。比较 E_1 与 E_2，可知：

$$E_2 - E_1 = q(R_2 - R_0) - (Cg - Ct) \tag{12.1}$$

若 $q(R_2 - R_0) > Cg - Ct$，即转型成功与转移成功的得益之差大于转型成本与转移成本之差，则转型较之转移有更大的优势，企业应选择转型策略；反之，则应选择转移策略。

（2）假设 $p \neq q$，即转移与转型成功的概率不同。比较 E_1 与 E_2，则：

$$\begin{aligned} E_2 - E_1 &= qR_2 - pR_0 - [(1 - p)(-R_1) \\ &\quad - (1 - q)(-R_1)] - (Cg - Ct) \\ &= qR_2 - pR_0 + (q - p)R_1 - (Cg - Ct) \end{aligned} \tag{12.2}$$

若 $qR_2 - pR_0 > [(1 - p)(-R_1) - (1 - q)(-R_1)] + (Cg - Ct)$，即转型成功与转移成功的得益之差大于转型成本与转移成本之差加上转型失败与转移失败的损失之差，则转型较之转移有更大的优势，企业应选择转型策略；反之，则应选择转移策略。

从动态的角度来看，根据要素价格均等化理论，企业选择转移以寻求低要素成本，也会随着投入的增加而价格不断上升，Ct 将存在上升趋势，而转型成功后由于企业脱离原有价值链低端环节，向价值链两端跃升，附加值和竞争力提高，预期得益 R_2 也会上升。长期来看，$(Cg - Ct)$ 将会减少，而转型成功与转移成功的得益之差将会增大，转型很可能比转移具有更大的优势。重要的是，无论是式（12.1）还是式（12.2），如果转型成功的概率 q 增大，则转型的最终得益会增加，从而转型策略可能优于转移策略。即使进一步放松假定，令 $R_1 \neq R_3$，即转移失败相对于转型失败的损失会相对较小，$R_1 < R_3$，提高转型成功的概率仍然可能使得转型最终得益超过转移，从而在长期选择转型依然是企业保持持续发展的优势策略。

决策树模型的分析说明，提高转型成功的概率是外向型企业选择转型升级路径摆脱低端锁定。而就外向型企业所处的价值链分工地位来看，由于低端"锁定"效应，企业寄予自身在全球价值链的攀升来实现转型升级的希望将很有可能落空，因此，依托国内市场，建设国内价值链，提升企业的核心竞争力，不失为企业提高转型成功概率、进一步谋求在全球价值链上新定位的现实出路。

12.3　企业的价值链能力建设与转型升级

对久居于价值链底部的外向型企业而言，重构全球价值链体系不是一个一蹴而就的过程。企业必须改变原来单纯依靠外贸订单进行加工装配的运营模式，逐步把适当比例的主营业务转向国内市场，着手建立从产品研发、制造到营销渠道和品牌建设等相对完整的运营流程。因此，企业必须调整发展思路，重塑经营理念，使自身从一个片断化的生产车间发展为依靠研发设计和自有品牌参与市场竞争的主体。在这一思路与理念的指引下，企业应依托国内市场，建设价值链的关键资源和能力，推动转型升级过程，从而最终以核心竞争力的提升突破国内市场，寻求在全球价值链上的新定位。

▶ 12.3.1　企业关键能力建设

从"微笑曲线"的价值链流程来看，外向型企业在价值链上攀升和拓展国内市场,将会在产品研发、生产和营销等阶段遇到新的挑战。从研发来看,企业面对的市场从国外转向国内,产品的需求对象发生变化,许多在国际上适销对路的产品未必符合国内消费者的偏好;从生产制造环节来看,虽然我国企业擅长制造,但这一优势却是建立在粗放型生产方式基础上的,在原材料成本上升和资源环境压力增大的约束下,这种模式已难以为继;从价值链下游的营销与品牌建设来看,以往企业只需按照订单足额按时交货即可获得利润,现在却要在竞争激烈的国内市场上比拼品牌影响、建设营销渠道和提供售后服务。面对这些挑战,外向型企业需要进行价值链环节关键能力的建设以提升自身的核心竞争力,实现从低端制造车间向完整的、全面发展的市场主体的转变。从整个价值链来看,企业需要建设的关键能力包括上游的自主创新能力、中游的高端制造能力和下游的市场拓展能力。

自主创新能力是决定外向型企业能否成功实现转型升级的重要因素,它的提高不仅可以使企业有效规避低端制造的诸多风险,而且也是企业进军国内市场、提高国际竞争力的迫切需求。企业需求市场由外到内的转换,带来对产品的性质、功能及外观包装等多方面的新的要求。以前外销的产品需要进行重新设计和研发,以符合国内消费者的需求偏好。这时,企业不再有采购商给予的产品规格标准和设计要求,而是独立面对国内庞大的消费群体。如若不进行自主研发设计,不断开发新产品,那么,企业在竞争激烈的国内市场中将难有立足之地。进一步来说,企业只有掌握了核心技术,才能真正掌握竞争的主动权,而核心技术不像外围技术那样可以通过学习和市场购买来获取,往往只能通过企业自主研发设计才能得到。因此,自主创新能力的建设是企业向上游价值链研发环节攀升的重要步伐,是企业能够获得国际市场竞争优势的决定性力量。

高端制造能力是推动企业转型升级的重要力量,它追求的已不是简单的产量增长,而是强调在资源和环境约束下通过提升技术水平,在产量增长的同时,降低能耗,减少污染,实现生产过程的信息化和低碳化。企业新型的、低碳的生产方式，构筑强大的生产能力，在节约资源、降低生产成本的基础上，提高劳动生产率和产品的科技含量，使得产品迈向高层次、高科技的行列，从而使企业实现产品和产业的升级。

市场拓展能力是企业实现转型升级梦想的落脚点，企业唯有不断满足市场需求，积极引导消费，创造竞争优势，才能拓展利润空间，扩大国内外市场份额，为产品和产业的转型升级找到现实的出路。市场的拓展，既包括铺设营销渠道来开拓国内市场，也包括进一步延长价值链提供售后服务来支持品牌建设。尽管这对于以前只负责到集装箱装货的很多外向型企业而言是一项长期、艰巨的任务，不仅需要摸索国内市场的特点进行营销策划，还要面对产品售后等许多复杂而细致的问题，但是，市场拓展能力的建设却是将企业产品与品牌推向市场从而真正实现转型升级目标的支撑力量。因此，企业应当着力进行国内市场拓展，建设并推广品牌形象，累积实力，争取重构价值链上的主导与领先地位。

▶ 12.3.2　企业关键资源的积累

在企业关键能力的建设中，关键资源发挥着基础的保障和支持作用。这些关键资源包含强大的资金支持和丰富的人力资源。

资金支持是企业进行关键能力建设和推进转型升级的物质基础。无论是开展投入高、风险大的自主创新，还是改变生产方式进行清洁生产，抑或是实施开拓市场的营销策略，没有雄厚的资金实力作保证，企业将会陷入心有余而力不足的窘境。获取资金支持，是企业进行转型升级的基本物质保障，而这一保障既来源于企业自身赢利能力的提高所进行的资本积累，也依靠企业融资能力的增强，通过外源融资吸引更多的社会资金来谋求发展。

人力资源的培养和积累是转型升级过程的基础与动力。因为相对于 OEM 代工模式来说，转型企业所需要的更多是专业的、经验丰富的研发设计和营销策划人才，而不再是技术工和熟练工。人力资本的积累为企业提升在价值链中的关键能力提供了有力的智力支持。因此，企业如何培育、吸收和留住人才就成为转型升级的重点问题。在积聚人力资本方面，企业一方面需要提供更多的培训机会，提高员工素质；另一方面，也要采取多种激励方式，包括薪酬、工作条件等物质激励和企业文化等精神激励，以吸引人才、留住人才，减少智力资本的外流。

▷ 12.3.3 企业转型升级的外部支持

一般来讲，外向型企业对国内市场并不熟悉，除了尽快探索市场特点、生产适销对路的产品、构建销售网络等战略措施之外，企业要在国内市场占有一席之地，仅凭借自身努力仍然是不够的。这是因为国内市场有许多不同于国际市场的特征。首先，国内市场是一个高模仿性的市场，新产品的专利保护十分重要。因为企业将不再只是按照成熟的技术标准生产外围零部件的加工组装车间，而是一个依靠创新生存和发展的市场主体，如果没有知识产权的保护，创新的积极性必然会被削弱。其次，国内市场竞争的激烈程度并不亚于国际市场，建设和维护良好的市场竞争秩序显得尤其重要。最后，国内市场中存在的某些地方保护主义，阻碍着企业营销网络的建设和市场空间的开发。这些阻力和困难不是仅靠一个或几个企业就可以克服和改变的，需要借助外部力量的支持和帮助才能消除和解决。

而能够提供强大外部支持的主要力量莫过于政府和行业中间组织。政府在加强知识产权保护、打破地方垄断和保障市场机制有效运行等制度环境建设方面能够发挥强有力的支持作用；行业中间组织在规范行业秩序、调节企业利益矛盾和搭建广阔的交流平台等行业公共产品提供方面扮演着企业与政府之间的桥梁角色。

综上所述，外向型企业推进转型升级、提高转型成功的概率，需要依托国内市场，进行价值链关键能力建设，提高核心竞争力，重塑在国际价值链上的新定位。但是，企业的转型升级是一个长期的、需要依靠企业内外部力量共同推进的过程。我们可以将这一过程通过"汽车模型"形象地反映出来（见图 12-2）。汽车的方向盘代表企业以"转型升级"为导向；汽车的车轮表示以资金和人力资本为基础和动力；汽车的主体是整个价值链过程的能力提升，包括在价值链上中下游环节分别建设自主创新能力、高端制造能力和市场拓展能力；外部支持可以看做是推动汽车前进的风力。因此，企业为重构国际价值链而进行的转型升级实际上是一个以经济实力和人力资本为基础，将企业自身的关键能力建设与外部力量的支撑结合起来的过程。

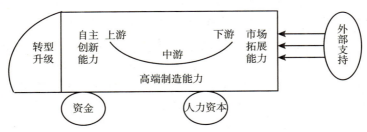

图 12-2　企业转型升级的"汽车模型"

12.4　实证检验与分析

根据上述企业转型升级的理论分析，我们采用对沿海地区外向型企业的问卷调查数据，就企业自身的价值链资源能力建设和外部支持对转型升级的影响进行实证检验。

▶ **12.4.1　数据来源与样本情况**

为了研究国际金融危机以来沿海地区外向型企业的运营状况与

发展战略的调整，我们对我国沿海地区的出口企业进行了问卷调查，内容包括企业基本情况、生产运营情况以及转型升级情况等。调查范围包括环渤海、长三角和珠三角 3 个地区的 7 个省和直辖市（天津、山东、河北、江苏、浙江、广东、福建等）。调查采用分层随机抽样和调研员登门访问的方式，共获得有效企业样本 509 家，其中，环渤海、长三角和珠三角地区的样本比例分别为 20.43%、40.08%、39.49%。

从创建时间来看，调查样本中约有 2/3 的企业创建于 2000 年及以后，163 家企业成立于 2000 年以前，其中 31 家企业成立于 20 世纪 90 年代以前。

从企业性质来看，样本企业以民营企业为主，接近样本总量的 2/3，国有企业和集体企业约占 10.22%，中外合资企业约占 14.93%，港澳台及外商独资企业约占 12.18%。

从注册类型来看，有限责任公司所占比例最大，约为 56.78%，股份有限公司（包含上市与非上市分司）仅占样本总数的 4.72%，个人独资企业、合伙企业的比例分别为 11.79% 和 14.73%。

从注册资本来看，样本企业绝大多数为中小企业。500 万元人民币以下的企业占多数，共计 306 家，所占比例达到 60.12%，而超过 5 000 万元（含 5 000 万元）的企业仅占样本总数的 5.89%，500 万 ~ 5 000 万元（含 500 万元）的企业占比达 1/3 左右。

从行业分布来看，按照国家统计局列出的国民经济行业分类标准（GB/T 4757–2011）将 509 家出口企业进行归类分析，制造业共计 438 家，占样本占量的 86.05%；批发和零售业共计 69 家，占样本总量的 13.56%；另外，还有 2 家企业归于信息技术业。依照主营产品进行细分，制造企业以电气机械和器材制造业，文教、工美、体育和娱乐用品制造业，纺织业，纺织服装、服饰业，皮革、毛皮、羽毛及其制品和制鞋业，金属制品业六个行业占较大比例，分别达到样本总量的 12.38%、8.84%、8.25%、8.06%、6.29% 和 6.29%；进行批发和零售的外贸企业则以纺织、服装及家庭用品

第12章 后危机时代品及电子产品批发，矿产品、建材及化工批发，机械设备所占比重较大，分别为样本总量的 5.11%、产品批发4.32%型设计与变量选取

2.1 模型设计

合企业价值链能力建设的理论分析，我们构建以下计量回归：

$$Y_i = \alpha_i + \beta_i X_i + \lambda_i W_i + \varepsilon_i$$

其中，Y 表示企业转型升级的被解释变量；X 表示解释变量；W 表示控制变量；α 为常数项；ε 为随机误差项，i 表示样本个体数。我们将解释变量 X 分为三组，分别衡量创新能力、生产能力和市场拓展能力对转型升级的影响。

12.4.2.2 变量选取

选取因变量时，根据理论研究和实际经验，企业转型升级大多沿着从 OEM 到 ODM 再到 OBM 的路径进行，也就是从简单的代工制造逐渐向设计研发和品牌经营的方向转型升级。由此，我们在问卷指标中选取企业主营业务中 ODM 与 OBM 的比例之和作为反映企业转型升级状况的变量。

选取解释变量时，我们分别选取能够反映自主创新能力、高端制造能力和市场拓展能力的指标。对于自主创新能力，我们着重分析企业在创新方面的各项投入与成果。所以选取问卷中"是否具有研发机构"、"研发人员比例"、"是否拥有核心技术"和"是否开发出新产品"等问题来衡量创新能力，然后再对开发出新产品的企业进行重点分析，选取"新产品开发投入"和"新产品种类"等变量来说明拥有新产品的企业在创新能力上有哪些特征。对于高端

续表

变量	变量名称	变量代码	相关定义描述
解释变量	生产设备	MEL	依照程度赋值，"先进"为5，"比较先进"为4，"中等"为3，"落后"为2，"非常落后"为1
	员工数量	EMP	职工总人数
	传统产业	TRA	是否属于传统产业①，属于为1，不属于则为0
	水电成本	WEC	用水用电的成本额
	治污成本	POC	治污的成本额
	销售水平	SAL	销售总额
	出口比例	PEX	产品出口额占销售额的比重
控制变量	创建时间	TIM	企业的运营年限，2012年与创建时间的差值
	资产水平	TCA	资产总额
	员工年龄结构	AGE	年龄在35岁及以下的员工比例
	员工学历结构	EDU	具有本科及以上学历的员工比例
	员工培训比例	TRP	培训员工在员工总数中的比例

▶ 12.4.3 模型估计结果

根据变量设计和数据的完整性，经过筛选，获得调查问卷中的484家有效样本进行实证检验。运用软件 EViews6.0，采用 OLS 方法对截面数据进行回归分析。先考察数据是否存在多重共线性和异方差。通过观察解释变量的 Pearson 相关系数矩阵，发现变量之间的相关系数绝对值一般都在 0.3 以下，因此，可以认为多重共线性不是模型估计中的潜在问题。为了减少模型中可能存在的异方差对回归结果稳健性的影响，我们采用 White 异方差一致协方差矩阵，对估计结果的标准误差和 t 统计值进行修正，从而在一定程度上消除模型异方差问题，使得 OLS 回归结果更为稳健可靠。实证估计结果如表 12-2 所示。

---

① 这里我们依据国民经济行业分类标准（GB/T4757—2011）将除了计算机、通信、电子等行业之外的其他行业作为传统产业。

表 12 - 2　　　　企业关键能力建设对转型升级影响的 OLS 回归结果

	自主创新能力		高端制造能力		市场拓展能力
	模型 (12.3)	模型 (12.4)	模型 (12.5)	模型 (12.6)	模型 (12.7)
RDI	-0.007 (-0.242)	0.117 *** (2.822)			
RDH	0.284 * (1.714)	0.144 (0.578)			
TE	0.114 *** (3.561)				
NP	0.113 *** (4.284)				
NPR		3.77E - 05 *** (2.705)			
NPC		-0.001 * (-1.933)			
MEL			0.064 *** (3.006)	0.047 (1.500)	
EMP			5.38E - 05 ** (2.008)	1.22E - 04 ** (2.440)	
TRA			0.215 *** (8.221)		
WEC				5.34E - 05 (0.392)	
POC				-6.59E - 06 (-0.017)	
SAL					4.00E - 05 (0.093)
PEX					-0.271 *** (-6.687)
TIM	0.001 (0.371)	0.003 (1.110)	4.38E - 04 (0.222)	0.005 (1.567)	0.001 (0.764)

	自主创新能力		高端制造能力		市场拓展能力
	模型 (12.3)	模型 (12.4)	模型 (12.5)	模型 (12.6)	模型 (12.7)
TCA	2.94E − 04 (1.338)	1.49E − 06 (0.011)	− 1.96E − 04 (− 0.466)	− 0.001 * (− 1.938)	2.01E − 05 (0.072)
AGE	− 0.356 *** (− 3.370)	− 0.297 ** (− 2.322)	− 0.339 *** (− 3.399)	− 0.160 (− 1.043)	− 0.376 *** (− 3.660)
EDU	− 0.016 (− 0.165)	0.442 ** (2.335)	− 0.009 (− 0.085)	0.196 ** (0.887)	0.005 (0.049)
TRP	0.021 (0.464)	− 0.102 (− 1.377)	0.090 * (1.907)	0.218 (2.605)	0.100 ** (2.278)
常数项	0.628 *** (7.691)	0.692 *** (6.566)	0.405 *** (4.370)	0.432 *** (2.798)	0.871 *** (9.938)
F 值	8.585	3.747	13.976	4.839	9.442
R^2	0.140	0.169	0.191	0.247	0.122
样本数	484	176	484	143	484

注: ***、 **、 * 分别表示在 1%、5% 和 10% 的水平上显著；括号中数值表示经过稳健性修正的 t 值。

12.4.3.1　解释变量

模型（12.3）和模型（12.4）表明企业自主创新能力对于转型升级的影响效应。从模型（12.3）的回归系数来看，企业拥有核心技术和研发新产品都对转型升级有着显著的正向影响，研发人员比例也起到促进企业转型升级的显著作用。而研究机构却呈现出不显著的负向效应，说明在总体样本中研究机构的作用并不明显。进一步地，我们将开发出新产品的样本企业提取出来进行实证分析。模型（12.4）反映了拥有新产品的企业的创新能力与转型升级的关系，从回归结果来看，在拥有新产品的企业中，研发机构的作用较为突出，与转型情况显著正相关，且新产品研发投入也起到正向作用，而新产品种类的系数却为负，说明新产品的种类增多不一定能够促进企业的转型升级，因为还需要进一步观察新产品属于何种类型的创新。从调研的情况来看，样本企业的创新成果主要是"获得实用新型和外观设计专利"、"通过研发获得国内领先技术"和"商业模式创新"（见表 12 – 3），其中获取发明专利、掌握核心技术的创新成果明显不足，而正是这类创新才能够更有力地推动转型升级。因此，企业新产品的种类数目与转型升级存在负相关关系的回归结果也是可以理解的。

表 12 – 3　　　　　　**企业近三年的创新成果类型**

选项	第一重要	第二重要	第三重要	第四重要	第五重要	得分	排序
通过研发获得国内领先技术	46	36	11	1	0	409	2
获得实用新型和外观设计专利	66	36	8	1	0	500	1
获得发明专利	26	18	17	1	0	255	4
商业模式创新	32	26	11	5	0	307	3
其他	2	0	0	0	0	10	5

注：表中 2～6 列为样本数，根据重要程度分别赋权数 5、4、3、2、1，各选项按照重要程度乘以权数后加总，得到该项的总分。

模型（12.5）和模型（12.6）反映企业高端制造能力对转型升级的影响。模型（12.5）的回归系数表明，企业的生产设备水平和员工总数都对转型升级起到显著的正向促进作用，TRA 变量的系数也显著为正，说明在生产能力方面传统产业的转型升级似乎更具优势。为深入研究这一问题，我们将传统产业作为研究对象，构建了模型（12.6），其估计结果显示，除企业员工总数这一变量显著之外，生产设备水平、水电成本和治污成本均不显著，说明传统产业的生产能力优势可能更多地体现在劳动力密集型而非资本技术密集型和低碳节能的生产方式上。

模型（12.7）表示企业市场拓展能力对转型升级的影响。回归结果表明，企业的销售额与转型升级正相关，但却不显著。由于销售额是企业产品在国内和国际市场的销售总额，未能反映市场结构，于是进一步加入产品出口比例变量。结果发现产品出口比例与转型升级显著负相关，这表明，产品的外销比例越高，企业嵌入全球价值链的程度越深，越难摆脱低端"锁定"顺利实现转型升级。该变量同时也反映出较大的内销比例将有助于企业顺利实现转型。

综合以上三种关键能力的实证结果，企业创新能力的提升是推动转型升级的主要力量，企业创新应更多地集中在核心技术的研发上；生产能力的提高也是企业转型的助推力，尤其对传统产业来说，进一步提高设备技术水平和生产方式的集约化、低碳化将推动转型升级；市场拓展，特别是对国内市场的开发，是关系到企业转型升级成败的关键因素。事实上，企业目前对关键能力建设的意愿相当强烈，对企业在危机与挑战并存的市场环境下所做出的策略选择进行调查，结果发现（见图 12 - 3），企业所采取的各项应对策略中选择较多的分别是"加强市场拓展"、"提升技术"、"开发更多新产品"和"提高产品档次/附加价值"等，充分表明企业已经认识到技术创新和市场拓展等能力建设对转型升级的重要性。

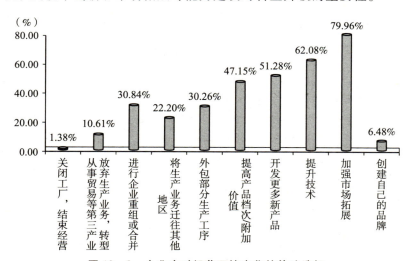

图 12 - 3　企业应对经营环境变化的策略选择

12.4.3.2 控制变量

企业创建时间（*TIM*）变量在模型（12.3）~模型（12.7）中的系数均为正，但不显著，说明企业成立时间对转型升级有着不显著的正向影响，这与我们的预期有出入。究其原因，可能在于成立时间长的企业具有更多的技术和人力资源积累，对市场更加熟悉，而21世纪以来成立的企业在技术装备和经营管理等方面起点较高，所以根据成立时间的长短无法直接判断出何种企业更具有关键能力建设的优势。

资产总额变量在5个模型中的符号正负不一，均不显著，表明企业规模对转型升级没有显著影响。这主要是因为，我国外向型企业从事低端加工制造，主要以中小企业为主，企业运转依赖的主要不是资产规模，而是能否从经销商和银行等处获得流动资金融资。为此，我们针对企业融资情况作了进一步的调查，结果发现，样本中多于1/3的企业存在着融资困难，融资困难的原因大多是"融资渠道不畅"、"融资成本高"和"缺乏抵押品"（见表12-4）。企业解决这些困难主要依靠"自我积累获得发展资金"和"引入外部投资"等措施。如前所述，缺乏经济实力将导致企业转型升级有心无力，而融资困难将使企业的转型能力受到限制。

表 12 - 4　　　　　　　　　企业融资困难的原因

选项	第一重要	第二重要	第三重要	第四重要	第五重要	第六重要	第七重要	得分	排序
融资渠道不畅	57	20	37	2	1	0	0	715	1
缺乏抵押品	28	35	16	2	0	0	0	494	3
缺乏担保人	15	33	14	0	0	0	0	373	5
财务状况不理想	19	13	9	5	0	0	0	276	6
融资成本高	36	31	23	7	0	0	0	581	2
缺乏吸引投资的项目	25	30	16	1	0	0	0	439	4
其他	0	0	0	1	0	0	0	4	7

注：表中2~8列为样本数，根据重要程度分别赋权数7、6、5、4、3、2、1，各项按照重要程度乘以权数后加总，得到该项总分。

从人力资本来看，模型（12.3）～（12.7）的员工年龄结构系数均为负，且基本显著，表明年轻员工的比例高不利于企业转型升级。学历结构系数在 5 个模型中正负不一，其中仅在模型（12.4）中呈现出显著的正向关系，表明员工受教育程度仅在新产品研发上发挥重要作用。不难理解，低端代工企业往往需要的是心灵手巧、体力充沛的员工，招工时更加偏好低学历的年轻员工，相比之下，ODM 和 OBM 企业则更注重员工的学历和经验，其员工年龄也就自然会大于代工企业，学历水平也会高于代工企业。因此，在企业从简单代工向研发设计和品牌建设转型的过程中，员工的年龄会增大，受教育程度会提高，工作经验会增加，表现为年轻员工比重与企业转型升级之间存在一定的负相关关系。此外，员工培训比例的系数基本为正，在模型（12.5）～模型（12.7）中通过了显著性检验，表明培训可以提高人力资本水平，对转型有利。不过，目前企业培训主要集中于生产技能和市场推广，而在研发创新方面比较欠缺，这也是模型（12.3）和模型（12.4）中该变量不显著的原因。这一情况也可以从企业所需的人才类型中得到验证。据调研结果，企业目前所需的人才中排名前三位的分别是"技术人才"、"营销人才"和"公关人才"，尤其"技术人才"是企业最稀缺的人才。对所需人才企业目前的激励手段仍以物质激励为主（见表 12 - 5），工资福利、工作环境和职务晋升是企业认为激励人才最重要的三项措施。企业应在物质激励的基础上，辅以企业文化等精神激励方式，更有效地积累人力资本，减少核心员工的流失。

表 12 - 5　　　　　　　　　　**企业激励人才的各项措施**

选项	第一重要	第二重要	第三重要	第四重要	第五重要	第六重要	第七重要	第八重要	得分	排序
提高工资和福利待遇	338	87	41	15	1	1	0	0	3 641	1
职务晋升	79	108	79	47	6	1	0	0	2 124	3
提供良好的工作环境	39	167	89	25	24	2	0	0	2 255	2

选项	第一重要	第二重要	第三重要	第四重要	第五重要	第六重要	第七重要	第八重要	得分	排序
提供培训/深造	18	38	69	25	9	11	4	0	1 026	5
股权（红利）激励	18	44	63	48	6	3	0	0	1 103	4
人文关怀	12	19	36	41	48	7	8	0	879	6
荣誉激励	5	9	31	46	17	11	10	0	640	7
其他	0	0	0	0	0	0	0	0	0	8

注：表中2～9列为样本数，根据重要程度分别赋权数8、7、6、5、4、3、2、1，各项按照重要程度乘以权数后加总，得到该项总分。

▶ 12.4.4 企业转型升级的外部支持

企业通过价值链建设来实现转型升级，进入具有模仿程度高、竞争激烈和存在某种程度地方保护等特点的国内市场，离不开政府和行业中间组织等外部力量的支持和帮助。据此，我们在问卷中对企业在转型升级过程中期待从政府和行业组织获得的支持及其实施情况进行了调查。

从政府支持的角度来看（见表12-6），在企业转型升级所期待的十项政策措施中，各项得分差距不大，说明企业对这些措施的期待程度都较为强烈。从排名来看，"资金支持"、"营造良好的融资环境"和"提供土地或税收优惠"是企业最迫切期待的支持，这与上述回归分析中企业进行关键能力建设所面临的融资困难的事实一致。"加强知识产权保护"、"奖励技术创新"也是企业需求较强的政策措施，既反映出企业研发创新的积极性，也体现出企业因国内市场高模仿性而强烈渴望知识产权保护措施。但在对措施实施的评价中，排在企业需求前三位的政策措施实施程度却忝列末位，相比之下，"促进产学研合作"、"帮助引进与培训人才"和"加强知识产权保护"等措施的实施程度较高。由此可见，政府支持大多集中在人力资本培养、知识产权保护、创新平台的搭建等有助于企业长期发展的措施上，而在解决企业当前面临的融资困境上则显得力度不够。

表 12-6　　　　　　　企业转型升级期待得到的政府支持措施

	措施	资金支持	营造良好的融资环境	提供土地或税收优惠	品牌培育支持	奖励技术创新	加强知识产权保护力度	创建产业园区和公共创新平台	帮助引进与培训人才	促进产学研合作	支持企业"走出去"
对政府支持的期待程度	期待很强	285	255	218	130	155	188	150	155	115	147
	期待较强	135	160	192	230	218	190	188	198	226	199
	期待一般	73	90	94	124	108	100	130	126	124	138
	期待不强	16	7	9	19	24	27	42	26	38	23
	无期待	0	0	0	0	0	0	0	1	1	0
	得分	2 216	2 199	2 158	1 980	2 019	2 054	1 976	1 998	1 928	1 991
	排名	1	2	3	8	5	4	9	6	10	7
政府措施实际实施程度	实现很好	10	2	12	22	17	21	33	39	26	21
	实现较好	58	81	83	84	98	121	105	98	105	101
	实现一般	199	203	217	219	219	211	177	206	223	211
	实现不好	214	180	164	160	158	126	161	136	134	152
	未实现	32	38	33	24	18	30	33	30	23	18
	得分	1 339	1 341	1 404	1 447	1 468	1 504	1 471	1 507	1 510	1 464
	排名	10	9	8	7	5	3	4	2	1	6

注：期待程度按照程度分为很强、较强、一般、不强和无期待，分别赋值为5、4、3、2、1，各项依据不同程度乘以权数后加总，得到该项总分。实施程度分为很好、较好、一般、不好和未实现，分别赋值为5、4、3、2、1，各项依据不同程度乘以权数后加总，得到该项总分。

从行业中间组织的支持来看（见表 12－7），企业认为行业中间组织提供的 10 项措施都对转型升级相当重要，其中"技术和职业培训，人才交流"、"提供行业信息"和"价格协调，规范竞争行为"是企业认为最重要的三项措施。这一方面说明企业转型升级对人力资本的重视与需求；另一方面也反映出企业希望更多了解国内市场和行业信息以及强烈期盼规范市场竞争秩序。观察各项措施的实施情况，企业认为对转型升级最重要的三项措施都得到了较好实施，其中"提供行业信息"一项实施程度最高，其次是职业培训与规范竞争行为。此外，在调节行业纠纷、制定行业标准以及与政府沟通等方面，行业中间组织也提供了较好的支持。不过，在"提供融资担保和融资帮助"一项上实施程度较弱，行业协会今后在履行职能时需要更多地为企业融资提供信用中介服务。

表 12－7　　企业对行业中间组织支持措施的重要程度与实施情况评价

	措施	提供行业信息	技术和职业培训，人才交流	提供融资担保和融资帮助	制定行约行规，维护会员合法权益	调解行业内外部的各种纠纷	价格协调，规范竞争行为	组织反倾销应诉或反倾销上诉	与政府沟通，争取对行业有利的政策措施	参与制定行业标准和行业发展规划	评选行业名优产品，创建区域品牌
行业中间组织支持措施的重要程度	非常重要	246	214	142	124	134	163	129	151	113	93
	比较重要	141	186	204	223	221	194	212	187	200	216
	一般	96	98	137	134	129	131	141	137	167	164
	较不重要	24	13	18	27	29	17	28	34	31	27
	非常不重要	0	0	2	1	0	1	0	1	2	3
	得分	2 130	2 134	1 975	1 969	1 999	2 019	1 972	1 983	1 930	1 878
	排名	2	1	7	8	4	3	6	5	9	10

续表

措施	提供行业信息	技术和职业培训，人才交流	提供融资担保和融资帮助	制定行约行规，维护会员合法权益	调解行业内外部的各种纠纷	价格协调，规范竞争行为	组织反倾销应诉或反倾销上诉	与政府沟通，争取对行业有利的政策措施	参与制定行业标准和行业发展规划	评选行业名优产品，创建区域品牌
行业中间组织措施的实际实施程度 实施	343	297	163	170	211	186	174	179	180	165
未实施	111	147	224	210	179	190	199	192	199	198
不清楚	52	69	122	123	117	129	130	141	128	159
排名	1	2	10	8	3	4	7	6	5	9

注：重要程度分为非常重要、比较重要、一般、较不重要和非常不重要，分别赋值为5、4、3、2、1，各项依据不同程度乘以权数后加总，得到该项总分。政府实施程度分为实施、未实施和不清楚，依据选择实施的企业数进行排序。

12.5　结论与启示

改革开放以来，依赖初级要素优势嵌入全球价值链制造环节的我国外向型企业在要素禀赋结构发生重大变化的情况下，面临着需求不足和生产成本上扬挤压利润空间的双重压力。在成本上升和外需疲软的挑战下，我国外向型企业可持续发展的战略选择之一在于，适度脱离全球价值链分工，摆脱低端"锁定"状态，依托国内市场展开转型升级，提高国际竞争力，重构以我为主的全球价值链新体系。

相对于产业的空间转移，转型升级是企业长期发展的战略选择。提高企业转型升级的成功概率，一方面，需要企业以国内市场为依托，向价值链的上下游延伸，提高自主创新、高端制造和市场拓展等关键能力，同时吸纳和积累转型升级所需的资金、技术与人力资本等关键资源；另一方面，企业转型升级需要得到政府和行业中间组织等外部力量在制度建设、权益保障、资源提供等诸多方面的支持和帮助。通过企业的"内功"修炼与外部支持相结合，内外并举推动产业转型升级的进程。

本章的研究表明，我国沿海地区外向型企业的自主创新能力、高端制造能力和市场拓展能力都对转型升级有着明显的促进作用。不少劳动密集型企业已尝试开展创新活动，自主研发新技术和新产品；国内市场将成为企业转型升级的重要基础，产品内销将带动企业积极向价值链两端攀升。不过，在转型升级过程中，企业仍面临着不少资源与能力建设的问题：一是企业转型升级的关键资源不足，资金实力因企业规模和融资困难等原因而不足，人力资本水平不高；二是在企业的转型能力中，研发创新能力有待于从模仿（产品外观改进）向原创（发明专利）等高层次能力提升，高端制造能力有待于进一步从传统的粗放型生产方式向低碳化和集约化的生产方式转变，对国内市场的开拓能力也是一个需要长期建设的过程。

因此，对外向型企业而言，实现转型升级，增强竞争力，达成全球价值链重构的夙愿，需要在提高融资能力和凝聚人力资本以累积转型升级的物质基础之上，了解和熟悉国内市场的特点，开发符合国内消费者偏好的各类产品与服务；采用先进的、低碳的生产技术进行制造，通过降低能耗和节约资源来应对资源环境的约束，降低生产成本；积极建设营销渠道，打开国内市场，提高产品的国内市场占有率，拓展企业利润空间。政府可以在继续开展对企业转型的制度环境建设、知识产权保护、信息提供等帮扶措施的基础上，对中小企业融资提供更多的政策支持，推动以民营银行为主体的民间中小金融体系的建设；行业中间组织应在信息沟通、人才培训、市场秩序维护等方面发挥有效的协调功能，并为企业融资提供必要的中介服务，呼吁和争取有利于中小企业融资的政策环境。

参 考 文 献

［1］ 白重恩、钱震杰：《国民收入的要素分配：统计数据背后的故事》，载《经济研究》2009年第3期。

［2］ 白重恩、吴斌珍、金烨：《中国养老保险缴费对消费和储蓄的影响》，载《中国社会科学》2012年第8期。

［3］ 蔡德容、吴琴琴、万建永：《我国居民平均消费倾向影响因素的实证研究》，载《消费经济》2009年第25期。

［4］ 陈佳贵、黄群慧、钟宏武：《中国地区工业化进程的综合评价和特征分析》，载《经济研究》2006年第6期。

［5］ 陈楠、邓建东：《中国经济中的私人产权保护和经济增长：资源配置视角》，载《南方经济》2008年第7期。

［6］ 陈小蕴、张水泉：《对外直接投资与贸易品技术结构提升——韩国的经验及启示》，载《亚太经济》2012年第2期。

［7］ 程大中：《中国服务业增长的特点、原因及影响——鲍莫尔—富克斯假说及其经验研究》，载《中国社会科学》2004年第2期。

［8］ 程大中：《中国经济正在趋向服务化吗？——基于服务业产出、就业、消费和贸易的统计分析》，载《统计研究》2008年第25期。

［9］ 程大中[a]：《中国经济正在趋向服务化吗？——基于服务业产出、就业、消费和贸易的统计分析》，载《统计研究》2008年第9期。

［10］程大中[b]：《中国服务业存在"成本病"问题吗》，载《财贸经济》2008 年第 12 期。

［11］储德银、闫伟：《初次分配对居民消费的影响机理及实证研究》，载《财政研究》2011 年第 3 期。

［12］道格拉斯·诺思：《制度、制度变迁与经济绩效》，格致出版社 2008 年版。

［13］邓吉昌、夏晴、余克艰、姜红、周蕾：《服务业与城市化互动发展模式的探讨》，载《浙江树人大学学报》2005 年第 5 期。

［14］邓伟根：《产业转型：经验、问题与策略》，经济管理出版社 2006 年版。

［15］发改委高技术产业司：《2011 年全球薄膜晶体管液晶显示（TFT－LCD）面板市场的统计报告》。

［16］樊纲、王小鲁、朱恒鹏：《中国市场化指数——各地区市场化相对进程 2011 年报告》，经济科学出版社 2011 年版。

［17］方福前、张艳丽：《城乡居民不同收入的边际消费倾向及变动趋势分析》，载《财贸经济》2011 年第 4 期。

［18］方福前：《中国居民消费需求不足原因研究——基于中国城乡分省数据》，载《中国社会科学》2009 年第 2 期。

［19］方颖、赵扬：《寻找制度的工具变量：估计产权对中国经济增长的贡献》，载《经济研究》2011 年第 5 期。

［20］甘犁、刘国恩、马双：《基本医疗保险对促进家庭消费的影响》，载《经济研究》2010 年增刊。

［21］干春晖、郑若谷：《改革开放以来产业结构演进与生产率增长研究——对中国 1978～2007 年"结构红利假说"的检验》，载《中国工业经济》2009 年第 2 期。

［22］高传胜、汪德华、李善同：《经济服务化的世界趋势与中国悖论：基于 WDI 数据的现代实证研究》，载《财贸经济》2008 年第 3 期。

[23] 古炳鸿、李红岗、叶欢：《我国城乡居民边际消费倾向变化及政策含义》，载《金融研究》2009 年第 3 期。

[24] 顾乃华：《城市化与服务业发展》，载《财贸经济》2011 年第 1 期。

[25] 郭克莎：《总量问题还是结构问题？——产业结构偏差对我国经济增长的制约及调整思路》，载《经济研究》1999 年第 9 期。

[26] 郭克莎：《对中国外贸战略与贸易政策的评论》，载《国际经济评论》2003 年第 5 期。

[27] 郭同欣：《对我国服务业比重偏低的分析》，载《中国统计》2010 年第 9 期。

[28] 郭文杰：《改革开放以来 FDI、城市化对服务业的影响研究》，载《财贸经济》2007 年第 4 期。

[29] 《海洋工程装备企业之国际比较研究》，载《招商证券》2012 年 10 月 8 日。

[30] 韩永文：《产业政策必须引入竞争——德国产业结构变化评判》，载《中国软科学》1996 年第 8 期。

[31] 韩造船设备材料的国产化率不断提高，《船舶物资与市场》1994 年第 5 期。

[32] 杭斌：《城镇居民的平均消费倾向为何持续下降——基于消费习惯形成的实证分析》，载《数量经济技术经济研究》2010 年第 6 期。

[33] 胡超、张捷：《制度环境与服务贸易比较优势的形成：基于跨国截面数据的实证研究》，载《南方经济》2011 年第 2 期。

[34] 胡超、张捷：《"服务—制造"新形态国际分工的演进及可持续性分析》，载《广东商学院学报》2010 年第 2 期。

[35] 胡超、张捷：《国际经济失衡的成因：新形态国际分工的视角》，载《南京社会科学》2011 年第 3 期。

[36] 胡汉昌、郭熙保：《后发优势战略与比较优势战略》，载

《江汉论坛》2002 年第 9 期。

[37] 胡霞：《制度环境与中国城市服务业发展差异》，载《软科学》2007 年第 21 期。

[38] 黄少安：《关于制度变迁的三个假说及其验证》，载《中国社会科学》2000 年第 4 期。

[39] 黄少军：《服务业与经济增长》，经济科学出版社 2000 年版。

[40] 黄先海、徐圣：《中国劳动收入比重下降成因分析——基于劳动节约型技术进步的视角》，载《经济研究》2009 年第 7 期。

[41] 贾继锋、李晓青：《中国与东盟的贸易互补与竞争》，载《世界经济文汇》1997 年第 5 期。

[42] 江小涓、李辉：《服务业与中国经济：相关性和加快增长的潜力》，载《经济研究》2004 年第 1 期。

[43] 江小涓：《服务业增长：真实含义、多重影响和发展趋势》，载《经济研究》2011 年第 4 期。

[44] 江小涓：《服务全球化与服务外包：现状、趋势及理论分析》，人民出版社 2008 年版。

[45] 金玉国：《宏观制度变迁对转型时期经济增长的贡献》，载《财经科学》2001 年第 2 期。

[46] 经济产业省：《ものづくり白書 2012》，http：//www. meti. go. jp/report/whitepaper/

[47] 经济产业省：《ものづくり白書 2013》，http：//www. meti. go. jp/report/whitepaper/

[48] 康志勇：《全球代工体系下我国地方产业集群升级研究——基于 GVC 与 NVC 的比较视角》，载《科学学与科学技术管理》2009 年第 10 期。

[49] 库兹涅茨，戴睿等译：《现代经济增长》，北京经济学院出版社 1989 年版。

［50］ 郎永清：《国际分工格局的形成及其意义》，载《国际贸易问题》2004 年第 8 期。

［51］ 李果仁：《韩国汽车工业成功经验之借鉴》，载《北京汽车》2010 年第 1 期。

［52］ 李军：《收入差距对消费需求影响的定量分析》，载《数量经济技术经济研究》2003 年第 9 期。

［53］ 李泰焕：《韩国经济的出口多元化现状及启示》，载《SERI 经济焦点》，2010 年。

［54］ 李勇坚、夏杰长：《我国经济服务化的演变与判断——基于相关国际经验的分析》，载《财贸经济》2009 年第 11 期。

［55］ 廖国民、王永钦：《论比较优势与自生能力的关系》，载《经济研究》2003 年第 9 期。

［56］ 林毅夫、李永军：《比较优势、竞争优势与发展中国家的经济发展》，载《管理世界》2003 年第 7 期。

［57］ 林毅夫、孙希芳：《经济发展的比较优势战略理论》，载《国际经济评论》2003 年第 6 期。

［58］ 林毅夫：《发展战略、自生能力和经济收敛》，载《经济学（季刊）》2002 年第 1 期。

［59］ 刘戒骄：《美国再工业化及思考》，载《中共中央党校学报》2011 年第 2 期。

［60］ 刘培林，宋湛：《服务业和制造业企业法人绩效比较》，载《经济研究》2007 年第 1 期。

［61］ 刘伟、张辉：《中国经济增长中的产业结构变迁和技术进步》，载《经济研究》2008 年第 11 期。

［62］ 刘文革、高伟、张苏：《制度变迁的度量与中国经济增长——基于中国 1952～2006 年数据的实证分析》，载《经济学家》2008 年第 6 期。

［63］ 刘志彪、张杰：《从融入全球价值链到构建国家价值链：中国产业升级的战略思考》，载《学术月刊》2009 年第 9 期。

[64] 刘志彪：《全球化背景下中国制造业升级的路径与品牌战略》，载《财经问题研究》2005年第5期。

[65] 刘志彪：《重构国家价值链：转变中国制造业发展方式的思考》，载《世界经济与政治论坛》2011年第4期。

[66] 卢中原、胡鞍钢：《市场化改革对我国经济运行的影响》，载《经济研究》1993年第12期。

[67] 罗楚亮：《经济转轨：不确定性与城镇居民消费行为》，载《经济研究》2004年第4期。

[68] 罗元青：《"有效需求不足"与产业结构的相关性分析》，载《西南民族大学学报（人文社科版）》2003年第11期。

[69] 罗云毅：《关于消费率调控的政策有效性分析》，载《财政研究》2004年第8期。

[70] 吕红、王芳：《中国制造业科技创新能力的国际比较》，载《统计与决策》2010年第18期。

[71] 毛盛勇：《我国居民消费需求分析》，载《统计研究》2007年第24期。

[72] 毛蕴诗、吴瑶：《中国企业：转型升级》，中山大学出版社2009年版。

[73] 倪鹏飞：《中国城市服务业发展：假设与验证》，载《财贸经济》2004年第7期。

[74] 潘慧峰、杨立岩：《制度变迁与内生经济增长》，载《南开经济研究》2006年第2期。

[75] 潘青友：《中国与东盟贸易互补和贸易竞争分析》，载《国际贸易问题》2004年第7期。

[76] 潘文轩：《我国消费需求不足的成因与对策——基于产业结构失衡视角》，载《河北经贸大学学报》2009年第30期。

[77] 潘向东、廖进中、赖明勇：《经济制度安排、国际贸易与经济增长影响机理的经验研究》，载《经济研究》2005年第11期。

[78] 潘向东、廖进中、赖明勇：《制度因素与双边贸易：一项基于中国的经验研究》，载《世界经济》2004 年第 5 期。

[79] 潘向东、廖进中、赖明勇：《进口国制度安排与高技术产品出口：基于引力模型的研究》，载《世界经济》2005 年第 9 期。

[80] 朴英爱：《危机后韩国经济面临的困境与出路》，载《东北亚论坛》2011 年第 5 期。

[81] 钱纳里、鲁宾逊、塞尔奎因：《工业化和经济增长的比较研究》，三联书店 1989 年版。

[82] 钱纳里等，吴奇等译：《工业化和经济增长的比较研究》，上海人民出版社 1989 年版。

[83] 青木昌彦等：《模块时代——新产业结构的本质》，远东出版社 2003 年版。

[84] 日本经济产业省：《海外事业活动基本调查 2011》。

[85] 日本经济产业省：《通商白書 2012》，http：//www. me-ti. go. jp/report/whitepaper/

[86] 《三星全球如何铸就全球品牌?》，载《商业周刊》2004 年 11 月 23 日。

[87] 邵骏、张捷：《中国服务业增长的制度因素分析——基于拓展索洛模型的跨地区、跨行业实证研究》，载《南开经济研究》2013 年第 2 期。

[88] 申明浩：《产业结构互补与竞争格局举证：中国与韩国》，载《改革》2011 年第 7 期。

[89] 史世伟：《德国国家创新体系与德国制造业的竞争优势》，载《德国研究》2009 年第 1 期。

[90] 史智宇：《出口相似度与贸易竞争：中国与东盟的比较研究》，载《财贸经济》2003 年第 9 期。

[91] 《世界海洋工程装备市场与产业发展分析报告（2011 年度）》。

［92］孙丹：《我国经济转轨时期投资需求的规模与效率分析》，载《改革》2002年第5期。

［93］孙笑丹：《中国与东盟国家农产品出口结构比较研究》，载《当代财经》2003年第3期。

［94］孙永祥、张晶：《相关国家页岩气勘探开发概况及启示》，载《天然气技术与经济》2011年第5期。

［95］唐志良、刘建江：《美国再工业化对我国制造业发展的负面影响研究》，载《国际商务》2012年第2期。

［96］藤本隆宏：《能力构筑竞争：日本的汽车产业为何强盛》，中信出版社2007年版。

［97］田学斌、闫真：《消费结构与产业结构的关系：理论框架与实证分析》，载《消费经济》2010年第26期。

［98］汪德华、张再金、白重恩：《政府规模、法治水平与服务业发展》，载《经济研究》2007年第6期。

［99］王艾青：《制度变迁对中国经济增长的影响：参量选择与量化方法》，载《学术月刊》2008年第5期。

［100］王南等：《美国和加拿大页岩气产业政策借鉴》，载《国际石油经济》2012年第9期。

［101］王勤：《中国与东盟经济的互补和竞争及其发展趋势》，载《东南亚研究》2004年第3期。

［102］王恕立、胡宗彪：《中国服务业分行业生产率变迁及异质性考察》，载《经济研究》2012年第4期。

［103］王泽填、孙辉煌：《经济增长中的制度因素研究》，中国经济出版社2010年版。

［104］巫强、刘志彪：《本土装备制造业市场空间障碍分析——基于下游行业全球价值链的视角》，载《中国工业经济》2012年第3期。

［105］吴定玉、姚传飞、侯奔：《居民消费结构与产业结构的关联性分析——以湖南省为例》，载《消费经济》2007年第23期。

[106] 吴晓明、吴栋：《我国城镇居民平均消费倾向与收入分配状况关系的实证研究》，载《数量经济技术经济研究》2007年第5期。

[107] 伍艳艳、戴豫升：《我国产业结构变化对居民消费率影响的实证研究》，载《中央财经大学学报》2010年第9期。

[108] 徐朝阳：《工业化与后工业化："倒U型"产业结构变迁》，载《世界经济》2010年第12期。

[109] 徐建炜、姚洋：《国际分工新形态、金融市场发展与全球失衡》，北京大学中国经济研究中心讨论稿系列，2009年。

[110] 徐现祥、周吉梅、舒元：《中国省区三次产业资本存量估计》，载《统计研究》2007年第5期。

[111] 许宪春：《90年代我国服务业发展相对滞后的原因分析》，载《管理世界》2000年第6期。

[112] 许宪春：《中国服务业核算及其存在的问题研究》，载《经济研究》2004年第3期。

[113] 杨桂菊：《代工企业转型升级：演进路径的理论模型——基于3家本土企业的案例研究》，载《管理世界》2010年第6期。

[114] 杨汝岱、陈斌开：《高等教育改革、预防性储蓄与居民消费行为》，载《经济研究》2009年第8期。

[115] 杨汝岱、朱诗娥：《公平与效率不可兼得吗？——基于居民边际消费倾向的研究》，载《经济研究》2007年第12期。

[116] 杨天宇、朱诗娥：《我国居民收入水平与边际消费倾向之间"倒U"型关系研究》，载《中国人民大学学报》2007年第3期。

[117] 杨晓敏、韩廷春：《制度变迁、金融结构与经济增长》，载《财经问题研究》2006年第6期。

[118] 杨勇：《中国服务业全要素生产率再测算》，载《世界经济》2008年第10期。

［119］姚海天：《日韩材料、零部件（MC）产业的竞争力比较及产业发展》，载《海外投资与出口信贷》2012 年第 2 期。

［120］于津平：《中国与东亚主要国家和地区间的比较优势与贸易互补性》，载《世界经济》2003 年第 5 期。

［121］于左、孔宪丽：《产业结构、二氧化碳排放与经济增长》，载《经济管理》2013 年第 7 期。

［122］余芳东：《扩大我国居民消费潜力的国际比较研究》，载《统计研究》2010 年第 27 期。

［123］余官胜：《城乡收入差距、经济发展水平和居民消费需求——基于省际面板协整的实证研究》，载《湘潭大学学报（哲学社会科学版)》2011 年第 35 期。

［124］藏旭恒、裴春霞：《预防性储蓄、流动性约束与中国居民消费计量分析》，载《经济学动态》2004 年第 12 期。

［125］查道中、吉文惠：《城乡居民消费结构与产业结构、经济增长关联研究——基于 VAR 模型的实证分析》，载《经济问题》2011 年第 7 期。

［126］张鸿：《区域经济一体化与东亚经济合作》，中国人民大学出版社 2006 年版。

［127］张辉、王晓霞：《北京市产业结构变迁对经济增长贡献的实证研究》，载《经济科学》2009 年第 4 期。

［128］张捷、林新孟：《国际分工与产业结构变动的一般均衡理论模型》，载《产经评论》2012 年第 3 期。

［129］张捷、张媛媛、莫杨：《对外贸易对中国产业结构向服务化演进的影响——基于制造—服务国际分工形态的视角》，载《财经研究》2013 年第 6 期。

［130］张捷、周雷：《国际分工对产业结构演进的影响及其对我国的启示——基于新兴工业化国家跨国面板数据的经验分析》，载《国际贸易问题》2010 年第 1 期。

［131］张捷、张媛媛：《出口导向型发展模式与产业结构转型

升级——以广东省为例》，载《学术研究》2011 年第 7 期。

［132］张捷、张媛媛：《经济全球化与二元经济结构的转变——中国外向型工业化的失衡效应与加速效应》，载《经济前沿》2009 年第 1 期。

［133］张捷：《奇迹与危机——东亚工业化的结构转型与制度变迁》，广东教育出版社 1999 年版。

［134］张捷：《产品构造、文化禀赋与分工组织——水平分工格局下贸易结构的形成机制初探》，载《新政治经济学评论》第三卷第二期（总第六期）2007 年 7 月。

［135］张捷：《全球金融危机的根源及其启示》，载《开放导报》2009 年第 3 期。

［136］张捷：《日本制造业组织结构与国际分工模式的变化——兼论日本制造业对华直接投资的新变化》，载《日本学刊》2007 年第 2 期。

［137］张军、吴桂英、张吉鹏：《中国省级物质资本存量估算：1952～2000》，载《经济研究》2004 年第 10 期。

［138］张正顺：《解密三星培训之道》，机械工业出版社 2008 年版。

［139］赵坚毅、徐丽艳、戴李元：《中国的消费率持续下降的原因与影响分析》，载《经济学家》2011 年第 9 期。

［140］赵永亮、张捷：《工业与服务业非均衡发展研究——服务业会走向 Baumol 陷阱吗》，载《财贸经济》2011 年第 6 期。

［141］郑若谷、干春晖、余典范：《转型期中国经济增长的产业结构和制度效应——基于一个随机前沿模型的研究》，载《中国工业经济》2010 年第 2 期。

［142］中国经济增长与宏观稳定课题组：《全球失衡、金融危机与中国经济的复苏》，载《经济研究》2009 年第 5 期。

［143］朱国林、范建勇、严燕：《中国的消费不振与收入分配：理论和数据》，载《经济研究》2002 年第 5 期。

［144］ Acemoglu, D. , S. Johnson and J. A. Robinson. *Institutions as the Fundamental Cause of Long – Run Growth*, in Handbook of Economic Growth, Eds. by Philppe, A. and Steven, D. , 2005, pp. 1 – 92.

［145］ Amable B. "International specialization and growth," *Structural Change and Economic Dynamics*, 2000, 11 (4), pp. 413 – 431.

［146］ Baumol, W. J, S. B. Blackman & E. N. Wolff. "Unbalanced growth revisited: Asymptotic stagnancy and new evidence," *American Economic Review*, 1985, 75 (4), pp. 806 – 817.

［147］ Baumol W. J. "Macroeconomics of Unbalanced Growth: The anatomy of urban crisis," *American Economic Review*, 1967, 57 (3), pp. 415 – 426.

［148］ Baumol, W. J. , S. B. Blackman & E. N. Wolff. "Productivity and American Leadership," MIT Press, Cambridge, 1989.

［149］ Bergstrand, J. "Structural Determinants of Real Exchange Rates and National Price Levels: Some Empirical Evidence," *American Economic Review*, 1991, 81 (1), pp. 325 – 334.

［150］ Boivin, M. J. "The Japanese/German Lesson: Opportunities for United States Industrial Strategy, Executive Research Project RS10A," *The Industrial College of the Armed Forces National Defense University*, 1992, April 10.

［151］ Brandt, L. and E. Thun. "The Fight for the Middle: Upgrading, Competition, and Industrial Development in China," *World Development*, 2010, 38 (11), pp. 1555 – 1574.

［152］ Chinn, M. D. And Ito, H. "Current Account Balances, Financial Development and Institutions: Assaying the World 'Saving Glut'," *Journal of International Money and Finance*, 2007, 26 (4), pp. 546 – 569.

［153］ Clague, C. , P. Keefer and M. Olson. "Contract – Intensive Money: Contract Enforcement, Property Rights and Economic Performance," *Journal of Economic Growth*, 1999, 4 (2), pp. 185 – 211.

[154] Clark, C. "The Conditions of Economic Progress." London: Macmillan, 1940.

[155] De Vincenti C. "Baumol's Disease, Production Externalities and Productivity Effects of Intersectoral Transfers," *Metroeconomica*, 2007, 58 (3), pp. 396 – 412.

[156] Dietrich, A., J. J. Kruger. "Long-run Sectoral Development Time-series Evidence for the German Economy," *Structural Change and Economic Dynamics*, 2010, 21 (2), pp. 111 – 122.

[157] Dooley, M. P., D. Folkerts – Landau and Garber, P. "Direct Investment, Rising Real Wages and the Absorption of Excess Labor in the Periphery," *NBER Working Paper*, No. 10626, 2006.

[158] Wolff, E. N. "Measures of Technical Change and Structure Change in Services in the USA," *Metroeconomica*, 2007, 53 (3), pp. 359 – 368.

[159] Eggertsson, T. "Imperfect Institutions: Possibilities and Limits of Reform," Ann Arbor: University of Michigan Press, 2005.

[160] Fagerberg J. "Technological Progress, Structural Change and Productivity Growth: A Comparative Study," *Structural Change and Economic Dynamics*, 2000, 11 (4), pp. 393 – 411.

[161] Falvey, R. and N. Gemmell. "Explaining Service – Price Differences in International Comparisons" *American Economic Review*, 1991, 81 (5), pp. 1295 – 1309.

[162] Fisher A. G. B. "Capital and the Growth of Knowledge," *Economic Journal*, 1933, 43 (171), pp. 379 – 389.

[163] Fisher A. G. B. "Production, Primary, Secondary and Tertiary," *The Economic Record*, 1939, 15 (1), pp. 24 – 38.

[164] Forbes, N. , and D. Wield. "From Followers to Leaders: Managing Technology and Innovation in Newly Industrializing Countries," London: Routledge, 2002.

[165] Francois, J F. "Producer Services, Scale, and the Division of Labor," *Oxford Economic Papers*, 1990, 42 (4): 715 – 729.

[166] Franke, R. and P. Kalmbach. "Structural Change in The Manufacturing Sector and Its Impact On Business-related Services: An Input-output Study For Germany," *Structural Change and Economic Dynamics*, 2005, 16 (4), pp. 467 – 488.

[167] Fuchs V. "The Service Economy," New York: Columbia University Press, 1968.

[168] Fuchs, T. "Industry Structure and Productivity Growth: Panel Data Evidence for Germany from 1971 – 2000," IFO Institute for Economic Research at the University of Munich working paper No. 24, 2005.

[169] Gereffi, G. and O. Memedovic. "The Global Apparel Value Chain: What Prospects for Upgrading by Developing Countries," United Nations Industrial Development Organization (UNIDO), Sectoral Studies Series, 2003.

[170] Gereffi, G. "International Trade and Industrial Upgrading in the Apparel Commodity Chains," *Journal of International Economics*, 1999, 48 (1), pp. 37 – 70.

[171] Gereffi, G. , J. Humphrey and T. Sturgeon. "The Governance of Global Value Chains," *Review of International Political Economy*, 2005, 12 (1), pp. 78 – 104.

[172] Gregory, P. R. "Normal Comparisons of Industrial Structures in East and West Germany," *Review of World Economics*, 1970, 104 (2), pp. 325 – 332.

[173] Griliches, Z. "Output Measurement in the Service Sec-

tors," NBER studies in income and wealth, University of Chicago Press, 1992.

[174] Hall, R. E. and C. I. Jones, "Why Do Some Countries Produce So Much Output Per Worker Than Others?" *NBER working paper*, No. 6564, 1998.

[175] Henriksen, E. "A Demographic Explanation of U. S. and Japanese Current Account Behavior", unpublished manuscript, 2005.

[176] Hill, T. P. "On Goods and Services," *Review of Income and Wealth*, 1977, 23 (4), pp. 315 – 338.

[177] Hill, T. P. "Tangibles, Intangibles and Services: A New Taxonomy for the Classification of Output," *Canadian Journal of Economics*, 1999, 32 (2), pp. 426 – 447.

[178] Holmstrom, B. "The Provisions of Services in a Market Economy" in Managing the Service Economy: Prospects and Problems, Eds by Robert P. Inman, Cambridge University Press, 1985.

[179] Horng, C. and W. Chen. "From Contract Manufacturing to Own Brand Management: The Role of Learning and Cultural Heritage Identity," *Management and Organization Review*, 2008, 4 (1), pp. 109 – 133.

[180] Hsu, C. W. and H. C. Chiang. "The Government Strategy for the Upgrading of Industrial Technology in Taiwan," *Technovation*, 2001, 21 (2), pp. 121 – 132.

[181] Humphrey, J. and H. Schmitz. "Governance and Upgrading: Linking Industrial Cluster and Global Value Chain Research," *IDS Working Paper*, No. 120, 2000.

[182] Humphrey, J. and H. Schmitz. "How Does Insertion in Global Value Chains Affect Upgrading in Industrial Clusters," *Regional Studies*, 2002, 36 (9), pp. 1017 – 1027.

[183] Jahangir, A. and C. Li. "Explaining China's Low Con-

sumption: The Neglected Role of Household Income," *IMF Working Paper*, *No.* 181, 2007.

[184] Cooper, J. 《复苏之路的开始》, 载《商业周刊》2008年10月6日。

[185] Kaldor, N. "The Role of Increasing Returns, Technical Progress and Cumulative Causation in the Theory of International Trade and Economic Growth," Economie Appliquee, 1981, 34 (6), pp. 593 - 617.

[186] Keeble, D. and F. Wilkinson. "High-technology Cluster, Networking and Collective Learning in Europe," Ashgate: Aldershot, 2000.

[187] Klodt H. "Structural Change towards Services: The German Experience," University of Birmingham IGS Discussion Paper 7, 2000.

[188] Koopmann, G. "German Foreign Economic Policy in the Age of Globalization," The International Spectator: Italian Journal of International Affairs, 1998, 33 (1), pp. 79 - 99.

[189] Krugman, P. R. "Technology, Trade and Factor Prices, *Journal of International Economics*," 2000. 50 (1), pp. 51 - 71.

[190] Lauk, K. J. "Germany at the Crossroads: On the Efficiency of the German Economy, Daedalus," *Germany in Transition* (Winter), 1994, 123 (1), pp. 57 - 83.

[191] Levchenko, A. "Institutional Quality and International Trade," *The Review of Economic Studies*, 2007, 74 (3), pp. 791 - 819.

[192] Louis K. "Investment and Saving in China," *World Bank Policy Research Working Paper*, No. 3633, 2005.

[193] Mao Rui and Yao Yang. "Structural Change in An Open Economy," 北京大学中国经济研究中心讨论稿系列, No. 2010010,

2010.

[194] Marcel P. T. and A. Szirmai. "Productivity Growth in Asian Manufacturing: The Structural Bonus Hypothesis Examined," *Structural Change and Economic Dynamics*, 2000, 11 (4), pp. 371 – 392.

[195] Matsuyama K. "Agricultural Productivity, Comparative Advantage and Economic Growth," *Journal of Economic Theory*, 1992, 58 (2), pp. 317 – 334.

[196] Mattoo, A., R. Rathindran and A. Subramanian "Measuring Services Trade Liberalization and its Impact on Economic Growth An Illustration," *World Bank Working Paper*, No. 2655, 2001.

[197] Navas – Aleman, L. "The Impact of Operating in Multiple Value Chains for Upgrading: The Case of the Brazilian Furniture and Footwear Industries," *World Development*, 2011, 39 (8), pp. 1385 – 1397.

[198] Oulton, N. "Must the Growth Rate Decline? Baumol's Unbalanced Growth Revisited," *Bank of England Working paper*, 1999.

[199] Obstfeld, M. and K. Rogoff. "Global Current Account Imbalances and Exchange Rate Adjustment," *Brookings Papers on Economic Activity*, 2005, (1): 67 – 123.

[200] Pedroni, P. "Critical Values for Cointegration Tests in Heterogeneous Panels with Multiple Regressors," *Oxford Bulletin of Economics and Statistics*, 1999, 61 (S1), pp. 653 – 670.

[201] Peneder, M. "Industrial Structure and Aggregate Growth," *WIFO Working Paper*, No. 182, 2002.

[202] Poon, T. S. C. "Beyond the Global Production Networks: A Case of Further Upgrading of Taiwan's Information Technology Industry," *Technology and Globalisation*, 2004, 1 (1), pp. 130 – 144.

[203] Riddle, D. "Service-led Growth: The Role of the Service Sector in the World Development," *Praeger Publishers*, 1986.

[204] Rowthorn, R. and Ramaswamy, R. "Growth, trade and deindustrialization," *IMF Staff Papers*, 1999, 46 (1), pp. 18 – 41.

[205] Salai – Martin, X. "I Just Run Two Million Regressions," *American Economic Review*, 1997, 87 (2), pp. 178 – 183.

[206] Sánchez, A. M. and J. R. Roura. "Is Growth of Services an Obstacle to Productivity Growth," *Structural Change and Economic Dynamics*, 2009, 20 (4), pp. 254 – 265.

[207] Savona, M. and A. Lorentz. "Demand and Technology Contribution to Structural Change and Tertiarisation: An Input – Output Structural Decomposition Analysis," *LEM Working Paper Series*, 2006.

[208] Simona, G. and G. Axele. "Knowledge Transfer from TNCs and Upgrading of Domestic Firms: The Polish Automotive Sector," *World Development*, 2012, 40 (4), pp. 796 – 807.

[209] Singelman, J. "The Sectoral Transformation of the Labor Force in Seven Industrialized Countries, 1920 – 1970," *American Journal of Sociology*, 1978, 83 (5), pp. 1224 – 1234.

[210] Stiglitz, J. "Making Globalization Work," W. W. Norton & Company, Inc., New York, 2006.

[211] Sturgeon, T. "Modular Production Networks: A New American Model of Industrial Organization," *MIT IPC Working Paper*, No. 02 – 002, 2002.

[212] Szirmai A. "Industrialisation as An Engine of Growth in Developing Countries, 1950 – 2005," *Structural Change and Economic Dynamics*, 2012, 23 (4), pp. 406 – 420.

[213] The Boston Consulting Group: "Made in America, Again", http: //www. bcg. com/documents/file84471. pdf.

[214] Thirlwall, A. P. "The Balance of Payments Constraint as An Explanation of International Growth rate Differences," Banca Nazionale del Lavoro Quarterly Review, 1979, 32 (128), pp. 45 – 53.

[215] Vines, D. "The Financial Crisis, Global Imbalances, and the International Monetary System," *ICRIER Working Paper*, 2009, September.

[216] Vitols, S. "Continuity and Change: Making Sense of the German Model," *Competition & Change*, 2004, 8 (4), pp. 331 – 337.

[217] Wolff, E. N. "Measures of Technical Change and Structure Change in Services in the USA," *Metroeconomica*, 2007, 53 (3), pp. 359 – 368.

[218] Wolfl, A. "Productivity Growth in Service Industries," OECD Science, Technology and Industry, Working papers, OECD publishing 2003.

后　　记

　　本书是国家哲学社会科学基金重点项目《后危机时代全球分工发展趋势及其对我国经济发展影响（09AZD015)》的最终成果。该项目研究历时近4年，其间世界经济跌宕起伏、波诡云谲，中国经济也是一波三折、几度沉浮。经济现实的变幻无常和深度调整无疑给项目研究带来了许多不确定因素。但我们始终坚信，世界经济的再平衡和中国经济的转型升级是经济发展的大趋势和长过程，且两者之间存在着紧密联系和互动关系。

　　自加入世界贸易组织以来，中国荣登"世界工厂"的宝座，倾举国之人力物力及生态承载力，开足马力为全世界生产，同时自身也赢得了两位数的经济增长和上万亿美元的外汇储备。未曾料想，"忽啦啦似大厦倾"，一场源自欧美的国际金融危机打断了这一进程。危机过后的世界经济犹如病魔缠身，迟迟难以复苏。在"去杠杠化"的压力下，发达国家过去靠透支消费产生的对中国产品的过度需求几乎消失殆尽，出口再也无法继续充当中国经济高速增长的发动机。在外需骤减的情况下，为了保增长，中国转而依靠政府主导的投资来刺激内需。21世纪初中国固定资产投资占GDP的比重不足1/3，2006年首超50%，国际金融危机之后迅速攀升，2012年达到惊人的70.3%。但靠投资拉动经济增长至少有三大严重弊端：第一，作为一种中间需求，投资虽然在短期内可以消化一些过剩产能，刺激经济增长，但从长期来看，投资会不断转化为新的产能，使产能过剩变本加厉，陷入恶性循环。第二，以地方政府为主体的投资大多依靠融资平台向银行贷款，投向基础设施。这些基础设施或者不能产生现金流，或者回收期很长，地方政府只能依靠卖地获得资金还贷。同时，通过投资来保增长必然大量放贷，导致信用急剧膨胀，2012 年中国 M2 与 GDP 之比已达到 2 倍。在上述情况下，无论中央采取多少调控措施，房价总是只涨不跌，而各地政府在"新型城镇化"的旗号下仍然热衷于"造城运动"，由政府投资驱动的泡沫经济正在中国暗流涌动。第三，投资主导的经济增长带动了"两高一资"产业的发展，进而加重了中国的资源环境压力，使中国对海外资源的依存度越来越高，环境治理的难度也越来越大。若上述弊端得不到革除，投资主导的增长模式终有一天会把中国拖入经济危机和生态危机的陷阱中去。

　　近年来，美国经济略有回暖，中国经济也止跌趋稳。于是有人盼望世界经济强劲复苏，中国可以再度扮演"世界工厂"的角色，让停产的生产线重新开动起来。然而，这种回归过去的希望不仅是不切实际的幻想，而且终将变为一场噩梦。这是因为，世界经济的盛极而衰，不是由于人类已经丧失了创新能力；中国经济增速的下滑，亦非完全源于要素禀赋优势的流失。严格地说，世界经济的久病难愈本身就是对大量生产过度消费的传统工业文明的一种否定。对于人类整体来说，不用考虑自然承载力的限制，只要通过分工深化和科技进步提高效率就可以毫无节制地生产和消费的"好日子"已经一去不复返了。用 10 多亿人的发达经济体当初实现工业化的传统模式，推及世界其他 50 多亿人的工业化道路，地球恐怕难堪重负，全球生态系统终将崩溃。因此，地球上 50 多亿的欠发达人口，虽然也有追求富裕生活的同等权利，但却已经失去了模仿发达国家工业化道路的历史条件。严酷的现实迫使我们必须寻找一条新的发展道路，乃至创造一种新的文明范式。拥有 13 亿人口的中国，不仅在 50 多亿欠发达人口中占有举足轻重的地位，而且在发展速度和发展水平上均属于欠发达世界的"领头羊"。中国经济的转型升级和转变发展方式，不仅仅关系到本国人民的福祉，而且对于 50

多亿欠发达人口实现富裕文明乃至全人类在保持生态平衡的前提下实现共同富裕和和谐发展均具有重要意义。因此，可以说，中国经济的转型升级是一个具有普世价值的重大历史进程。

遗憾的是，近年来中国发展方式的转变进程并不顺利。结构调整和体制改革屡屡被"保增长"所打断，政府主导下的投资成为拉动经济增长的主要动力。由此带来的结果是：国内居民消费不足，服务业发展受压，重化工业不断膨胀，不仅引起多种产品产能过剩，而且导致资源耗竭、生态环境迅速恶化，工业增长的就业弹性递减，城乡差别和贫富差距扩大，房地产泡沫日益膨胀，进而引起服务业经营成本上升、新型城镇化进展受阻、中产阶级萎缩等。一场国际金融危机之后，过去30多年来中国经济赖以高速增长的人口红利、全球化红利、环境红利和政策红利几乎丧失殆尽，经济增长的可持续性大大降低。

中国经济长于增长而劣于转型的特征，与东亚威权主义的工业化模式可谓一脉相承。东亚模式崇尚政府能力，通过扭曲要素价格和环境成本的方式鼓励高储蓄与高投资，以制造业和出口作为拉动经济增长的主力。这种发展模式虽然在工业化前期效率颇高，但却具有明显的时代局限性：（1）它需要以廉价劳动力为基础；（2）依靠制造业拉动经济增长势必消耗大量自然资源和啃噬环境承载力；（3）强势的政府干预必然滋生腐败等问题。因此，东亚模式在进入工业化成熟期以后必须实现结构转型，由以投资和出口为主要动力转向以服务和消费为主要动力，由高碳经济转为低碳经济。但由于政府过于强势，以及某些政府部门与垄断企业结成利益联盟，任何结构调整都会受到这些利益集团的顽强抵制。除非发生重大危机的冲击，结构转型往往步履艰难。

中国已经成为全球第二大经济体，各种外生性的"红利"已经基本耗尽，剩下的只有内生的"改革红利"。中国要打造经济"升级版"，首先需要大力发展服务业，尤其是以教育、医疗、金融、信息等产业为代表的现代服务业，实现中国产业结构的转型升级。

大力发展服务业不仅能够推动产业升级，还能改善中国的就业结构，缓解就业压力，有效解决当前普遍存在的大学生就业难问题，为中国培育稳定的中产阶级提供经济基础，为推进新型城镇化奠定产业基础。而发展服务业首先必须打破由盘根错节的利益格局所形成的部门垄断，为服务业发展营造优良的制度环境。在以制造业为支柱的工业化前期，政府的职能主要是进行硬件基础设施的投资和建设，东亚国家尤其是中国在这方面做得相当出色。而在以服务业为支柱的工业化后期乃至后工业化时期，政府的职能主要是进行"软件基础设施"的建设（包括法治建设和提供各种公共服务），以满足服务业对制度安排和人力资本特别挑剔的产业属性。在此方面，凡是做得不够好的东亚经济体经济转型都不顺利，有些国家在结构转型过程中陷入停滞泥淖已长达 20 多年。目前，中国新一届政府正以壮士断腕的决心全面深化新一轮的改革开放，其中包括打破现代服务业中盘根错节的垄断格局。只有政府实现了由工业化前期的全能型政府向工业化后期的服务型政府的角色转换，中国经济的转型升级才可能得以顺利推进。

　　本书是项目团队集体劳动的成果。本书的执笔情况如下：第 1 章和第 2 章，张捷与胡超；第 3 章，张捷与周雷（林新孟也有贡献）；第 4 章，张捷；第 5 章，邵骏与张捷；第 6 章，蒲华林与张捷；第 7 章，张捷与刘剑初；第 8 章，辛文与张捷（补论：石柳与张捷）；第 9 章，张捷、张媛媛和莫扬（补论：张捷）；第 10 章，张捷（补论：沈鸿和张捷）；第 11 章，邵骏与张捷；第 12 章，张媛媛与张捷；前言和后记，张捷；格式与排版，邵骏等；文字勘误，吴建新；全文修改，张捷。另外，刘德学对项目研究框架和思路提出了重要意见，吴建新对项目组织尤其是问卷调查的实施做出了重要贡献。在项目即将结题之际，我们要向对项目研究给予了大力支持的暨南大学经济学院国际经济贸易系的同事们表示衷心感谢！他们在项目组召开的多次研讨会上提出了难能可贵的观点及专业性意见。我们还要向在项目调研过程中给予积极支持与配合的诸多机构及个人表示诚挚的谢意！囿于篇幅，其名称和姓名在此不一一列举。

最后，做研究总是难免百密一疏，本书虽然结合中国经济的转型升级问题比较系统地分析了 20 世纪末期以来国际分工格局的变迁及其影响，但对于新的国际分工形态的运行机制以及中国在未来国际分工体系中的作用的研究仅仅浅尝辄止。我们认为，以下问题尚待今后努力：（1）对于"制造—服务"新形态国际分工的理论和实证研究还需要进一步深化，尤其是对于这种分工的长远影响及其经过金融危机以后的发展动向，需要进行后续跟踪研究；（2）对于中国沿海地区向服务经济转型升级的体制、机制和路径，以及制造业与服务业的互动融合等问题，需要展开更加绵密的实证研究；（3）在考虑生态文明建设和环境成本/收益的前提下，未来的国际分工体系将如何演变？中国应如何未雨绸缪？希望我们的研究能够起到抛砖引玉的作用，吸引更多学界专家参与其间。

张　捷

2014 年 2 月